Norbert Golluch

555 POPULÄRE IRRTÜMER

W0067876

Norbert Golluch

555 POPULÄRE IRRTÜMER

Warum Angela Merkel eigentlich ein Wessi ist,
man Eier nicht abschrecken muss und
Erdnüsse keine Nüsse sind

Bibliografische Information der Deutschen Nationalbibliothek:
Die Deutsche Nationalbibliothek verzeichnet diese Publikation in der Deutschen Nationalbibliografie; detaillierte bibliografische Daten sind im Internet über http://d-nb.de abrufbar.

Für Fragen und Anregungen:
info@rivaverlag.de

2. Auflage 2015

© 2015 by riva Verlag,
ein Imprint der Münchner Verlagsgruppe GmbH,
Nymphenburger Straße 86
D-80636 München
Tel.: 089 651285-0
Fax: 089 652096

Redaktion: Stefanie Barthold
Umschlaggestaltung: Kristin Hoffmann, München
Abbildungen Umschlag und Innenteil: Kristin Hoffmann und Shutterstock
Satz: Daniel Förster, Belgern
Druck: CPI books GmbH, Leck
Printed in Germany

ISBN Print: 978-3-86883-446-8
ISBN E-Book (PDF): 978-3-86413-507-1
ISBN E-Book (EPUB, Mobi) 978-3-86413-508-8

Weitere Informationen zum Verlag finden Sie unter

www.rivaverlag.de

Beachten Sie auch unsere weiteren Verlage unter
www.muenchner-verlagsgruppe.de

Man erkennt den Irrtum daran, dass alle Welt ihn teilt.

(Jean Giraudoux, französischer Schriftsteller, 1882–1944)

Inhalt

Vorwort

Wasser ist nass. Gegenüber von Norden liegt Süden. Manche Dinge stellen wir nicht infrage – dass die Sonne morgens aufgeht und abends untergeht zum Beispiel, dass sich die Zeit vorwärts und niemals rückwärts bewegt und dass wir jeden Tag älter werden. Mit einer Änderung dieser Prämissen würden wir unser Weltbild ins Wanken bringen. Andere Gewissheiten gewinnen ihre Bedeutung einfach aus ihrer stereotypen Präsenz, man hält etwas einfach für wahr, weil es immer so war oder weil schon Mutter es so kannte – ohne es zu hinterfragen. Häufig ruht eine solche gewohnte Sicherheit aber auf tönernen Füßen. Das fällt im alltäglichen Leben nicht auf, weil diese Annahmen keine konkreten Folgen haben und weil unser Alltag eine erstaunliche Fehlertoleranz aufweist.

Auch wenn viele Menschen irrtümlich daran glauben: Freitag, der 13. bringt nicht wirklich Unglück und bei Vollmond schläft man höchstens schlecht, weil man es sich einredet. Wenn wir das Feld der traditionellen Irrungen hinter uns lassen, tun sich weitere Möglichkeiten für unterhaltsame Irrtümer auf: Neu erworbenes Wissen, die letzte Diät in der Frauenzeitschrift, fragwürdige Informationen aus Sensationsmedien, der letzte Hype aus dem Internet oder die Erkenntnisse einer spekulativen Wissenschaft stellen Behauptungen auf, die sich im Nachhinein als fehlerhaft, weil ungenügend recherchiert, manipuliert oder durch neuere Untersuchungen überholt, erweisen. Das Feld der Irrtümer ist also groß – beginnen wir, es zu beackern und uns über die Unwissenheit unserer Mitmenschen zu belustigen. Ein Gedanke sollte dabei allerdings nicht in Vergessenheit geraten: Die Gewissheit von heute ist der Irrtum von morgen. Es könnte schon bald sein, dass auch jemand über die Irrtümer in diesem Buch lacht.

Blinde Schlangen und
Alter nach Punkten

Tiere

Was wissen wir nicht alles über Tiere? Mäuse fressen Käse, und Bären lieben Honig. Katzen sehen auch im Dunkeln. Ohrenkneifer kriechen mit Vorliebe in Ohren, Insekten mit gelb-schwarzem Hinterteil sind entweder fleißige Bienen oder bösartige Wespen. Der Stich von Libelle und Hornisse ist gefährlich, Blindschleichen sind blinde Schlangen und Glühwürmchen leuchtende Würmer. Die Anzahl der Irrtümer über Tiere ist beachtlich. Bekämpfen wir sie also, beginnend mit den Würmern, die keine sind.

Glühwürmchen sind glühende Würmer.

Nein, bei den Glühwürmchen handelt es sich um eine Käferart. Die Leuchtkäfer tragen den niedlichen lateinischen Namen *Lampyridae,* und ihr Verfahren, Licht zu erzeugen, nennt man Biolumineszenz. Die Substanz, die ihnen dieses ermöglicht, nennt sich Luciferin, und die Lichtausbeute dieser Tiere ist erstaunlich. Sie erzeugen kaltes Licht, das heißt, es gibt fast keine Wärmeverluste, sodass sie 95 Prozent der eingesetzten Energie in Licht umwandeln können. Von einem solchen Wirkungsgrad in der Beleuchtungstechnik träumen wir Menschen. Natürlich geht es bei den Lichteffekten der Käfer um die Liebe – Männchen und Weibchen sollen zueinanderfinden. Jede Käferart hat einen unterschiedlichen Leuchtcode. Bei einigen Arten leuchten nur die Weibchen, bei anderen auch die Männchen. Besonders effektvoll gestalten die Arten *Pteroptyx gelasina* und *Pteroptyx similis* ihre Lightshow – alle Käfer, die einander sehen können, synchronisieren ihre Blinksignale, was ganze Strauchgruppen oder sogar Baumreihen in eine blinkende Festbeleuchtung hüllt.

Chamäleons passen sich der Farbe ihrer Umgebung an.

Dieses Verhalten würde ihnen zwar einen enormen evolutionären Vorteil bringen, aber leider funktioniert es nicht immer so perfekt. Zwar nehmen Chamäleons die Farbe ihres Untergrunds an, wenn sie ruhen, sonst stellt ihre Hautoberfläche aber eher einen Monitor ihres Gefühlszustands dar als ein Tarnungsinstrument. Mit ihrer Farbe und Musterung signalisieren sie ihren Artgenossen zum Beispiel Paarungsbereitschaft oder auch aggressive Stimmungen. Wichtig ist die Farbe auch für die Regulation der Körpertemperatur – Chamäleons sind wechselwarme Reptilien. Brennt ihnen die Sonne auf den Pelz, sodass der Körper zu überhitzen droht, wählen sie eine helle Farbe, um das auffallende Sonnenlicht zu reflektieren. Wird es kühl, absorbiert eine dunkle Hautoberfläche die auftreffende Lichtenergie besser.

Fische sind kalt wie ... Fische eben.

Ein kuschelig warmer Fisch ist eine merkwürdige Vorstellung. Fische sind wechselwarme Tiere, deren Körpertemperatur durch die Umgebung bestimmt wird – wenn das Wasser kalt ist, sind auch die Fische kalt. Falsch! Im Inneren von Tunfischen liegt die Körpertemperatur um mehr als zehn Grad über der des umgebenden Wassers. Das befähigt sie zu besseren Muskelleistungen und somit zu größerer Beweglichkeit. Ähnliches gilt für Haie – ihr Körper nutzt durch eine besondere Form des Blutkreislaufs (Gegenströmungsprinzip) die Wärme der Muskeln besser, ihre Kerntemperatur liegt um etwa 6 °C über der des Wassers. Eine sehr selektive Form von erhöhter Körpertemperatur begünstigt den Schwertfisch. Die Netzhaut seiner Augen ist um 15 bis 28 °C wärmer als die Umgebung. Dafür sorgt ein Muskel hinter dem Auge. Dadurch funktionieren die Sehnerven besser und schneller, der Raubfisch ist seiner Beute deutlich überlegen.

Vögel brüten ihre Eier aus.

Irrtum, manche lassen auch brüten. Der Kuckuck zum Beispiel, aber das ist ja sicher bekannt. Einen ganz besonderen Fall stellt die folgende Vogelart dar: Das Thermometerhuhn

(*Leipoa ocellata*) im südlichen Australien nutzt die Wärme von verrottenden Pflanzenteilen, um seine Eier auszubrüten. Das Tier häuft Blätter und anderes kompostierbares Material an. Sein »Nest« erreicht eine Höhe von bis zu 1,50 Metern. Dann legt es seine Eier darin ab. Die Bruttemperatur sollte bei 33 °C liegen, und erstaunlicherweise benutzt der Vogel seinen langen Schnabel wie ein Thermometer, um das zu überprüfen. Wenn die Prüfung des Nests mit dem Schnabel eine zu geringe Temperatur ergibt, wird neues Laub aufgeschichtet. Ist es drinnen zu warm, entfernt der schlaue Vogel eine gewisse Menge kompostierender Masse.

Alle Fische atmen durch Kiemen.

Irrtum. Das stimmt für die meisten Fischarten, aber es sind eben nicht alle. Es gibt einige wenige Arten, die ihren Sauerstoff auf anderem Wege beziehen. Der Afrikanische Lungenfisch macht seinem Namen alle Ehre – er atmet durch Lungen und kann auch auf dem Land überleben. Allerdings atmet er nur durch seine Lungen, wenn er unbedingt muss. Solange es Wasser gibt und seine schleimige Haut feucht bleibt, bezieht er den Großteil seines Sauerstoffs über die Haut – aus der Luft oder aus dem Wasser. Er verfügt zwar noch über Kiemen, allerdings sind diese stark zurückgebildet und nicht mehr funktionsfähig. Die Hautatmung nutzen auch Flunder, Seezunge, Kabeljau und Aal. Andere Fischarten nehmen ihre Luft auf noch exotischere Weise zu sich: Die Atmung durch den Verdauungstrakt, die Schwimmblase oder besondere Schädelkammern wird unter den Flossenträgern ebenfalls praktiziert. Womit eine Eigenschaft angesprochen wird, die allen Fischen gemeinsam ist, gleichgültig, wie sie an ihren Sauerstoff kommen: Sie alle haben Flossen.

Bienen sind gelb-schwarz gestreift.

Nicht nur, dass ständig Bienen und Wespen verwechselt werden, das Gelb-Schwarz-Muster bringt uns Menschen gedanklich ziemlich durcheinander und produziert gleich eine ganze Reihe von Irrtümern. Nein, Bienen haben gar keinen schwarzgelb gestreiften Hinterleib, sondern eine hell-dunkle Streifenfärbung. Biene Maja und ihr Freund Willi sind farblich zumindest überhöht dargestellt. Wenn tatsächlich gelbe und schwarze Streifen aufeinanderfolgen, haben wir meist eine Wespe vor uns – oder einen Spieler von Borussia Dortmund. Scherz beiseite – das von der Natur entwickelte, äußerst effektive Warnmuster erfüllt verschiedene Aufgaben. Gelb-Schwarz bedeutet an vielen Stellen in der Natur »Vorsicht, Gefahr!«. Gelb-Schwarz schützt die so gestreiften Insekten davor, vom Vogel gefressen zu werden, warnen doch die Streifen vor dem giftigen und schmerzhaften Stachel der wehrhaften Insekten. Davon profitieren aber nicht nur Hornissen (eine besonders große Wespenart) und andere Wespen, die tatsächlich bewaffnet sind, sondern auch eine ganze Reihe von völlig harmlosen, ja geradezu wehrlosen Insektenarten wie die Dickkopffliegen, bestimmte Schwebfliegen-Arten wie die Hainschwebfliege, die Späte-Gelbrand-Schwebfliege oder die Wespenschwebfliege. Ihr im Vergleich zu Wespen völlig anderes Flugverhalten fällt wohl nur uns Menschen auf den ersten Blick auf. Diese ziemlich geniale Anpassung nennt man Mimikry. Auch Käfer und Schmetterlinge machen in Gelb-Schwarz, so der Echte Widderbock und der Eichenwidderbock, zwei nahe verwandte Käferarten, oder der Hornissen-Glasflügler, ein kleiner Schmetterling. Sie alle profitieren in gewisser Weise von der Wehrhaftigkeit anderer. Auch die Wespenspinne – kein Insekt – nutzt die warnende Farbkombination, obwohl sie auch selbst immerhin über Giftklauen verfügt. Sicher ist sicher.

Apropos Sicherheit: Leider funktioniert dieser Schutz durch Anpassung nicht sofort, sondern oft erst dann, wenn der Fressfeind einmal versehentlich eine Wespe erwischt hat. Vor diesem unerfreulichen Ereignis schmecken ihm die wehrlosen Mimikry-Anwender eigentlich ganz gut, erst nach der schmerzhaften Erfahrung zögert der nun besser informierte Räuber, bevor er wieder zuschlägt. Schlimmer allerdings für die armen Opfer: Manche Vogelarten können die gefährlichen Originale perfekt von den schmackhaften Imitatoren unterscheiden.

Abschließend wäre vielleicht noch zu sagen, dass die stachelbewehrten Insekten die Warnfarbe nicht gepachtet haben. Kröten, Feuersalamander, Schlangen, Giftfrösche und Menschen verwenden die auffällige Farbkombination mit großem Erfolg. Die Grenzpfähle der österreichisch-ungarischen Monarchie sollen gelb-schwarz gewesen sein, und in unserem Lande finden wir die warnende Konstellation auf jedem Ortsschild, auch wenn es nur wenige Orte gibt, vor denen tatsächlich gewarnt werden müsste.

Bienen sterben, nachdem sie gestochen haben.

Die Waffe der Bienen, ihr Giftstachel, ist nicht nur für den einmaligen Gebrauch bestimmt. Wenn der Stachel einer Biene zum Nutzen des Bienenstaats gegen einen Angreifer aus dem Insektenreich eingesetzt wird, muss das noch lange nicht alles gewesen sein. Die tapfere Verteidigerin stirbt nicht, wenn sie ihren Stachel zum Beispiel in den Chitinpanzer eines feindlichen Insekts bohrt. Sie kann ihn mühelos wieder herausziehen und ein zweites Mal zustechen. Das Stechen in die Haut eines Menschen oder in ähnliche Materialien wie zum Beispiel Lederhandschuhe bringt für die Biene aber Probleme mit sich. Die elastische menschliche Haut hält den mit kleinen Widerhaken bewehrten Stachel gefangen, und wenn die Biene versucht, ihn herauszuziehen, reißt sie sich dabei den unteren Hinterleib oder Teile davon ab. Je nach der Schwere seiner Verletzung stirbt das Tier innerhalb kurzer Zeit, kann aber auch noch etliche Tage überleben. Interessant für uns Menschen und unangenehm zugleich ist die Tatsache, dass der abgerissene Stachel autonom funktionieren kann – er pumpt, auch ohne mit der Biene verbunden zu sein, für eine Weile weiter Gift in die Stichwunde.

Wespen, die ihren Stachel nicht nur zur Verteidigung, sondern auch zum Erlegen von Beute benutzen, sind besser ausgestattet. Zwar kommt es in seltenen Fällen ebenfalls vor, dass ihr Stachel hängen bleibt, doch im Regelfall bleibt die Wespe unverletzt.

Ohrwürmer krabbeln Menschen in die Ohren.

Es ist so etwas wie eine Urangst, die diese Insekten auslösen: Was mache ich nur, wenn der Ohrwurm mir jetzt ins Ohr kriecht? Meist ist es auch noch der Gemeine Ohrwurm, vor dem sind mancher fürchtet. Allerdings steht das *gemein* in seinem Namen für *gewöhnlich*, und Ohrwürmer sehen es keinesfalls als ihren Lebenszweck an, jemandem ins Ohr zu kriechen. Auch wenn sie mit ihren Zangen am Hinterleib gefährlich aussehen – ihnen verdanken sie auch den zweiten Namen Ohrenkneifer –, sie sind für Menschen ungefährlich. Sie lieben aber dunkle Verstecke und kriechen deshalb in alle möglichen Öffnungen und Ritzen. Ein Ohr ist, wenn überhaupt, nur aus Versehen dabei.

Dieses Wissen jedoch dürfte bei den Betroffenen die Angst vor den Insekten der Ordnung Dermaptera kaum verringern, und wenn man weiß, dass die Biester auch noch fliegen können ... und dass es einen bis zu fünf Zentimeter langen Riesenohrwurm gibt ...

Der Stich einer Libelle ist gefährlich und schmerzhaft.

In manchen Gegenden hält sich ein Irrglaube: Bienenstiche sind schlimm, Wespenstiche schlimmer, der Stich einer Hornisse gilt sogar als lebensgefährlich für das arme Opfer. Der schlimmste Stich von allen soll aber der der Libelle sein. Ängstlich laufen Kinder davon, wenn eine der schönen Wasserjungfern geflogen kommt. Der Volksmund verleiht den zarten Flügelwesen Namen wie *Pferdetod, Augenbohrer, Schlangenstecher* oder *Teufelsnadel*. Alles Humbug! Libellen haben überhaupt keinen Stachel – weder an ihrem Hinterteil noch an ihrem Maul. Vielmehr besitzen sie eine Fangmaske, mit der sie im Flug kleinere Insekten schnappen können – für diese sind sie tatsächlich ein tödliche Gefahr. Das kräftige Mundorgan bekommt auch ein Mensch zu spüren, der eine große Libelle in der Hand hält – als sanftes Knabbern, bestenfalls als Zwicken. Verletzungen kann eine Libelle damit einem Menschen nicht zufügen. Umgekehrt schweben aber Libellen in der Hand eines Menschen in Lebensgefahr.

Auch immer wieder geschilderte »Angriffe im Flug« beruhen auf einem Irrtum. Libellen sind – selten für eine Insektenart – neugierig auf uns Menschen, nähern sich interessiert und betrachten uns im Schwebeflug. Ängstliche Charaktere halten das für die Vorbereitung eines Sturzangriffs – der aber niemals erfolgt – und fürchten sich, zumal manche

Libellenarten zu der beeindruckenden Größe von bis zu 18 Zentimetern heranwachsen können.

Vielleicht hat das Gerücht von der stechenden und gefährlichen Libelle folgenden Ursprung: Manche Arten besitzen hinten eine Legeröhre, man könnte auch sagen einen Legestachel, der aber nur zur Ablage der Eier im Wasser dient.

Drei Hornissenstiche töten einen Menschen, sieben ein Pferd.

Für Pferde sind Hornissen relativ ungefährlich, und auch die Bedrohung für Menschen wird maßlos übertrieben. Die großen Insekten aus der Familie der sozialen Faltenwespen sind vergleichsweise friedliche Wesen und ähneln in ihrem Bedrohungspotenzial in etwa den Hummeln. Nur wenn ein Mensch Hornissen festhält, quetscht, ihr Nest bedrängt oder es in Gefahr bringt, wehren sich die Tiere – einfach so und aus Boshaftigkeit stechen sie nicht. Dabei ist ihr Stich durchaus nicht so giftig, wie es der eingangs angeführte Spruch behauptet. Hornissenstiche sind zwar sehr unangenehm, weil einer ihrer Inhaltsstoffe, ein reichlich vorhandener Neurotransmitter namens Acetylcholin, den Schmerzeffekt gegenüber einem Wespenstich deutlich erhöht. Aber erst 500 bis 1000 von ihnen würden einen erwachsenen Menschen in Lebensgefahr bringen. Nicht einmal ein ganzer Hornissenstaat enthält so viele stechende Tiere. Wer allerdings gegen das Gift von Bienen, Wespen oder Hornissen allergisch ist, für den kann schon ein einzelner Stich lebensbedrohlich werden. Entsprechende Vorsichtsmaßnahmen sind nötig.

Wichtig für die Gefahrenabwehr am Hornissennest sind folgende Informationen: Hornissen haben einen Verteidigungsradius von mehreren Metern rund um ihr Nest. Bei der einen Art ist er größer, bei der anderen etwas kleiner. Wer ihn respektiert, lebt sicher. Unruhe rund um ihr Nest regt Hornissen auf. Bauarbeiten mit Maschinen und Rasenmähen sollte man vermeiden. Auf Dauer macht das die Tiere aggressiver. Hornissen stehen unter Artenschutz. Man darf ihre Nester weder eigenhändig entfernen (viel Spaß!) noch vernichten. Wenn sie sich an einem sehr ungünstigen Ort befinden, kann ein geschulter Kammerjäger bei einer Umsiedlung helfen. Die örtlichen Behörden vermitteln kompetente Unterstützung.

Die Bisamratte ist eine Ratte.

Nein, das ist sie nicht, auch wenn sie wie eine etwas groß geratene Ratte aussieht und wie diese in der wissenschaftlichen Systematik zur Ordnung der Nagetiere gehört. Ganz präzise eingeordnet gehört sie zur Überfamilie *Muroidea* (Mäuseartige), zu der die Familie *Cricetidae* (Wühler) gerechnet wird; darin zur Unterfamilie *Microtinae* (Wühlmäuse) und hier zur Gattungsgruppe *Microtini* (Eigentliche Wühlmäuse) und in dieser zur Gattung *Ondatra*. Sie ist die größte aller Wühlmäuse und näher mit der Feldmaus, der Rötelmaus, den Schermäusen und den Lemmingen verwandt als mit den Ratten.

Die Ratten hingegen gehören zwar auch zur Überfamilie *Muroidea* (Mäuseartige), darin aber zur Familie *Muridae* (Mäuse) und in dieser zur Unterfamilie *Murinae* (Echte Mäuse), zu denen wiederum die Gattung *Rattus* (Eigentliche Ratten) mit den Arten Wanderratte und Hausratte zählt. Ganz schön kompliziert, oder? Einfacher gesagt: Löwe, Tiger, Leopard und Jaguar sind deutlich näher miteinander verwandt (die gehören zur selben Gattung) oder auch der Europäische Feldhase und das Zwergkaninchen (dieselbe Unterfamilie).

Bisamratten kommen ursprünglich aus Nordamerika und haben sich erst seit etwas mehr als 100 Jahren zunächst in Europa und später auch in asiatischen Lebensräumen verbreitet. Die ersten Exemplare brachte im Jahr 1905 ein böhmischer Fürst, vermutlich wegen des dichten Pelzes, von einer Reise mit und setzte sie in seinem Jagdrevier aus. Von dort aus verbreiteten sich die Tiere mit großer Geschwindigkeit bis in die Nachbarländer. Eine weitere Gruppe von 500 Exemplaren kam 1930 hinzu. Die Tiere waren aus einer Zuchtanlage in Frankreich ausgebrochen. Heute sind sie nahezu überall im nördlichen Europa und in Asien vertreten.

Nicht nur in ihrer wissenschaftlichen Einordnung, sondern auch in ihrer Lebensweise und Ernährung unterscheiden sich Bisamratten von den Haus- oder Wanderratten, die man als Allesfresser bezeichnen kann. Bisamratten sind auf Wasser angewiesen, Wasserpflanzen stellen den Großteil ihrer Nahrung dar, hinzu kommen Wasserinsekten, deren Larven, Schnecken und Muscheln und auch hin und wieder ein Krebs oder Fisch.

Kopfläuse verbreiten sich über Kleidungsstücke.

So glaubte man lange Zeit und traf Vorsorge. Garderobenhaken in Schule oder Kindergarten müssen einen Mindestabstand haben, damit sich die Kleidungsstücke nicht berühren und unliebsame Gäste vom einen auf das andere überspringen können – so dachte man. Und wenn es einmal zu einem Auftreten von Kopfläusen kam, musste alles gereinigt und desinfiziert werden – jedes Kleidungsstück, die Bettwäsche, viele Gebrauchsgegenstände und das Spielzeug der minderjährigen Betroffenen. Auch Teddy war dran. Läusekämme, Sprays und

Spezialshampoos kamen zum Einsatz. Dabei ist alles halb so wild, was die Verbreitung der Parasiten über die Kleidung angeht. Unterschiedliche Studien in Polen und Australien sollen nämlich gezeigt haben, dass sich die Läuse fast nur über direkten Kontakt übertrugen, nämlich dann, wenn die Kinder im wahrsten Sinne des Wortes die Köpfe zusammensteckten. Auf der Kleidung, auf Mützen oder Plüschtieren wurden so gut wie nie Exemplare der Kopflaus gefunden. Nicht einmal auf dem Kopfkissen befallener Kinder warteten sie auf ihre Opfer.

Lemminge begehen Massenselbstmord.

Sie denken gar nicht daran. Wenn man in Filmszenen eine riesige Anzahl von Lemmingen sieht, die sich über eine Klippe in einen Fluss oder einen Ozean stürzen, so sind diese Szenen von fragwürdigen »Naturfilmern« mit Unmengen von gefangenen Lemmingen gestellt worden. Für den Disney-Film »White Wilderness« (»Abenteuer in der weißen Wildnis«) aus dem Jahr 1957 sollen Unmengen von Lemmingen bei Eskimokindern in Manitoba gekauft worden sein. Diese wurden sodann in die kanadische Provinz Alberta gebracht, wo es von Natur aus überhaupt keine Lemminge gibt, und für die Filmaufnahmen auf eine große rotierende Scheibe gesetzt. Die einzelnen Takes aus verschiedenen Winkeln als Schleife mit immer denselben Tieren ergaben dann die massenhafte »Wanderung« der Lemminge im Film. Dieses Vorgehen könnte man noch als halbwegs legitimen Trick von Filmprofis durchgehen lassen, aber die Art, wie die dann folgenden Szenen entstanden sein sollen, kann man nur noch verwerflich nennen.

»Die Lemminge erreichen den tödlichen Abgrund. Dies ist ihre letzte Chance zur Umkehr. Aber sie laufen weiter, stürzen sich in die Tiefe.« So kommentiert die Offstimme das

Geschehen. Die Nagetiere stürzen kopfüber in eine Schlucht, eine tragische Szene, welche die Kamera messerscharf festhält. Weil aber die Lemminge nicht springen wollten und auch sonst keinerlei Anzeichen von Lebensmüdigkeit zeigten, sollen die Tierfilmer nachgeholfen haben und die Tiere in den Abgrund geschubst oder geworfen haben. Anschließend sollen sie die Nager dem Tod durch Ertrinken »im Arktischen Ozean« überlassen haben. Genau das jedenfalls behauptete 1983 der Journalist Brian Vallée, der für das kanadische Fernsehen Recherchen über die Entstehung des Films angestellt hatte. Kollektiver Selbstmord ist die Sache dieser Nagetiere der arktischen Tundra nicht, zumal sie in einem Fluss nicht ertrinken würden, weil sie gute Schwimmer sind. Es kommt schlimmstenfalls vor, dass sich die Tiere in der Breite eines Gewässers oder in der Stärke einer Strömung verschätzen. In einem solchen Fall kann es sein, dass einige schwächere Individuen ertrinken.

Auf die Idee mit dem Massenselbstmord kamen ursprünglich Biologen, die die Population der Lemminge über die Jahre hinweg beobachteten. Auffällig war, dass es zunächst sehr viele Lemminge gab, sich ihre Anzahl aber in einem einzigen Jahr stark verringerte. Ursache war aber kein rätselhafter Todestrieb, der auch sonst in der Natur nicht vorkommt, sondern die natürlichen Feinde der kleinen Wühlmäuse mit dem Stummelschwanz. Der Marder, die Schnee-Eule und andere Raubvögel sowie der Polarfuchs stellen den Tieren nach und jagen sie auch den Winter über, denn Lemminge halten keinen Winterschlaf. Irgendwann dezimieren immer mehr Beutegreifer den Bestand sehr stark. Erst in den darauffolgenden Jahren sorgen die sehr fruchtbaren Lemminge – ein Weibchen hat bis zu 35 Junge pro Jahr – für sehr viel Nachwuchs. Dabei hat sich ein Vier-Jahres-Rhythmus herausgebildet. In jedem vierten Jahr schrumpft die Lemming-Bevölkerung, weil sehr viele Räuber sehr viele Lemminge fressen. Dann reguliert der Hunger den Bestand an Beutegreifern. Nun geht es ihnen an den Kragen. Eulen, Füchse und Marder sterben, weil es nicht mehr genug Nahrung für sie gibt. Die Lemminge können sich wieder relativ ungestört und kräftig vermehren. Dabei gehen sie mit großem Eifer zu Werke, während sie selbstmörderische Absichten in keiner Phase ihres Lebens entwickeln.

Die Blindschleiche ist blind.

Nein, das Tier sieht eigentlich recht gut, die Blindschleiche ist mit leistungsfähigen Augen ausgestattet. Dies ist nur einer von mehreren Irrtümern rund um diese Echse. Die Silbe *Blind* hängt mit dem Verb *blenden* zusammen, ihr althochdeutscher Name *plintslîcho* bedeutet so viel wie *blendende oder blinkende Schleiche.* Wer einmal eine Blindschleiche im Sonnenlicht betrachtet hat, weiß, dass dieser Name richtig ist. In Bezug auf die zu den nahe mit den Eidechsen verwandten Schleichen gehörende Art unterliegt man aber auch noch einem zweiten Irrtum: Auf den ersten Blick könnte man annehmen, dass die Blindschleiche eine Schlange ist. Wenn man ihr in der Natur plötzlich begegnet, greift zunächst einmal der Urinstinkt: Vorsicht, tödliche Gefahr! Das Erscheinungsbild der erwachsenen Blindschleiche gibt jeden Anlass zu diesem ersten Zurückschrecken. Die Verwechslung mit der Schlange unterlief wohl auch dem schwedischen Naturforscher Carl von Linné, als er die Blindschleiche mit dem lateinischen Namen *Anguis fragilis,* zu Deutsch etwa *zerbrechliche Schlange,* bedachte. Nein, Carl, eigentlich ist die Blindschleiche eher so etwas wie eine Eidechse ohne Beine, und sie ist auf gewisse Weise auch zerbrechlich wie diese. Gemeinsam mit den Echten Eidechsen hat sie nämlich eine Eigenschaft, die den

Schlangen fehlt: die Sollbruchstelle am Schwanz. Es handelt sich um einen im Lauf der Evolution entwickelten Sicherheitsmechanismus. An bestimmten Stellen ist das Muskel- und Bindegewebe schwächer ausgeprägt, bei Belastung kann es zu einem Abriss kommen. Bei Blindschleichen gibt es sogar mehrere solcher Sollbruchstellen, aber im Unterschied zu den Eidechsen wächst bei ihnen nichts nach, wenn der Schwanz verloren geht. Wenn die Stelle abheilt, bildet sich nur eine Art halbrunder Stumpf. Wegen dieser Zerbrechlichkeit heißt die Blindschleiche im Volksmund auch *Glasschlange*.

Apropos Volksmund: Ein dritter Irrtum manifestiert sich in weiteren Bezeichnungen für diese Tierart. Mancherorts werden Blindschleichen auch *Heuwurm, Hartwurm* oder *Haselwurm* genannt und somit unter die sehr primitiven Wirbellosen eingeordnet – ein Irrtum, der verständlich ist, wenn man einmal eine junge Blindschleiche gesehen hat, die kaum größer als ein Regenwurm ist.

Das Faultier ist das faulste Tier.

Ja, es ist schon erstaunlich langsam, das Faultier, und so wenig aktiv, dass in seinem Fell Flechten, Algen und Moose wachsen und über 100 Insektenarten wohnen. Darunter befinden sich sogar drei Schmetterlingsarten, deren Raupen sich von den Algen im Fell ernähren und zum Teil ihren ganzen Lebenszyklus auf dem Faultier verbringen. Neue Bekanntschaften knüpfen die Bewohner aus dem Insektenreich, wenn sich zwei Faultiere treffen, zum Beispiel zur Paarung.

Die Grün- und Blaualgen im Fell erzielen auch noch einen anderen Effekt: Sie lassen das Tier in verschiedenen Schattierungen grünlich schimmern, was eine perfekte Tarnung in den Kronen der Urwaldriesen darstellt.

Ist das Faultier nun das faulste Tier? Man müsste Faulheit genau definieren, um eine Entscheidung über den Sieger in dieser Disziplin treffen zu können. Wenn das tägliche Schlafbedürfnis ein Kriterium für Faulheit ist, so sind Koalabären dem Faultier deutlich überlegen: Koalas schlafen nämlich 20 Stunden, in Extremfällen sogar bis zu 22 Stunden am Tag, während die vergleichsweise aufgeweckten Faultiere mit etwa 15 bis 18 Stunden auskommen. Man könnte aber auch Langsamkeit oder Trägheit zum Kriterium für Faulheit machen, und in einem solchen Wettbewerb läge das Faultier sicher auf den vordersten Plätzen.

Rot macht Stiere aggressiv.

Nein, es ist nicht die Farbe, sondern die Bewegung des roten Tuches, der Muleta, die den Stier zum Angriff reizt. Die Farbe Rot nimmt er überhaupt nicht wahr, sagen Zoologen, denn Stiere sind rotgrünblind. Dafür ist der Stierkampf selbst ein rotes Tuch, das etliche Tierschützer zum Angriff reizt, denn die halten besonders die spanische Form des Stierkampfs, die *Corrida de Toros,* für Tierquälerei. Befürworter hingegen argumentieren, die Abschaffung des Stierkampfs würde sowohl die Rasse der Kampfstiere als auch ihren Lebensraum – die *Dehesas,* ökologisch wertvolle beweidete Eichenhaine – in ihrer Existenz gefährden.

Katzen sehen auch im Dunkeln gut.

Irrtum oder Wahrheit? Katzen haben sehr gute Augen. Ihre Pupillen sind außerordentlich anpassungsfähig, sie sehen bei hellstem Sonnenschein und bei nahezu vollständiger

Dunkelheit sehr gut, und ihr Gesichtsfeld umfasst 280 Winkelgrade. Bei wenig Licht kommt ihnen eine reflektierende Schicht im Auge zugute, sie erhöht in der Dämmerung und bei nächtlichen Beleuchtungsverhältnissen die Leistung im Vergleich zum menschlichen Auge um über 50 Prozent. Bei absoluter Dunkelheit können natürlich auch Katzen nichts sehen.

Die Lachmöwe hat etwas mit Gelächter zu tun.

Auch wenn sich ihr Geschrei für viele Ohren wie Gelächter anhört: Eigentlich müsste der Buchstaben a in ihrem Namen lang ausgesprochen werden, denn der Name dieser kleinen Möwenart mit der schwarzen Maske hängt mit dem Wort *Lache* zusammen. Weil Lachmöwen auch an kleinen Binnengewässern siedeln – eine Lache genügt schon –, werden sie so genannt.

Haie sind extrem gefährlich.

Nach seriösen Quellen gehen auf der ganzen Welt etwa 10 bis 15 Tote pro Jahr auf das Konto des Weißen Hais und anderer gefährlicher Haiarten. Mehr als die Hälfte der Opfer von Haiattacken sind Surfer bzw. Windsurfer, gefolgt von Schwimmern mit knapp 40 Prozent. Der Weiße Hai ist die gefährlichste Art, tödliche Angriffe kommen etwa so häufig vor wie bei Tigerhai, Bullenhai, Blauhai und Sandtigerhai zusammen. Von anderen Haiarten wie etwa Hammerhai, Schwarzspitzenhai und Grauem Riffhai sind zwar Angriffe bekannt, diese verlaufen aber nur selten tödlich.

Zum Vergleich: Etwa 150 Personen sollen jährlich durch herabfallende Kokosnüsse sterben – die genaue Zahl wurde nirgendwo erfasst, sie wird aber sicher die der Toten durch Haiattacken übertreffen. Weit über 1000 Menschen kommen durch wilde Rinder ums Leben. Sind also Rinder die größte Gefahr für Leib und Leben? Keineswegs. Giftschlangen haben 80 000 jährliche Todesopfer auf ihrer Strichliste, giftige Quallen töten jedes Jahr 5500 Menschen, Skorpione bringen es auf etwa 5000 Opfer. Es folgen Krokodile (1000) und Elefanten (500), Nilpferde (100), Giftspinnen (80), Löwen (60) und Tiger (50). Sicher werden auch Giftfrosch, Nashorn und Büffel nicht ganz ungefährlich sein, sie werden allerdings von den meisten Statistiken nicht berücksichtigt. Wie übrigens auch ein Haustier: Hunde beißen jedes Jahr Millionen von Menschen, Hunderte ihrer Opfer sterben an den Folgen des Bisses. Dennoch sind präzise Zahlen hierzu kaum zu erheben.

1,2 Millionen Menschen sterben weltweit jedes Jahr im Straßenverkehr, alleine in Deutschland kommen 30 000 Menschen pro Jahr durch Krankenhausinfektionen ums Leben, wie das »Ärzteblatt« berichtet – die weltweite Zahl dürfte dramatisch höher liegen.

Zu den größten Gefahren allerdings – und damit liegt sie auf jeden Fall auf Platz eins der gefährlichen Tierarten – gehört die Anopheles-Mücke. Bis zu 2,7 Millionen Tote sind jedes Jahr die Folge der Malaria-Infektionen durch Einzeller namens *Plasmodium*, die sie überträgt. Die Blutsauger infizieren Menschen darüber hinaus mit unterschiedlichen weiteren Krankheitserregern und Parasiten, oft mit tödlichen Folgen.

Übrigens: Viel gefährlicher als Haie für Menschen sind Menschen für Haie – über 100 Millionen Haie verlieren jedes Jahr ihr Leben durch Menschen. Das sind über 6500

Haie pro Stunde! Zum Verhängnis wird ihnen ein Kochrezept: Haifischflossensuppe. Und der Glaube, dass ein Pulver aus Haiknorpel gut für die Gelenke sei.

Zecken lassen sich von Bäumen fallen.

Wer im Frühling in sehr nahen Kontakt mit der Natur in Feld und Wald kommt, zum Beispiel durch eine Wiese läuft, sollte sich im Anschluss an seinen Spaziergang selbst auf Zecken kontrollieren oder von jemand anderem untersuchen lassen. Die Blutsauger mit den Beinen übertragen gleich mehrere Krankheiten, darunter FSME, eine gefährliche Hirnhautentzündung, oder die ausgesprochen tückische Borreliose. Zecken lauern allerdings nicht auf Bäumen auf ihre Opfer, wie man lange Zeit glaubte. Auslöser für einen Angriff von oben sollten dieser Theorie zufolge der Körpergeruch des Opfers oder die darin enthaltene Buttersäure sein. In Wirklichkeit lauert die achtbeinige Gefahr – Zecken sind Milben, eine Unterklasse der Spinnentiere – auf Grashalmen oder niedrigen Sträuchern. Wenn sie etwas berührt, klammern sie sich fest und machen sich daran, auf der Haut ihres Opfers eine Stelle für eine Blutmahlzeit zu finden. Lange Hosen und Gummistiefel bieten weitgehenden Schutz.

Aerodynamisch gesehen können Hummeln nicht fliegen.

Irren sich nun die Hummeln und fliegen trotzdem, oder irren sich die Menschen, die diese Behauptung aufgestellt haben? Die schöne Geschichte, dass Hummeln, diese sympathischen, brummelnden Pelzkugeln unter den Insekten, eigentlich zu plump und zu schwer sein sollen, um sich in die Luft zu erheben, ist ein modernes Märchen. Ihre Flügelfläche soll viel zu gering sein, um den vergleichsweise schweren Körper zu tragen. Diese Theorie hört sich tatsächlich so an, als ob sie wahr sein könnte. Erstmals setzten sie in den 1930er-Jahren Studierende der Universität Göttingen in die Welt. Nach dieser Version der Geschichte ist das Hummel-Paradoxon das Produkt eines Kneipengesprächs zwischen einem Biologen und einem Aerodynamiker. Es gipfelt in der Behauptung, Hummeln könnten nur fliegen, weil sie die Gesetze der Aerodynamik nicht kennen. Könnte man sie ihnen verdeutlichen, wäre es vorbei mit ihren Ausflügen in die Luft ...

Irrtum, die Physik hebelt der Hummelflug nicht aus. Im Gegenteil, Hummeln arbeiten mit Hightech, mit der Hubschraubertechnik nämlich. Richtig ist, dass die kleinen Hummelflügel das Tier vermutlich nicht in der Luft halten könnten, wenn sie wie Flugzeugflügel funktionieren würden. Aber die Flügel der Hummeln bestehen aus einem extrem elastischen Material, dem Protein Resalin. Schlägt die Hummel mit den Flügeln, so verbiegen sich diese stark, und an den Flügelspitzen bilden sich große Luftwirbel, die einen enormen Auftrieb erzeugen – Wirbel, wie sie auch bei einem Hubschrauber auftreten. Die Hummel ist also kein Flugzeug, sondern eher der Helikopter im Insektenreich.

Spinnen zählen zu den Insekten.

Ginge es nach dem alltäglichen Empfinden, so würde man keinen großen Unterschied zwischen all dem kleinen, aber ekligen Viehzeug machen, das einem Menschen so über den Weg laufen kann. Ameisen, Asseln, Fliegen, Käfer, Kakerlaken, Mücken, Ohrenkneifer, Spinnen, Tausendfüßler, Wespen und Zecken – alles fiese Krabbeltiere von A bis Z. Und allzu leicht hält man sie alle für Insekten – wozu da Unterschiede machen? Einmal abgesehen davon, dass Asseln zu den Krebsen gehören und auch Tausendfüßler keine Insekten sein wollen: Spinnen unterscheiden sich in mehrfacher Weise von allen Insektenarten.

Zwar zählen sie wie auch die Insekten zum Stamm der Gliederfüßer, haben aber zwei Beine zu viel, nämlich acht. Spinnen besitzen zwei deutlich voneinander abgesetzte Körperabschnitte im Gegensatz zu den Insekten, die dreifach geteilt sind – in Kopf, Brust und Hinterleib. Während viele Insekten flugfähig sind und unterschiedlich ausgeprägte Flügelpaare besitzen, können Spinnen allenfalls mithilfe ihrer Fäden fliegen. Flügel hat keine Spinnenart.

Alle Insekten besitzen am Kopf Fühler, auf die Spinnen verzichten müssen. Am Kopf von Spinnen findet sich ein Paar Mundgliedmaßen, sogenannte Kiefernklauen, die recht beweglich sind und Gift in ein Beutetier injizieren können. Schmetterling, Käfer und alle übrigen Verwandten müssen auf eine solche Ausstattung verzichten. Insekten sehen durch Netz- oder Facettenaugen in die Welt, Spinnen verlassen sich auf acht einzelne Punktaugen, die unterschiedliche Aufgaben übernehmen. Die Nebenaugen sind darauf spezialisiert, Bewegungen wahrzunehmen, die Hauptaugen erkennen Formen und vermutlich auch ein gewisses Farbspektrum.

Mit den Spinnwarzen am Hinterleib können Spinnen feine Fäden unterschiedlicher Qualität herstellen. Ganz nach Bedarf produzieren sie stabile Netzfäden, klebrige Fäden zum Beutefang, Fäden für haltbare Kokons oder dünne, empfindliche Signalfäden. Manche Insekten wie der Seidenspinner können zwar auch Spinnfäden produzieren, nutzen diese aber nur, um ihre Raupen während der Phase der Um-

wandlung zum Vollinsekt zu schützen, also während des sogenannten Puppenstadiums. Den meisterhaften Umgang
vieler Spinnen mit Spinnenfäden erreichen sie nie.

Der Wolf ist ein für Menschen gefährliches Raubtier.

Der Wolf ist gefährlich für seine Beutetiere, zu denen Kaninchen, Hasen, Rehe und sogar Wildschweine und Elche zählen. Menschen passen nicht in sein Beuteschema. Weder holt
der Wolf Rotkäppchens Großmutter noch hetzen Wolfsrudel
im Winter Menschen, die mit dem Pferdeschlitten unterwegs
sind. Auch wenn Horrorgeschichten gut ankommen: Angriffe von Wölfen auf Menschen sind extrem selten, und meist
sind angreifende Tiere an Tollwut erkrankt. Ärgerlich ist jedoch, dass Wölfe Ziegen und Schafe reißen oder auch Haus-
tiere wie Hund und Katze töten. Allerdings hat das Raubtier
Mensch die Art Wolf in der Vergangenheit immer stärker gefährdet als umgekehrt – heute stehen Wölfe in Europa unter Artenschutz und dürfen nicht mehr geschossen werden.

Das Schwein ist ein schmutziges Tier.

Im Islam gilt das Schwein als unrein, und auch die Juden
verschmähen Schweinefleisch. Das ganze Tier gilt als unrein. Auch die Bibel rät dazu, das Schwein von der Speisekarte zu streichen. Vor etlichen Hundert Jahren war es äußerst
sinnvoll, sich an die Regeln der Religionsgelehrten zu halten,
denn Schweine waren zu einem hohen Anteil von Trichinen
befallen – parasitäre Fadenwürmer, die auch auf Menschen
übergreifen und sie gesundheitlich schwer schädigen kön-

nen. Schwächezustände, Bauchschmerzen, Übelkeit, Erbrechen und Durchfall sind die anfänglichen Folgen, im weiteren Verlauf treten Fieber, starke Muskelschmerzen und Ödeme im Augenbereich auf. Die Erkrankung Trichinellose kann in einzelnen Fällen sogar zum Tode führen. Die Fleischbeschau sorgt heute dafür, dass Schweinefleisch ohne Trichinen verzehrt werden kann.

Unrein – im Sinne von schmutzig – sind Schweine aber keineswegs, auch wenn sie oft so aussehen. Ihr schmuddeliges Äußeres hängt mit ihrer Reinigungsmethode zusammen. Sie ziehen die Suhle der Reinigung mit Wasser vor. Ein Schlammbad und die zurückbleibende Schlammschicht auf der Haut schützen sie vor Parasiten wie Stechmücken, Flöhen und Zecken. Die im Schlamm enthaltene Feuchtigkeit kühlt sie ab, denn Schweine haben keine Schweißdrüsen und können deshalb ihre Körpertemperatur nicht durch Schwitzen regulieren. Draußen und unter freiem Himmel verbreiten Schweine nicht mehr Geruch als andere Tierarten – zu einem bestialischen Gestank kommt es im Schweinestall, wenn die Tiere nicht artgerecht gehalten werden.

Das Alter eines Marienkäfers erkennt man an den Punkten.

Wenn es so wäre, dann gäbe es nur Marienkäfer, die 2, 4, 5, 7, 10, 11, 13, 14, 16, 17, 18, 19, 22 oder 24 Jahre alt sind, was übrigens einem biblischen Alter für einen Käfer entspräche. Hin und wieder kommt auch einer ohne Punkte vor – ein Zombie? Nein, die Anzahl der Punkte ist ein Artmerkmal und hat mit dem Lebensalter nichts zu tun. Unser häufigster heimischer Marienkäfer ist übrigens der Siebenpunkt, den aber in vielen Regionen der zugewanderte asiatische Harlekin-Marienkäfer – zu erkennen an weitaus mehr als sieben Punkten – zu verdrängen droht.

Tausendfüßler haben 1000 Füße.

Vermutlich heißen die Tiere Tausendfüßler, weil sich niemand die Mühe gemacht hat, genau nachzuzählen, bevor ihnen ihr Name gegeben wurde. Vielleicht steht die Zahl 1000 aber auch nur für »eine ganze Menge«. Wenn man aber nachzählt, hält den Rekord der extrem seltene nordamerikanische Tausendfüßler *Illacme plenipes* mit über 350 Beinpaaren, also 700 Füßen. Die Tiere, die wir im Alltag als Tausendfüßler bezeichnen, gehören manchmal zur Gruppe der Hundertfüßler (ein Beinpaar pro Körpersegment) und können zwölf, aber auch mehr als 100 Beinpaare besitzen. Einen Tausendfüßler, der wirklich 1000 Füße hat, gibt es nicht.

Elefanten haben ein außergewöhnliches Gedächtnis.

In den Geschichten aus der Sensationspresse rächt sich der Elefant Jahrzehnte später an dem Peiniger, der ihm als Jungtier Schläge zugefügt hat. Oder er erkennt einen kindlichen Spielkameraden wieder, obwohl dieser unterdessen zum Erwachsenen herangereift ist. Warum ausgerechnet der Elefant für die Geschichten über das phänomenale Gedächtnis herhalten muss, ist die Frage. Auch andere Tierarten haben ein gutes Langzeitgedächtnis, sie erinnern sich an traumatische Erlebnisse im positiven wie im negativen Sinne über lange Zeit. Ein Hund knurrt jemanden an, der ihn vor Jahren getreten hat, und ein tierquälerischer Dompteur, der junge

Raubkatzen mit fragwürdigen und schmerzhaften Methoden »erziehen« wollte, sollte sich davor hüten, einem seiner hilflosen Opfer zu begegnen, wenn aus diesem mittlerweile ein erwachsenes und gefährliches Raubtier geworden ist.

Das Eichhörnchen hat etwas mit der Eiche zu tun.

Nein, die Eiche hat nichts mit dem Namen dieses Nagetiers zu tun – sagt die eine Fraktion der Sprachforscher. In der griechischen Antike nannte man es *skiouros*, was so viel wie *Schattenschwanz* bedeutet, wohl in dem Glauben, das Tier sei in der Lage, sich mit seinem großen Schwanz selber Schatten zu spenden. Aus dieser Bezeichnung ging das quirlige englische Wort *squirrel* hervor. Die germanische Mythologie gab dem lebhaften Nagetier den Namen *Ratatöskr*, und dieses uralte Eichhörnchen gehörte zum Tiergarten rund um die Weltenesche *Yggdrasil*. Aus dieser Zeit hat sich nichts zu uns herübergerettet. Das *Eich* im heutigen *Eich*hörnchen hängt mit dem mittelhochdeutschen Wort *aig* zusammen, das so viel bedeutet wie *sich schnell bewegen* – sagen die einen. Andere Linguisten hingegen sind durchaus der Meinung, dass die Eiche im Namen dieses Tieres eine Rolle spielt, denn Eicheln stellen einen Großteil seiner Nahrung dar. Eine Meinung von beiden ist also kein Irrtum – welche, vermag man noch nicht genau zu sagen.

Mäuse haben eine Vorliebe für Käse.

Nein, Hausmäuse haben keine besonderen Nahrungspräferenzen, sie sind Allesfresser und verzehren alles, was nahrhaft ist und was sie bekommen können. Nur im Cartoon,

Comic und Trickfilm werden – gezeichnete und animierte – Mäuse von leuchtend gelbem Käse und seinem Geruch wie magisch angezogen. Deshalb ist ein Stück Käse in einer Mausefalle zwar ein verlockendes Angebot, ein Stück Brot oder Speck wäre aber ein genauso attraktives und damit lebensgefährliches Lockmittel für eine hungrige Maus. Eine Vorliebe für Käse hingegen haben bestimmte Vogelarten wie zum Beispiel Blaumeisen, die sich, wie der Autor selbst erfahren hat, gern an den Resten eines Frühstücks bedienen und dabei die Käserinden bevorzugen. Von anderer Seite wird berichtet, dass Katzen häufig Käse für eine Delikatesse halten.

Die Spitzmaus ist eine Maus mit spitzer Schnauze.

Nicht alles, was Maus heißt, ist biologisch auch tatsächlich verwandt mit unserer Hausmaus. Spitzmäuse sind keine Nagetiere wie unsere alltäglichen Mäuse, sie gehören zu den Insektenfressern, was sie aber in keiner Weise in der Auswahl ihrer Nahrung einschränkt: Spitzmäuse sind trotz ihrer geringen Größe Raubtiere und Fleischfresser. In ihr Beuteschema passen vor allem Insekten und deren Larven, Tausendfüßler, Asseln, aber auch Regenwürmer und Schnecken. Hin und wieder überwältigen sie auch kleine Wirbeltiere wie Eidechsen. Dabei steht ihnen eine besondere Waffe zur Verfügung: ihr giftiger Speichel, der bei einem Biss in die Blutbahn des Beutetiers kommt. Er enthält Blarina-Toxin, kurz BLTX, eine stark giftige Substanz, die eine lähmende Wirkung hat. Wühlmäuse, Frösche und Kröten oder sogar kleine Schlangen, manchmal doppelt so groß wie die Spitzmaus selbst, werden mit ihrer Hilfe überwältigt. Spitzmäuse verschmähen aber auch pflanzliche Nahrung wie etwa Beeren, Nüsse und andere

Samen nicht und bedienen sich auch bei Vogeleiern, wenn es sich ergibt. Übrigens: Verwandtschaftlich stehen Spitzmäuse Maulwurf und Igel deutlich näher, obwohl die Verwandtschaft zu Letzterem unter Experten noch äußerst umstritten ist.

Jungvögel, die berührt wurden, werden von ihren Eltern nicht mehr angenommen.

Ein Rehkitz sollte man in der Tat nicht anfassen, wenn man eines findet. Der Geruch eines Menschen könnte die Mutter veranlassen, ihr Junges zu verstoßen. Unsere heimischen Vögel hingegen beachten die Kontakte ihres Nachwuchses zu Menschen gar nicht, vermutlich deshalb, weil sie ihre Umwelt vor allem über die Augen wahrnehmen und dem Geruchssinn keine besondere Bedeutung für ihre Sicherheit und ihr Fluchtverhalten beimessen. Wahrscheinlich steht die Sinnesleistung Riechen hinter dem Sehen zurück. Zwar haben alle Vögel ein inneres Geruchsorgan – einen recht kleinen Bereich im Gehirn, der die Geruchsinformationen verarbeitet, und eine oft unauffällige äußerliche Nasenöffnung meist am oberen Schnabel –, aber ihre Jungen »beschnüffeln« sie offenbar nicht. Die Parallele »großer Schnabel = leistungsfähige Nase« ist auf jeden Fall falsch.

Das größte Lebewesen auf diesem Planeten ist der Blauwal.

Irrtum, mit über 33 Metern und bis zu 200 Tonnen Gewicht ist der Blauwal zwar das größte lebende Tier auf der Erde und vermutlich auch das größte Tier, das je gelebt hat, aber er hat geradezu gewaltige Konkurrenz. Schon eine Pflanze läuft ihm den Rang ab: Mammutbäume erreichen mit 80 bis 100 Metern Höhe und einem Gewicht von bis zu 2400 Tonnen ein Vielfaches der rekordverdächtigen Werte des Blauwals. Der wahre Meister aller Klassen aber, was die räumliche Ausdehnung angeht, stammt aus dem Reich der Pilze: Das Pilzgeflecht eines Dunklen Hallimasch (*Armillaria ostoyae*) im amerikanischen Bundesstaat Oregon erstreckt sich über eine Fläche von neun Quadratkilometern – so viel wie 1200 Fußballfelder. Mit »nur« 600 Tonnen Gewicht überlässt es in dieser Klasse den ersten Rang allerdings den Mammutbäumen.

Wer von einer Ratte gebissen wird, kann die Pest bekommen.

Ratten sind nicht die eigentlichen Überträger dieser furchtbaren Krankheit, aber sie leiden selbst darunter. Die Träger des tückischen Bakteriums sind meistens Präriehunde, Erdhörnchen und Murmeltiere, und wenn diese Pestflöhe haben, kann es sein, dass diese auf Ratten überspringen – eine Tierart, die im Gegensatz zu den anderen in die Nähe von Menschen kommt. Die Nagetiere erkranken dann selbst und sterben auch an der Pest, aber erst wenn sie eine große Zahl ihrer eigenen Wirtstiere ausgerottet haben, springen die Pestflöhe auf den Menschen über. Ein seltenes Infektionsrisiko kann durch erkrankte Ratten verschmutzte Nahrung sein. Rattenbisse hingegen sind nicht als Auslöser einer Pestepidemie bekannt.

Das Reh ist die Frau vom Hirsch.

Es ist schon erstaunlich, wie die Erkenntnisse im Fach Biologie in den letzten Jahren und Jahrzehnten zugenommen haben. Schon Schüler der Mittelstufe wissen alles über die DNA und die Bestandteile der Zelle. Eukaryoten, Mitochondrien und das endoplasmatische Retikulum sind ihnen in ihrer Wechselwirkung geläufig. Aber wenn sie auf einer Waldwiese stehen und umgeben sind von »Grünzeug«, ist ihnen kaum eine Pflanze mit Namen bekannt. Oder doch? Ja, die mit den Nadeln, das sind die Tannenbäume. Wenn dann auch noch so ein paar braune Tiere aus dem Unterholz hervorlugen, ist die Begeisterung groß, die Kenntnis über die Arten und ihre Beziehungen aber nahe am Nullpunkt. Was liegt da näher als der Irrtum, der Große mit den Hörnern, das ist der Hirsch, und die Kleine ohne Kopfschmuck ist seine Frau, das Reh. Liebe Bildungspolitiker, es sieht übel aus mit dem Wissen über die ganz gemeine Natur um uns herum. Molekulargenetik und Evolutionstheorie sind nicht alles.

Studierende der Universität Kiel haben schon in den 1950er-Jahren in einer Untersuchung die Artenkenntnis bei drei Generationen der Bewohner eines Dorfes ermittelt. Sie zeigten ihnen Abbildungen von Tieren und Pflanzen, die Zahl der richtigen Antworten der ältesten Generation wurde als Richtwert 100 festgelegt. Schon der zweiten Generation waren 40 Prozent des Wissens entfallen, die dritte Generation verfügte nur noch über 20 Prozent des Wissens ihrer Großeltern. Seither ist die Situation nicht besser geworden. Einer unreflektierten Naturromantik, die möglichst viel Natur retten will, steht eine himmelschreiende Unkenntnis selbst bei jungen Biologielehrern gegenüber. Exkursionen waren nur selten Teil ihrer Ausbildung, die dabei gesetzten Schwerpunkte hatten nicht immer etwas mit der Kenntnis von Flora und Fauna zu tun. So kommt es, dass sie nicht einmal die Getreidearten unterscheiden können. Man kann heute ein Biologiestudium quasi ohne genaue Artenkenntnis abschließen.

Deshalb ist das Reh immer häufiger die Frau vom Hirsch. Bei dieser irrtümlichen Vorstellung geht eine ganze Menge durcheinander. Zur Familie der Hirsche gehören vier Unterfamilien, unter anderem die sogenannten Echten Hirsche (*Cervinae*) und die Trughirsche (*Odocoileinae* oder *Capreolinae*). Zu den in Deutschland vorkommenden Echten Hirschen zählen Damhirsch und Rothirsch und der eingeführte, aus Asien stammende Sikahirsch. Das Reh hingegen rechnet der informierte Biologe zu den Trughirschen, und es ist mit Rentier und Elch, aber auch mit dem amerikanischen Weißwedelhirsch verwandt.

Über die Zwangsehe zwischen Reh und Hirsch würde sich auch das männliche Reh beklagen, zumal der Rehbock wegen der geringeren Größe seines Geweihs gegenüber dem Rothirsch Minderwertigkeitskomplexe bekommen könnte. Auch vom Gewicht her kämpfen die beiden in unterschiedlichen Klassen: Der Rehbock bringt es auf maximal 30 Kilogramm Körpergewicht, der Rothirsch hingegen auf bis zu 300 Kilogramm, wenn auch nur bei ausgesprochen kapitalen Stücken.

Man kann Kühe nachts auf der Wiese einfach umkippen.

Es passiert nach einer durchgeknallten Party oder einer Nacht in der Disko: Jugendliche voller Tatendrang suchen sich auf irgendeiner Wiese irgendeine Kuh und schubsen sie um. Kühe schlafen nämlich im Stehen, und schlafende Kühe fallen einfach um, wenn man sie von der Seite anstößt. In Englisch heißt diese neue Trendsportart »Cow Tipping«, zu Deutsch nennt man es »Kuhschubsen«. Alles Quatsch: Kühe denken gar nicht daran (denken Kühe überhaupt?), sich von irgendeinem angetrunkenen Jugendlichen umkippen zu lassen. Außerdem schlafen die Rindviecher liegend, und wenn sie stehen, dösen sie höchstens einmal etwas. Cow Tipping zählt deshalb zu den urbanen Legenden. Aufgebracht haben sie vermutlich Jugendliche vom Lande, die ihren arroganten städtischen Altersgenossen einen Bären aufbinden wollten.

Hunde werden von Süßigkeiten blind.

Alles Quatsch, allenfalls bekommen sie schlechte Zähne und werden dick, sagen Tierärzte. Was Hunden aber tatsächlich einen gewissen Schaden zufügen kann, ist Schokolade, besonders dunkle Schokolade. Sie enthält Theobromin, einen Stoff, der in größeren Mengen für Hunde giftig ist, weil ihr Körper diese Substanz langsamer abbaut als der menschliche Organismus. Besonders kleine Hunde mit großem Hunger auf Schokolade sind in Gefahr. Ein mittelgroßer Hund müsste schon mehr als zwei Tafeln Schokolade auf einmal fressen, um Vergiftungserscheinungen wie Erbrechen, Muskelzittern und Durchfall zu zeigen.

Seltsame Beeren und Regenwald eiskalt

Pflanzen

Über die Pflanzen, mit denen wir jeden Tag umgehen, wissen wir so gut wie alles, oder? Weizen ist ein Süßgras, Pilze gehören zu den Pflanzen, und Äpfel wachsen auf Bäumen. Rosen haben Dornen, Tomaten zählen zu den Nachtschattengewächsen, und Erdbeeren sind natürlich Beeren. So viel ist sicher. Oder doch nicht? Drei dieser sechs Behauptungen sind Irrtümer …

Stacheln und Dornen sind doch ein und dasselbe.

Im Ergebnis ja – es tut weh –, aber botanisch gesehen nicht. Der Unterschied zwischen Dornen und Stacheln besteht in ihrem Aufbau. Stacheln sitzen sozusagen außen auf der Pflanze, wie dies bei der Rose der Fall ist. Man kann sie ohne große Mühe entfernen. Das Sprichwort »Alle Rosen haben Dornen« lügt also. »Alle Rosen haben Stacheln« klingt aber irgendwie nicht so poetisch. Stacheln lassen sich mit etwas Geschick von der Oberhaut der Pflanze lösen, zurück bleibt nur eine kleine Narbe. Dornen hingegen kommen aus dem Inneren der Pflanze und sind fest mit ihrem Holz verbunden. Will man sie entfernen, so wird man die Pflanze beschädigen müssen. Neben den Rosen gehören Himbeeren und Brombeeren zu den mit Stacheln bewehrten Pflanzen. Keine Stacheln haben hingegen Kakteen. Wie der Weißdorn und der Christusdorn – möglicherweise Bestandteil der Dornenkrone Christi – zählen sie zu den Pflanzen mit Dornen.

Die Kiwi stammt aus Neuseeland.

Zuerst kamen Kiwis bei uns als Chinesische Stachelbeeren in den Handel, ihr lateinischer Name *Actinidia chinensis* sagt einiges über ihre Herkunft. Später nannte man sie Kiwi, weil bei ihrer Einführung anfangs große Mengen Kiwis für den Supermarkt aus Neuseeland kamen. Es war einfach zu verlockend, die Frucht Kiwi nach dem Vogel Kiwi, dem Nationalsymbol Neuseelands, zu benennen. *Actinidia chinensis* ist übrigens die Kiwi mit der glatten Haut und dem gelblichen Fruchtfleisch, während heute häufig auch *Actinidia deliciosa*

mit behaarten Früchten und grünlichem Fruchtfleisch angeboten wird.

Natürlich sind Erdbeeren Beeren.

Was denn sonst? Logisch. Irrtum, sagt der Botaniker! Die
Botanik hat häufig nichts mit dem gesunden Menschenverstand zu tun, könnte man glauben, wenn man die Einordnung bestimmter alltäglicher Früchte betrachtet. Besagter gesunder Menschenverstand wird natürlich Erdbeeren,
Brombeeren und Himbeeren zu den Beeren zählen, Erdnüsse
zu den Nüssen und Bananen ... Ja, was bitte sind Bananen?
Mal den Botaniker fragen. Der gibt Verwirrendes zur Antwort: Erdbeeren sind Sammelnussfrüchte, Brombeeren und
Himbeeren hingegen Sammelsteinfrüchte. Die Stachelbeere
ist eine echte Beere wie auch die Banane ... Die Banane?

Als Beere bezeichnen Botaniker eine aus einem einzigen Fruchtknoten hervorgegangene Schließfrucht, also eine
Frucht, die geschlossen von der Pflanze fällt und sich auch
bei der Reifung nicht öffnet. Außerdem muss bei Beeren die
komplette Fruchtwand, das sogenannte Perikarp, auch noch
im Zustand der Reife saftig oder zumindest fleischig sein. Allen Ernstes, nach dieser Definition zählen Bananen zu den
Beeren, wie auch Zitrone, Orange, Dattel, Melone, Kiwi und
Papaya. Aber auch Paprika, Tomate, Aubergine und Avocado
sind echte Beeren.

Um die Verwirrung noch größer zu machen: Die Vogelbeere ist eine Apfelfrucht, die Holunderbeere eine Steinfrucht,
während die Wacholderbeere botanisch als ein Zapfen ein-
zuordnen ist. Und was die Nüsse betrifft: Die Erdnuss gehört zu den Hülsenfrüchten, auch wenn sie im Supermarkt
neben Walnüssen und Haselnüssen liegt – die Erdnuss ist

eine Hülsenfrucht. Erbsen und Bohnen sind näher mit ihr verwandt als alle echten Nüsse. Auch in ihren Inhaltsstoffen unterscheidet sich die Erdnuss von den echten Nüssen – sie enthält deutlich weniger ungesättigte Omega-3-Fettsäuren.

Überhaupt ist die Ergänzung -nuss am Ende eines Namens keine Garantie dafür, dass es sich im botanischen Sinne um eine Nuss handelt. Kokosnuss, Pekannuss, Pistazie und Mandel gelten als Steinfrüchte, die Muskatnuss ist ein Samen aus einer Balgfrucht, und beim Cashewkern ist alles noch viel komplizierter – der wächst nämlich unten an einer Scheinfrucht, dem Cashewapfel, der wiederum nur ein verdickter Fruchtstiel ist. Eine Nuss ist weder der Cashewapfel noch der Cashewkern. Echte Nüsse sind zweifelsfrei Eichel und Buchecker, aber auch Walnuss und Haselnuss. Nach so viel Verwirrung braucht der forschende Geist endlich etwas Ruhe und knabbert ein paar garantiert echte Walnüsse.

Regenwälder findet man nur in den Tropen.

Wer denkt nicht an zirpende Insekten, kreischende Papageien und schreiende Affen, aber vor allem an unerträglich feuchte Wärme, wenn er das Wort Regenwald hört? Richtig ist: Den durch diese Kennzeichen beschriebenen Regenwald findet man nur in den Tropen – wo auch anders? Regenwälder bilden sich aber überall dort, wo die Niederschlagsmenge über 2000 Liter pro Jahr und Quadratmeter liegt – auch in gemäßigten Breiten. An gemäßigtes Klima angepasster Regenwald findet sich vor allem an der Pazifikküste Nordamerikas, in Chile sowie auf Tasmanien und Neuseeland. Natürlich leben im gemäßigten Regenwald andere Tier- und Pflanzenarten als in den Tropen.

Eichen sollst du weichen, Buchen sollst du suchen.

Wer verstehen will, wie es zur Gefahr durch einen Blitzschlag kommt, muss wissen, wie ein Gewitter funktioniert. Wenn es in Sommer sehr heiß und sehr feucht ist, steigt erwärmte Luft nach oben. Durch die Reibung von winzigen Wassertropfen im Aufwind von aufsteigender Warmluft entsteht elektrische Ladung. Die Wolken laden sich positiv auf, während alles am Boden eine negative Ladung aufweist. Der Spannungsunterschied wird mit der Zeit immer größer, bis … ein Blitz aus der Wolke fährt, ein gigantischer elektrischer Funke mit mehreren Hunderttausend Ampere Stromstärke und Spannungen von mehreren Millionen Volt. Wer bei einem Gewitter im Haus ist, ist ziemlich gut geschützt. Auch der Faradaykäfig Auto ist ein sicherer Ort für seine Insassen. Die Blechhülle leitet die Spannung der Blitze ab. Was aber, wenn man sich ungeschützt im Freien aufhält?

Auf freiem Felde in einer flachen Landschaft ist ein Mensch der höchste Punkt – ein beliebtes Ziel für Blitze. Instinktiv sucht zum Beispiel ein verspäteter Wanderer Schutz unter etwas Höherem und landet unter Bäumen, vielleicht auch, um einen Zufluchtsort im jetzt beginnenden Regen zu finden. *Aber war da nicht was,* denkt er, *eignen sich nicht die verschiedenen Baumarten unterschiedlich gut als Unterstand bei einem Gewitter? Und soll es nicht sogar eine Baumart geben, die bei Gewitter richtig gut schützt, nämlich die Buche?*

Die alte Regel für das Verhalten bei Gewitter – Eiche weiche, Buche suche – könnte ziemlich ungesunde Folgen haben, gleichgültig, ob man unter einer Eiche oder einer Buche Schutz sucht. Wenn der Blitz einschlägt, kann es sein, dass der Baum förmlich explodiert. Wenn der Blitz nicht auch noch auf den neben dem Baum stehenden Menschen überspringt, so wird dieser zumindest mit einem Hagel von kleinen und größeren Holzgeschossen und Splittern beschossen, und das ist keine gute Situation, um gesund zu bleiben. Ein schwacher Blitz reißt manchmal nur einen schmalen Kanal in das Holz eines Baums, ein Einschlag mit höherer Ladung kann ihn aber auch förmlich zersprengen.

Der Spruch, den der Volksmund für diese Situation parat hat, existiert in unterschiedlichen Versionen, und eine davon lautet:

> »Vor den Eichen sollst du weichen.
> Und die Weiden sollst du meiden.
> Zu den Fichten flieh mitnichten.
> Linden sollst du finden.
> Doch die Buchen musst du suchen!«

Nein, Volksmund, falsch! Ein ganz großer Irrtum! Nicht nur Weiden sollst du meiden, auch die Fichten such mitnichten, und die Linden lohnt sich nicht zu finden, wie auch die Buchen – gar nicht erst suchen! Bei Gewitter sollte man Bäume ebenso meiden wie Holzmasten.

Aber was dann? Ins Wasser springen? Es ist ganz und gar nicht gesund, sich badend in einem Gewässer aufzuhalten. Einfach so auf der großen Wiese stehen bleiben? Menschen auf einer großen ebenen Fläche visiert der Blitz ebenso gerne an wie Fußgänger auf den Kammlagen eines Hügels. Also doch unter den Baum? Es gibt in der Tat einen statistischen Unterschied zwischen den verschiedenen Baumarten, was die Trefferhäufigkeit von Blitzen angeht. Eine Theorie besagt, dass die Art der Wurzeln eine Rolle spielt. Eichen mit ihren langen Pfahlwurzeln haben eine bessere Verbindung zum Grundwasser als zum Beispiel die flach wurzelnden Buchen. Auch die elektrische Leitfähigkeit der Rinde könnte eine Rolle spielen. Die Rinde der Buche ist glatt und daher gleichmäßig vom Regen feucht und leitfähig, die der Eiche rau und rissig mit trockenen Stellen, sodass sie den Blitz nicht schnell genug in den Boden leitet. Auch werden die häufiger einzeln stehenden Eichen leichter getroffen als eine Buche in einem Wäldchen.

Das sicherste Verhalten, wenn gar kein Haus oder ein ähnlich guter Unterschlupf in der Nähe ist: auf den Boden kauern, die Füße eng zusammen, die Arme an den Körper legen, auch den Kopf einziehen. Und ein Baum, gleich welcher Art, sollte nicht unbedingt in nächster Nähe sein.

Korallen sind Pflanzen.

Ihr Platz in einer Art unterseeischem Garten lässt die Annahme sinnvoll erscheinen, es könne sich bei Korallen eigentlich nur um Pflanzen handeln. Sie haben einen Stamm, manche Arten entwickeln Zweige, an deren Enden so etwas wie eine Blüte sitzt. Nein, die vielen unterschiedlichen Arten von Korallen zählen zu den Nesseltieren, einfach gebaute Lebewesen, die über Nesselzellen verfügen. Auch Quallen gehören in der biologischen Systematik zu diesem Stamm. Viele der circa 1500 Arten rechnet man zur Klasse der *Anthozoen*, zu Deutsch *Blumentiere*, andere wiederum sind Mitglieder der Klasse der *Hydrozoa*.

Gänseblümchen und Rosen kommen in ihrem Stammbaum jedenfalls an keiner Stelle vor. Die von Korallen geschaffenen Riffe gehören zu den größten von Lebewesen geschaffenen Bauwerken auf der Erde. Sie entstehen in Jahrhunderten aus den Kalkskeletten abgestorbener Korallen.

Der tropische Regenwald ist extrem fruchtbar.

So würde ein unbedarfter Betrachter die Situation einschätzen: Aus fetter, schwarzer Humuserde sprießen massenhaft Grünpflanzen in allen Formen, von Moos bis zum Urwaldriesen. Irrtum! Oben wächst es gewaltig, aber die Basis ist schwach: Obwohl darauf ein nahezu undurchdringlicher Dschungel sprießt, sind die Böden im tropischen Regenwald Amazoniens sehr nährstoffarm. Ihre gelbe bis rötliche Farbe erinnert an Moorerde, und sie sind wie diese nicht eben reich an düngenden Mineralien. Die üppige Pracht an Pflanzen konnte nur entstehen, weil sich die einzelnen Arten im Lauf der Zeit perfekt angepasst haben und die wenigen vorhandenen Nährstoffe perfekt nutzen. Während die Wälder in den gemäßigten Zonen auf einer bis zu 30 Zentimeter dicken Humusschicht wachsen, ist diese im tropischen Regenwald nur ein paar Millimeter dick. Abgestorbene Pflanzenteile verrotten sehr schnell oder werden von Kleintieren gefressen. Eigentlich bleibt die gesamte verfügbare Nahrung ständig in den Pflanzen und Tieren im Umlauf. Unterbricht man diesen Kreislauf – zum Beispiel durch eine Brandrodung und das Anlegen einer Plantage –, so bleibt nur eine kahle Fläche zurück, sobald die Mineralien aus den abgebrannten Pflanzen verbraucht sind.

In der Antarktis gibt es keine Pflanzen.

Es gab Zeiten in der Erdgeschichte, in denen war die Antarktis noch ein blühender Kontinent und mit dem heutigen Australien verbunden. Auf dem Land lastete noch kein dicker Eispanzer, und eine reiche Pflanzen- und Tierwelt hatte sich an die lange Polarnacht angepasst. Heute ist das Wachstum von Pflanzen auf eisfreie Regionen beschränkt, aber es gibt immerhin zwei Arten von Blütenpflanzen, die Antarktische Schmiele *(Deschampsia antarctica)* – ein Gras – und die Antarktische Perlwurz *(Colobanthus crassifolius)* – ein kleiner Doldenblütler. Des Weiteren sind über 1000 Arten von Flechten, Moosen und Algen zu finden, und auch Pilze konnten trotz der harten Lebensbedingungen Fuß fassen. Die natürliche Flora dieser eiskalten Region ist allerdings von einigen eingeschleppten Kulturpflanzen bedroht.

Vogelbeeren sind für Menschen giftig.

Vor der Frucht der Eberesche, auch als Vogelbeere bezeichnet, haben Eltern ihre Kinder schon immer gewarnt. Zu Unrecht, denn Vogelbeeren sind essbar und eignen sich wie auch die Beeren des Holunders zur Herstellung einer leckeren Marmelade. Allerdings hat die Warnung vor Vogelbeeren auch einen anderen, durchaus sinnvollen Hintergrund: In unserer Flora gibt es zahlreiche Beerenarten und Früchte, die wie essbare und ungefährliche Beeren aussehen, aber alles andere als ungiftig sind, zum Beispiel die hochtoxischen Früchte der Eibe, die übrigens eigentlich keine Beeren sind. Auch bei Holunder gibt es eine Verwechslungsmöglichkeit: Die schwarzen Beeren des Zwerg-Holunders, auch Attich genannt, und alle Teile dieser Pflanze sind giftig und verursachen bei Verzehr spontanes Erbrechen, Übelkeit und Durchfall. Es soll auch Todesfälle gegeben haben. Eltern sollten ihre Kinder allgemein davor warnen, etwas zu essen, das sie nicht kennen. Und wenn es denn die Warnung vor der eigentlich ungiftigen Vogelbeere sein muss: Lieber einmal zu viel gewarnt als zu wenig.

Pilze sind Pflanzen.

Die Welt der Natur teilt sich auf in Pflanzen und Tiere, so viel ist sicher. Irrtum! Da gibt es noch die Pilze.

Sie gehören nicht zu den Pflanzen, denn sie besitzen kein Chlorophyll und betreiben keine Fotosynthese, was das Kennzeichen aller Pflanzen ist. Sie sind aber auch keine Tiere und unterscheiden sich in ihrem Körperbau deutlich von ihnen. Pilze haben zusätzlich zur Zellmembran eine schützende Zellwand.

Wegen dieser gravierenden Unterschiede ordnet die Biologie sie in ein eigenes Reich zwischen den Pflanzen und den Tieren ein. Zum Reich der Pilze gehören sowohl Einzeller wie zum Beispiel die Hefepilze als auch Vielzeller wie die Pilzarten, die für den Verkauf gezüchtet oder im Wald gesammelt werden.

Lange Zeit hielt man Pilze für Pflanzen, weil sie wie diese ortsfest leben. Von ihrer Biochemie her sind sie sogar näher mit den Tieren verwandt. So ernähren sie sich heterotroph, das heißt von organischen Substanzen aus ihrer Umgebung, und verwenden wie die Tiere in ihren Zellen Glykogen, um Energie zu speichern, und nicht Stärke wie die Pflanzen. Auch ihre Zellwand aus Chitin passt nicht zu Pflanzen. Dieser Stoff kommt sonst in der Flora nicht vor, wohl aber bei den Insekten.

Der Pilz ist der Pilz.

Ein anderer populärer Irrtum verwechselt den Fruchtkörper des Pilzes mit dem tatsächlichen Pilz. Während nämlich diese pilzförmigen Fruchtkörper zur jeweils passenden Jahreszeit wie die Pilze aus dem Boden schießen, befindet sich der eigentliche Pilz unter der Erde. Das Pilzgeflecht, auch Myzel genannt, ein weit verzweigtes Netzwerk aus feinen und feinsten Fäden, bringt die Fruchtkörper zu seiner Vermehrung und Ausbreitung hervor. Die Sporen, die man laienhaft als Pilzsamen bezeichnen könnte, sitzen unter dem Hut der Pilz-Fruchtkörper und fallen heraus, wenn sie reif sind. Wenn die Pilze – also der Teil der Pflanze, den wir immer als Pilz bezeichnen – ihren Zweck erfüllt haben, sterben sie ab, während das eigentliche Lebewesen, das Pilzgeflecht, unterirdisch weiterlebt.

Tulpen kommen ursprünglich aus Holland.

Auch wenn heute ein Großteil aller Tulpenzwiebeln aus Holland stammt: Die zu den Liliengewächsen zählenden Blütenpflanzen kamen ursprünglich aus Vorderasien, Persien und der Türkei. Ihre erste Station in Europa war auch nicht Amsterdam, sondern Wien. Der Flame Ogier de Busbecq, als Gesandter Ferdinands I. im Orient unterwegs, brachte sie 1555 von seinen Reisen mit und machte sie in seinen Kreisen bekannt. Von Wien reisten Tulpenzwiebeln nach Holland, wo sich der Botaniker Carolus Clusius, Direktor des botanischen Gartens in Leiden, ihrer mit Begeisterung annahm. Tulpen wurden gezüchtet, seltene Sorten waren sehr gefragt. Bald entwickelte sich eine Art Spekulationsblase rund um die Tulpen: Rare Tulpenzwiebeln wurden zu astronomischen Preisen gehandelt, zum Teil mit Gold aufgewogen. Erfreulicherweise können wir heute die farbige Blütenpracht, die ursprünglich aus dem Orient und nicht aus Holland kam, kostengünstiger genießen.

Lianen wachsen nur im Dschungel.

Als Lianen bezeichnet man Kletterpflanzen mit holzigem Stamm, die zwar im Boden wurzeln, aber andere Gegenstände ihrer Umgebung, zum Beispiel Bäume, als Kletterhilfen nutzen. Es ist schon richtig, dass sie im Dschungel weitverbreitet sind. Doch auch in den Wäldern der gemäßigten Zone bis hoch in nördliche Regionen sind sie anzutreffen – Efeu und Waldrebe bilden solche Klettertriebe aus und wachsen im Lauf der Jahre zu kräftigen, holzigen Pflanzen heran, wenn sie genügend Zeit für das Wachstum finden. Dazu müsste man den Wäldern in diesen Regionen die nötige Ruhe und natürliches Wachstum zugestehen. In einem bewirtschafteten Wald zur Spanplattenherstellung wird man sie nicht finden. Lässt man zum Beispiel Efeu ungestört wachsen, so kann die Pflanze verholzte Stämme von bis zu 30 Zentimetern Durchmesser und entsprechend kräftige und lange Ranken, also Lianen, bilden. Von den zum Teil auch als Zierpflanze beliebten 300 Arten der Waldrebe *Clematis* bilden einige bis zu sechs Meter lange Lianentriebe – in einem Wald, in dem Menschen nicht »aufräumen« ...

Kartoffeln sind die Früchte der Kartoffelpflanze.

Nahrhaft, wie sie sind, könnte man annehmen, dass es sich bei den Kartoffeln um die unterirdischen Früchte der Kartoffelpflanze handelt. Die eigentlichen Früchte dieser Pflanze sind aber grün und befinden sich am oberirdischen Spross. Sie sehen aus wie grüne Beeren, entwickeln sich aus einer kleinen weißen Blüte und sind, wie alle grünen Teile der Nachtschattenpflanze, leicht giftig – und schmecken vermutlich auch nicht sonderlich gut. Als die Kartoffel im 16. Jahrhundert in Europa eingeführt wurde, galt sie zuerst als Zierpflanze. In der Folge wird es sicher auch vorgekommen sein, dass sich jemand die Kartoffelfrüchte durch Kochen zubereitet oder sie roh verspeist hat – mit unangenehmen Folgen. Erst mit der Zeit lernte man, dass die unterirdischen Knollen der Kartoffelpflanze wertvolle Nahrung sind. Ein Energiedepot sind sie auch für die Pflanze, die in den Wurzelknollen den Nahrungsvorrat für das nächste Jahr anlegt. Wenn wir die Kartoffel nicht ernten und aufessen würden, wüchsen nach dem Winter neue Kartoffelpflanzen daraus hervor.

Buchweizen ist ein Getreide.

Buchweizen, eine Art Scheingetreide, hat den ersten Teil seines Namens seinen Früchten zu verdanken, die Bucheckern ähneln. Die krautige Pflanze gehört nicht wie die echten Getreidearten zu den Süßgräsern, sondern ist ein Knöterichgewächs. Buchweizenkörner werden als Graupen, Grütze oder Grieß angeboten. Mehl aus Buchweizen wird auch zu Fladen oder in Nudeln verarbeitet. In Backwaren eignet sich Buchweizenmehl nur als Beimischung, das Backen von Brot aus purem Buchweizenmehl funktioniert nicht, weil sozusagen der nötige Klebstoff fehlt – Buchweizen ist nämlich glutenfrei. Russland und China sind die Länder, in denen am meisten Buchweizen produziert und verzehrt wird. In Nordamerika besonders beliebt sind Buchweizenpfannkuchen mit Ahornsirup.

Großvater Affe und der Schlaf vor Mitternacht

Der menschliche Körper

Eigentlich sollten wir mit ihm vertraut sein, begleitet er uns doch jeden Tag. Er ist sozusagen das Gefäß für unsere Person. Wir spüren ihn quasi immer, bekommen Rückmeldungen, ob es ihm gut oder schlecht geht, und benutzen ihn für Arbeit und Vergnügen. Manchmal gehen wir ziemlich rücksichtslos mit ihm um, dann wieder voller Vorsicht und mit Sensibilität für seine Bedürfnisse. Eigentlich wissen wir gar nicht viel über ihn, und das geringe Wissen erweist sich bei genauem Hinsehen in manchen Punkten auch noch als Irrtum.

Der Mensch stammt vom Affen ab.

Diese Charles Darwin unterstellte Behauptung regte zu dessen Lebzeiten die Menschen über alle Maßen auf, stellt sie doch die göttliche Herkunft unserer über die Natur herausragenden Art infrage. Eine derartige Verwandtschaft wollten sich die von ihrer Führungsrolle überzeugten Menschen dieser Zeit nicht zumuten. Darwins Evolutionstheorie besagt allerdings nur, dass Mensch und Affe gemeinsame Vorfahren hatten. Die ähnelten zum Teil den heutigen Affen, es gab aber unter ihnen auch Varianten, die in ihrem Aussehen den heutigen Menschen bereits auf überraschende Weise nahekommen, zum Beispiel die in Äthiopien gefundene, über 4,4 Millionen Jahre alte Art *Ardipithecus ramidus*.

Wir nutzen nur einen Bruchteil unserer Hirnkapazität – etwa zehn Prozent.

Zwar hat man manchmal den Eindruck, als führten gewisse Zeitgenossen einen guten Teil ihres Gehirns im Energiesparmodus mit sich, die Behauptung aber, dass eigentlich jeder von uns nur einen Teil der Rechenleistung seines Zentralcomputers nutzt, ist ein kapitaler Irrtum.

Wenn dies so wäre – und das befeuert die fantasievollen Schriftsteller und Drehbuchautoren –, dann könnte eine Aktivierung des Restpotenzials zu genialen Leistungen und erstaunlichen Effekten beflügeln. Hellsichtigkeit wäre in diesem Fall ein Klacks für uns, die Zukunft ein offenes Buch. Telepathie, Teleportation und Telekinese könnten erreichbar werden. Wir müssen uns mit Television zufriedengeben, die wissenschaftliche Realität ist nämlich ernüchternd. Untersuchungen im Magnetresonanztomographen und im Positronen-Emissions-Tomographen zeigen nämlich eindeutig, dass unser Gehirn durchaus ausgelastet ist, ja, am Rande seiner Kapazität arbeitet. Auch biochemische Analysen ergeben kein anderes Ergebnis: keine freie Rechenleistung verfügbar, CPU ausgelastet. Mehr ist nicht drin.

Die Idee vom allzu gering beanspruchten Hirn könnte ihren Ursprung bei einem Quacksalber-Konzern gehabt haben, der seinen Kunden ein leistungssteigerndes Tonikum (Lecithin, Ritalin und Co.) für teures Geld aufschwatzen wollte, oder bei irgendeinem fragwürdigen Coach, der Fabelleistungen durch fünf Intensivkurse mit 45 Übungen verspricht. Auch windige Ernährungsberater mit Brainfood – Nahrungsmittel, die auf die Hirnleistung Einfluss nehmen sollen – kommen als Quelle infrage.

Der Mensch braucht zwei Liter Wasser am Tag.

Dieser Standardwert hat seinen Ursprung in den USA. Das Nutrition Council riet vor Jahrzehnten zur Aufnahme von zwei Litern Flüssigkeit am Tag. Dabei sollte allerdings die Flüssigkeitsmenge in der Nahrung, also zum Beispiel in Obst und Gemüse, berücksichtigt werden und sich mit der getrunkenen Flüssigkeitsmenge zu zwei Litern addieren. Ein Zuviel an Wasser kann sich schlecht auf die Gesundheit auswirken, besonders im Hochsommer, wenn über das Schwitzen allzu viele Körpersalze verloren gehen. Glücklicherweise besitzt unser Körper einen ausgezeichneten Sensor für den Bedarf an Flüssigkeit, der klimatische Bedingungen wie Temperatur und Luftfeuchtigkeit, die eigene Körpermasse und das Ausmaß der körperlichen Belastung berücksichtigt: Durst.

Es ist zwar richtig, dass im höheren Alter der Regulationsmechanismus manchmal gestört ist und der Durst nachlässt, aber ein gesunder Mensch von der Kindheit bis ins sechste Lebensjahrzehnt kann sich eigentlich auf seinen Durst verlassen. Wichtig ist dann nur, was man trinkt. Süße Limonade ist alles andere als durstlöschend – aber das ist ein anderes Kapitel.

Wer immer nur so lange isst, bis er satt ist, wird nicht dick.

Die Vorstellung, dass es eine von der Natur vorgegebene, eingebaute Appetitbremse gibt, ist weitverbreitet. Manche Menschen machen nur einen Fehler: Sie hören nicht auf ihre Empfindungen. Sie haben es, so die These, weitgehend verlernt, auf die Signale des Körpers zu hören. Wer sie aber noch wahrnehmen und sich nach seinem ureigenen Hungergefühl richten kann und immer nur so lange isst, bis er satt ist, wird nicht dick – so der Irrglaube. Was dir schmeckt, kann doch nicht falsch sein, oder?

Erstaunlicherweise gibt es Menschen, für die diese Behauptung richtig ist. Ihr Körper tendiert nicht dazu, Fettreserven als Depot für schlechte Zeiten anzulegen. Sie können essen, was sie wollen, und werden nicht dick. Bei anderen treten schon bei einem geringen Überangebot an Nahrung unwillkommene Effekte ein. Es bildet sich Fettgewebe, und das auch noch an besonders unerwünschten Stellen: Während Männer zum Bauch tendieren, docken die Fettzellen bei Frauen häufig auf den Hüften an.

Eine wissenschaftliche Theorie stützt diese Beobachtungen. In der Millionen Jahre währenden Evolutionsgeschichte der Menschen haben sich zwei geografische Typen herausgebildet. Der *nördliche Typ Mensch* konnte aktuell nicht benötigte Nährstoffe in Fettzellen speichern – ein wichtiger

Überlebensvorteil in Regionen, in denen während des Winterhalbjahrs das Angebot an Nahrung knapper wurde. Der *südliche Typ Mensch* hingegen, meist in wärmeren Regionen mit wenig ausgeprägter kalter Jahreszeit zu Hause, erfreute sich das ganze Jahr über an einem ausreichenden Nahrungsangebot und hatte keinen Vorteil durch Energiespeicherung in Fettdepots am Körper. Mangelsituationen oder Hunger waren selten.

Folgt man dieser These, so ist der südliche Typ Mensch heute deutlich im Vorteil. Überernährung und die dadurch verursachten gesundheitlichen Folgen sind für ihn kein oder ein deutlich geringeres Problem. Hinzu kommt, dass ein gesellschaftliches Schönheitsideal den Dünnen Vorteile in der sozialen Einschätzung und in ihrer Karriere verschafft.

Fakt ist: »Ich kann essen, was ich will« ist eine Lüge professionell appetitloser Models. Wir gewöhnlichen Menschen sollten unserem Appetit tendenziell eher misstrauisch gegenüberstehen. Wer zu dieser zweiten Gruppe gehört, nimmt pro Jahr ein bis zwei Kilogramm zu, wenn nicht der Verstand Grenzen setzt – was im Übrigen sehr schwierig ist.

Abends verzehrte Speisen setzen besonders an.

Es gibt verschiedene Ernährungstheorien, bei denen die Art der Nahrung und vor allem auch die Uhrzeit eine Rolle spielen, zu der jemand Essen zu sich nimmt. Trennkost, 5-Stunden-Diät, Diät nach Dr. Pape usw. Man mag daran glauben oder nicht. Irgendwie spielt dabei die Vorstellung eine Rolle, dass ritualisierter Verzicht zu irgendeinem Ergebnis führt. Weglassen ist ernährungstechnisch *in*, und das seit Jahrzehnten – kein weißer Zucker, kein Fleisch, keine Geschmacksverstärker, neuerdings womöglich aus aktuellen gesundheitlichen Gründen keine Laktose, kein Gluten –, und wer weiß, was sonst noch weggelassen werden könnte. Auch der Vorschlag, das Kochen von Nahrung wegzulassen, geistert als eine Art Urzeitdiät durch diverse Gehirne. Die Werbung greift das Thema Weglassen mit Begeisterung auf: Haarfärbemittel zum Beispiel werden jetzt ohne Ammoniak hergestellt, auch wenn zuvor niemals Ammoniak enthalten war. Deosprays enthalten kein Aluminium mehr. Es gibt auch Menschen, die glauben, dass Mülltrennung, also das Weglassen von ungeordnetem Abfall, die Umwelt retten würde.

Nein, sagen die Realisten, es kommt nicht darauf an, was du isst, und auch nicht darauf, wann du es isst. Maßgeblich sind nur die in der Nahrung enthaltenen Energiemengen, gemessen in Kilojoule oder Kalorien. Es mag zwar sein, dass man nach einer deftigen Portion Schweinsbraten mit Knödeln schlecht schläft. Wenn diese Mahlzeit jedoch in der Summe mit allen anderen des Tages nicht den individuellen Kalorienbedarf überschreitet, wird man auch nicht dick davon. Ein frühes Abendessen macht nicht schlanker. Wer anderes behauptet, will nur sein Schlankheitsrezept – meist als Buch – effektiv vermarkten.

Wenn allerdings die Mahlzeit am späten Abend ein unnötiges Plus zu der bereits ausreichenden Energiezufuhr des Tages darstellt, werden die Fettpolster des Körpers anschwellen. Letztlich kommt es nur auf die Gesamtmenge an.

Haare wachsen schneller und kräftiger, wenn man sie rasiert.

Was für den einen – den pubertierenden Sohn – ein wunderbarer Beitrag zu einem männlichen Bartwuchs wäre, würde die andere – die auf ihr Äußeres bedachte Tochter – erheblich nerven: verstärkter Haarwuchs durch regelmäßiges Rasieren. Er kann das häufige Rasieren aufgeben, denn entgegen einem weitverbreiteten Glauben beschleunigt die Rasur das Sprießen der Haare in keiner Weise. Sie kann getrost weiter ihre Beine rasieren, auch hier ist nicht mit verstärktem Haarwuchs zu rechnen. Auch wird dünnes Haar – darauf hatte Opa mit seinen paar restlichen Strähnen gehofft – durch regelmäßiges Scheren nicht dicker oder dichter. Einziger Hoffnungsschimmer: Das Haar wächst in der vollen Dicke nach und wirkt dadurch anfangs vielleicht kräftiger – es hat keine dünne Spitze. Dieser Effekt verwächst sich aber im wahrsten Sinne des Wortes relativ schnell.

Lesen bei schlechtem Licht verdirbt die Augen.

Nein, man sieht nur schlecht. Eltern, die ihre Kinder vom Lesen unter der Bettdecke abhalten wollen, sollten sich andere Argumente überlegen, denn die Augen ihres Nachwuchses leiden nicht, wenn nur das schwache Licht einer Taschenlampe oder neuerdings eines Smartphones die Buchseiten erhellt – wenn das Kind nicht ohnehin bereits einen in der Darstellung perfekten E-Book-Reader benutzt. »Morgen früh kommst du nicht rechtzeitig aus dem Bett« wäre zum Beispiel ein solches Argument.

Hinzu kommt, dass es den kindlichen Augen ein Leichtes ist, bei dämmeriger Beleuchtung zu lesen. Erst mit zunehmendem Alter wird der Bedarf an Licht höher, und deshalb schätzen Eltern die kindliche Betätigung unter der Bettdecke vielleicht als zu anstrengend ein. Sie kennen das von sich selbst: Wenn Sie zu lange und bei nicht optimaler Beleuchtung lesen, verschwimmt das Bild der Buchseite vor dem Auge, vielleicht ist sogar ein Anflug von Kopfschmerz die Folge. Mit bleibenden Schäden ist weder bei Mutter noch Großmutter zu rechnen.

Das Wort *Muskelkater* kommt von der männlichen Katze.

Mit dem Kater hat der Muskelkater gar nichts zu tun, vielmehr geht es hier um den Katarrh. Dieser Begriff, aus dem altgriechischen Wort καταρρεῖν *(katarrhein = herunterfließen)* entstanden, bezeichnet eine mit Flüssigkeitsabsonderung verbundene Schleimhautentzündung, meist der Atmungsorgane. Aus dem *Katarrh* wurde auch in einem anderen Zusammenhang der *Kater*, nämlich bei den Erscheinungen nach übermäßigem Alkoholkonsum. Naheliegend, dass es auch beim Muskelkatarrh nicht bleiben konnte, der Muskelkater geht uns einfach viel leichter über die Lippen.

Muskelkater entsteht durch Milchsäurekristalle in den Muskeln.

Dieser Sachverhalt wurde für lange Zeit irrtümlich als Ursache des Muskelkaters angenommen. Zwar bildet sich während intensiven Trainings Milchsäure in der Muskulatur, doch sinkt der Laktatspiegel relativ schnell wieder auf das normale Niveau, noch bevor der Muskelkater wirklich begonnen hat. Heute geht die Sportmedizin davon aus, dass kleinste Risse in der Muskulatur den Muskelkater verursachen. Sie treten direkt beim Training auf, erzeugen aber erst Schmerzen, wenn sich mit der Zeit Schwellungen und

Entzündungsreaktionen einstellen. Deshalb tut es erst am nächsten Tag weh.

Wer friert, holt sich eine Erkältung.

Auch wenn der Name der Erkrankung diesen Schluss sinnvoll erscheinen lässt: Kälte ist nicht die Ursache für eine Erkältung. Untersuchungen mit zahlreichen Testpersonen in Japan haben ergeben, dass Menschen, die sich der Kälte aussetzen, im nachfolgenden Zeitraum nicht häufiger an Erkältungen erkranken als solche, die immer nur in der warmen Stube hocken. Der tatsächliche Auslöser für Erkältungen sind Viren. Wenn diese Krankheitserreger allerdings einen Menschen bereits erwischt haben, können Kältereize die Abwehr schwächen. Auch verlangsamt sich der reinigende Schleimtransport in Nase und Rachen bei kühlen Temperaturen, und die weißen Blutkörperchen sind weniger aktiv als in wärmerem Klima. Deshalb treten Erkältungskrankheiten im Winter häufiger auf. Also ist es doch die Kälte? Nein, Kälte allein genügt nicht. Man kann es auf die einfache Formel bringen: kein Virus, keine Erkältung. Und das auch bei Frostwetter.

Na ja, wenn man erst einmal eine hatte, ist man ja für eine Weile immun gegen Erkältungen – ein weiterer Irrtum zum Thema. Es gibt nicht nur einen einzigen Stamm von Erkältungsviren, sondern viele unterschiedliche. Wenn man nach einer Erkrankung das Pech hat, einen wenig verwandten Virenstamm zu erwischen, geht das ganze Drama von vorne los ...

Und ein dritter Irrtum: Man kann eine aufziehende Erkältung ausschwitzen oder wegtrainieren. Das funktioniert ganz und gar nicht. Ob Sauna oder Ausdauersport – wenn eine Erkältung im Anzug ist, schaden diese Bemühungen nur. Beide belasten Herz und Kreislauf und schwächen so den Körper. Wer aber als Gesunder Sport treibt oder in die Sauna geht, stärkt seine Abwehrkräfte.

Die Grippeimpfung schützt auch vor Erkältungen.

Die Erreger einer gewöhnlichen Erkältung und Grippeviren sind nicht sonderlich nahe miteinander verwandt. Deshalb kann eine Grippeimpfung zwar einen gewissen Schutz vor Infektionen mit tatsächlichen Grippeerregern bewirken, hat aber keine schützende Wirkung gegen einfache Erkältungskrankheiten, auch wenn die Symptome sich entfernt ähneln können. Eine echte Grippe beginnt übrigens meist mit plötzlichem starken Fieber und Kopf- und Muskelschmerzen, während ein so schlagartiger Beginn bei einer einfachen Erkältung selten ist.

Haare und die Fingernägel wachsen nach dem Tod weiter.

Vermutlich beruht diese Vorstellung auf ziemlich gruseligen, aber realen Beobachtungen: Die Fingernägel einer Leiche wirken wie lange Krallen, das Gesicht zeigt Bartwuchs, der Tote sieht unrasiert aus. So sehr springen diese Details ins Auge des Betrachters, dass eine Vermutung naheliegt: Hier wächst weiter, was eigentlich tot sein sollte. Sogar Medizinstudenten sollen in einer Befragung das makabere Allgemeinwissen von weiter wachsenden Körperteilen bestätigt haben. Wie aber kann wachsen, was tot ist? Wie können sich neue Keratinzellen bilden, wenn ihnen der Nachschub aus dem Körper fehlt? Die Ursache ist ein genau umgekehrtes Wirkprinzip: Vom Augenblick des Todes an setzen Verfallsprozesse ein, Körpergewebe wie Muskeln und Haut schrumpfen, der Körper verliert Flüssigkeit und damit Volumen. Plötzlich wirken die immer noch gleichen Fingernägel – denn diese verändern sich nicht – an spindeldürren Fingern übermäßig groß. Auch die Gesichtshaut büßt durch Austrocknung an Volumen ein, die bereits zuvor vorhandenen Bartstoppeln treten deutlicher hervor. Ist also das Gruselmärchen nichts als ein Irrtum?

Ja und nein. Der Berliner Charité-Pathologe Manfred Dietel erklärte in einem Artikel in der »ZEIT« die wahren Zusammenhänge: Während das Gehirn stirbt, können andere Körperzellen noch für Stunden weiter funktionieren. Die Bindegewebszellen, die für die Bildung von Haar zuständig sind, gehören dazu. Wenn man aber bedenkt, dass das menschliche Haar am Tag allenfalls etwa 0,3 bis 0,5 Millimeter wächst, wird dieser Effekt bei einem jüngst Verstorbenen nicht nachzuweisen sein.

Beschnittene Männer können länger.

Zwar stimmt es, dass die empfindlichsten Nerven des Penis ohne die Vorhaut schon durch die Berührung mit der Unterwäsche unempfindlicher werden, das bleibt aber ohne Einfluss auf die Dauer des Geschlechtsverkehrs bis zum männlichen Orgasmus. Vergleichende Untersuchungen an Männern mit und ohne Vorhaut kommen zu dem Ergebnis: Ohne oder mit, es dauert so lange, wie es dauert. Unterschiede wurden nicht festgestellt. In dieser Hinsicht gibt es keine Abweichung zwischen einem beschnittenen und einem Mann im Naturzustand.

Bei Rückenschmerzen darf man keinen Sport treiben.

Oft sind mangelnde Muskulatur und zu wenig Training die Ursache für Rückenschmerzen. Sind diese einmal eingetreten, führt zu viel Schonung dazu, dass sie sich noch verstärken, denn die bereits geschwächte Muskulatur wird weiter abgebaut, wenn man nur faul auf dem Sofa liegt. Sogar bei so ernsten Beeinträchtigungen, wie es ein Bandscheibenvorfall ist, können bestimmte Gymnastikübungen unter fachlicher Anleitung Erleichterung verschaffen. Leichte Rückenschmerzen verschwinden oft wie von selbst durch entsprechendes Training der Muskulatur, zum Beispiel beim Nordic Walking oder durch mäßiges Krafttraining im Fitnessstudio. In ernsteren und sehr schmerzhaften Fällen sollte man aber vor Trainingsbeginn einen Arzt befragen.

Joggen schadet den Gelenken.

Im Regelfall ist das nicht so. Zwar belasten erheblich größere Kräfte die Gelenke der Beine, wenn man läuft, aber selbst diese dann einwirkende zwei- bis dreimal höhere Belastung hilft, die Qualität der Gelenkflüssigkeit zu verbessern, indem sie für eine bessere Durchblutung und Nährstoffversorgung der Gelenkregionen sorgt. Deshalb kann Joggen sogar bei beginnender Arthrose oder anderen Gelenkerkrankungen nützlich sein. Selbst wenn es etwas schmerzt – in Bewegung zu bleiben hilft den Gelenken. Nur wenn ein Gelenk stark vorgeschädigt ist oder wenn sehr großes Übergewicht vorliegt, sollte man auf andere, die Gelenke weniger belastende Sportarten ausweichen.

Männer mit Glatze sind potenter.

Ähnelt so ein nackter, haarloser Männerkopf nicht irgendwie einem ... *Ein abwegiges Bild,* werden Sie jetzt sicher denken. Um es kurz zu machen: Das Wachstum der Haare (oder besser gesagt, das Negativwachstum) und der Zustand der Haarwurzeln auf dem Kopf eines Mannes haben zwar etwas mit der Menge an Testosteron in seinem Blut zu tun, was sich aber nicht auf seine sexuelle Leistungsfähigkeit auswirken muss. Männer mit Glatze sind genauso potent oder hin und wieder auch impotent wie ihre Geschlechtsgenossen mit vollem Haarwuchs.

Südländer sind die besseren Liebhaber.

Ob das wirklich so ist? Die objektiven Kriterien, die man einer wissenschaftlichen Untersuchung zu diesem Thema zugrunde legen könnte, müssten noch erarbeitet werden. Subjektive Einschätzungen führen hier kaum weiter. Zwar ist anzunehmen, dass die Südländer aufgrund ihrer Mentalität ihre Männlichkeit besser »verkaufen« können – sie verstehen es gut, sich ins rechte Licht zu rücken, und sie nutzen ihren bereits vorhandenen Ruf. In einer Erfolgsstatistik gelungener Liebesakte pro Jahr liegen sie allerdings nicht alle auf den ersten Plätzen. Der Durex Global Sex Survey 2007 zeigte die Griechen mit 164 Liebesakten pro Jahr an der Spitze, gefolgt von den Brasilianern mit 145 erotischen Ereignissen. Platz drei und vier belegten allerdings die Russen und die Polen, die mit 143 Tête-à-Têtes auch nicht eben inaktiv waren. Italien und Spanien rangierten auf Platz acht (121-mal) und Platz zehn (118-mal), erreichten also nur Ränge im Mittelfeld. Ein einheitliches Bild, das für die südländische Erotik spricht, ergibt sich aus diesen Daten nicht.

Die Zeit vergeht im Alter schneller.

Noch so ein Fall, der schwer zu entscheiden ist: Irrtum oder nicht? Vergeht die zweite Hälfte unserer Existenz auf diesem Planeten wirklich um einiges schneller als die erste? Ältere Menschen berichten oft staunend darüber, wie schnell die Jahre vorüberziehen. Sie haben, etwas übertrieben gesagt, das Gefühl, die Feiertage würden sich gegenseitig jagen, ein Weihnachtsfest direkt auf das vergangene folgen.

Der Lösungsansatz zu dieser Frage liegt in der subjektiven Zeitwahrnehmung. Bei einer besonders langweiligen Verrichtung vergeht die Zeit erst quälend langsam, hinterher aber wundert man sich darüber, wie schnell der Tag vorüber ist. Die Anzahl der Ereignisse in einer Zeitspanne bestimmt, wie wir diese Lebensperiode wahrnehmen – erinnern wir uns an viele Beobachtungen und Ereignisse, so erscheint sie uns im Nachhinein länger. Vielleicht erklärt sich hieraus die unterschiedliche subjektive Zeitwahrnehmung von Kindern und Jugendlichen auf der einen Seite, Erwachsenen und Senioren auf der anderen. Kindheit und Jugend sind erfüllt mit Erlebnissen und neuen Erfahrungen, während das Leben der Erwachsenen häufig in alltäglicher Routine verläuft.

Psychologen vergleichen die Lebensabläufe mit einem Urlaub: In den ersten Tagen liegen die Erlebnisse der Anreise, es gibt am Urlaubsort viel Neues zu erkunden und Menschen kennenzulernen, man muss sich in die Situation einfinden und erlebt Stunden voller neuer Bilder. Die Folge: Die ersten Urlaubstage werden als lang und erfüllt wahrgenommen. Dann schlägt die Routine zu, man geht immer dieselben Wege, ist mit seinen Nachbarn vertraut, kauft immer an derselben Stelle ein, fühlt sich irgendwie zu Hause – und die letzten Urlaubstage vergehen wie im Fluge.

Ähnlich verhält es sich mit einem Lebenslauf: In den ersten Jahren liegen der erste Besuch von Kindergarten oder Schule, die erste Liebe und die erste Enttäuschung, die erste Arbeitsstelle, das erste eigene Auto und vieles mehr. Später auf dem Lebensweg geschieht vieles zum zweiten und weiteren Mal, die Routine verdrängt zunehmend die Neugier, das Alter macht viele weniger offen für Neues. Diese Zusammenhänge lassen sich auf eine einfache Formel bringen: Neue Erfahrungen und Erlebnisse machen unser Leben rückblickend länger, Routine stiehlt uns die Zeit.

Die Schlussfolgerung: Ja, oft vergeht die Zeit im Alter schneller – subjektiv betrachtet. Und nein, so muss es nicht sein. Wer sich für neue Erfahrungen öffnet und auf neue Menschen einlässt, erweitert nicht nur seinen Horizont, sondern schenkt sich selbst Zeit.

Schwarzer Kaffee macht nüchtern.

Ein gefährlicher Irrtum: Wer sich angetrunken zwei oder drei Tassen schwarzen Kaffees zu Gemüte führt, weil er ja noch nach Hause fahren muss, bringt nicht nur seinen Führerschein in Gefahr. Zwar fühlt sich ein Angetrunkener nach Kaffee oder auch Tee ein wenig nüchterner und wacher, aber zum einen hält dieser Effekt nicht sehr lange an, zum anderen bleibt der Blutalkoholspiegel auf demselben hohen Niveau. Die Genauigkeit der Wahrnehmung und das Reaktionsvermögen sind schon bald wieder genauso schlecht wie ohne Kaffee. Dies gilt übrigens auch für den Restalkohol nach einer durchzechten Nacht. Nach ein paar Tassen Kaffee fühlt man sich ganz passabel, würde aber bei einem Alkoholtest noch immer sehr schlecht abschneiden.

Wie die Nase eines Mannes …

… so sein Johannes. Wer mag nur auf diese verrückte Idee gekommen sein? Dieses Gerücht könnten Pinocchio, Cyrano de Bergerac oder Mike Krüger in die Welt gesetzt haben. Genauso gut könnte man von der Form der Wangen auf das Gesäß schließen. Ein Zusammenhang zwischen der Größe eines Körperteils und der eines anderen besteht nicht – außer der, dass die symmetrischen Körperteile Hand und Fuß zu ihrem jeweiligen Gegenstück nahezu identisch sind.

Doch halt: Neuere wissenschaftliche Erkenntnisse zeigen, dass es Rückschlüsse von Form und Größe eines Körperteils auf den ganzen Menschen gibt. Das Größenverhältnis von Zeigefinger und Ringfinger lässt gewisse Rückschlüsse auf die Person zu. Bei Männern sollte der Ringfinger etwas länger als der Zeigefinger sein – bei Frauen umgekehrt. Beides hängt mit den Hormonverhältnissen während des Wachstums im Mutterleib zusammen – viel Testosteron, langer Ringfinger; viel Östrogen, langer Zeigefinger. Das Längenverhältnis der beiden Finger sagt also etwas über die Person, beim Manne etwa: kurzer Ringfinger, Mann mit einer weiblichen Seite. Frauen mit einem längeren Ringfinger, so beobachteten die Forscher, verfügen über ein erhöhtes Durchsetzungsvermögen gegenüber ihren Geschlechtsgenossinnen mit kurzem Ringfinger. Man könnte auch weitere Schlüsse über eine Person ziehen, zum Beispiel bezüglich sexueller Orientierung und Aktivität, Fruchtbarkeit bei Frauen, Sportlichkeit usw. Sie sollten also nicht mitten ins

Gesicht nach der Nase schauen, sondern sich unauffällig die Hände Ihres Gegenübers ansehen.

Die Luft wird schlecht, wenn der Sauerstoff im Raum aufgebraucht ist.

Unsere Atemluft enthält gewöhnlich 21 Prozent Sauerstoff. Wenn sehr viele Menschen in einem abgeschlossenen Raum sind, wird der Sauerstoffgehalt nach und nach sinken, denn die ausgeatmete Luft eines Menschen hat nur noch einen Sauerstoffanteil von etwa 17 Prozent. Die restlichen vier Prozent werden im Körper an Kohlenstoff gebunden und als CO_2 ausgeatmet. Das Gefühl, die Luft sei schlecht, wird aber nicht durch den Mangel an Sauerstoff, sondern vor allem durch den steigenden Kohlendioxidgehalt verursacht.

Der Schlaf vor Mitternacht ist der beste.

Diese Weisheit wird benutzt, um Kinder ins Bett zu bekommen, aber auch, um das eigene frühe Zubettgehen zu begründen. Aber hier liegt wieder ein Irrtum vor – ihr könnt ruhig lange aufbleiben, Kinder, wenn ihr morgens ausschlafen dürft. Dasselbe gilt für Erwachsene: Die Party darf ruhig etwas länger dauern, die laue Sommernacht muss nicht vor Mitternacht vorbei sein. Denn über die Qualität des Schlafes bestimmt nicht die Uhr, sondern sein Ablauf. Wenn der Schlaf lange genug dauert und der Schläfer im Lauf der Nacht alle Schlafphasen durchlebt, wird er ausgeschlafen und erfrischt aufwachen. Zu einem gesunden und erholsamen Schlaf gehören Tiefschlafphasen und der Traumschlaf, aber auch weniger tiefe Phasen, die sich im Lauf der Nacht abwechseln. Wann jemand tief oder weniger tief schläft und wann er oder sie träumt, spielt dabei keine Rolle.

Schlafwandler darf man nicht wecken.

Nur in alten Slapstick-Filmen balancieren sie »mit traum-wandlerischer Sicherheit« über Dachfirste, ohne je abzustürzen. Vermutlich ist auch eine solche Szene für die Idee verantwortlich, dass es negative Folgen haben könnte, wenn man den Schlafwandler weckt. Vielleicht erschreckt er sich ja und stürzt dann vom Dach? Nein, das Aufwecken ist immer richtig. In ihrer nächtlichen Wirklichkeit können Somnambule, gemeinhin als Schlafwandler bezeichnet, sich selbst und andere gefährden. Schließlich sind sie alles andere als aufgeweckt, reagieren kaum auf ihre Umwelt und verfügen nicht über ihre wache Geschicklichkeit. Schon ein unglückliches Stolpern kann lebensgefährlich enden. Verlassen sie ihr Haus, so stellt auch der Straßenverkehr eine große Gefahr für sie dar – und umgekehrt sind sie eine Gefahr für die Verkehrsteilnehmer der wachen Welt. Immerhin ein bis zwei Prozent aller Erwachsenen zählen zu den Schlafwandlern, und unter den Kindern sind es je nach Lebensalter noch deutlich mehr. Wer einem solchen schlafenden Wanderer begegnet, sollte nicht zögern, ihn aufzuwecken, denn Schlafwandler leben gefährlich.

Sex macht schlank.

So, wie dieser Satz meist verstanden wird, funktioniert der Schlankmacher Sex sicherlich nicht. Als sportliche Betätigung zur Verbrennung von Kalorien eignen sich andere

Sportarten besser. Kursierende moderne Legenden, bei einem Liebesakt würden bis zu 500 Kalorien verbrannt, sind reines Wunschdenken. Der Energieverbrauch im Bett errechnet sich auf dieselbe Weise wie zum Beispiel beim Joggen. Die Faktoren Zeitdauer, Bewegungsintensität und Körpergewicht spielen eine Rolle. Der durchschnittliche Liebesakt dauert in Deutschland 17,6 Minuten – in dieser Zeit würde man mit Rudern gerade einmal 200 Kalorien verbrennen. Die Spielart von Sex, die eine wirklich nennenswerte Menge an Nahrungsenergie verbraucht, also wildes Gerammel, dürfte als ebenso anstrengend wie erotisch wenig befriedigend gelten. Selbst Kaninchen mit ihrer hektischen Liebe nehmen beim Sex nicht nennenswert ab – dazu dauert es nicht lange genug.

Vitamin C verkürzt die Dauer einer Erkältung.

Woher kommt der Glaube vom heilsamen Vitamin C? Die in Sanddorn, Schwarzen Johannisbeeren, Kiwis, Paprika oder Zitrusfrüchten besonders reichlich enthaltene Substanz Ascorbinsäure sollte, so der zweifache Nobelpreisträger Linus Pauling in den 70er-Jahren des 20. Jahrhunderts, gegen Schnupfen, Alterserscheinungen und sogar gegen Krebs wirken. Der Wissenschaftler selbst nahm bis zu 18 Gramm täglich ein, riet aber zu einer minimalen Tagesdosis von mindestens 1000 Milligramm Vitamin C. Studien bestätigten aber seine Annahmen nicht – zumindest waren seine Behauptungen nicht durch wissenschaftlich korrekte Studien zu belegen.

Nachdem die These von der vorbeugenden und heilenden Wirkung in Zweifel gezogen wurde, versuchten die Hersteller von Vitamin-C-Präparaten, ihre Kundschaft mit der Aussage zu ködern, die Erkrankung verliefe bei Einnahme der doppelten normalen Tagesdosis von Vitamin C etwas weniger heftig und um einige Zeit kürzer.

Eine Auswertung von Untersuchungen an mehr als 11 000 Menschen weltweit ergab aber, dass die doppelte Tagesdosis Vitamin C, also ungefähr 200 Milligramm, einen Schnupfen weder verhindert noch verkürzt. Immerhin ist ein Zuviel an diesem Vitamin nicht schädlich – es wird einfach mit dem Urin ausgeschieden.

Weder schützt vermehrt eingenommenes Vitamin C also vor einer Infektion, noch nimmt es Einfluss auf den Verlauf einer Erkrankung, es sei denn, es handelte sich um die heute ausgestorbene Vitaminmangelkrankheit Skorbut. Nur Menschen unter sehr extremen Bedingungen, die bereits unter Vitaminmangel leiden, könnten durch die Einnahme von Vitamin C ihren Immunschutz verbessern.

Sie wollen dennoch etwas für Ihren Vitaminspiegel tun? Dann bitte auf natürliche Weise – essen Sie mehr Obst und Gemüse.

Es geht auch ohne Zähneputzen.

Weder Kaugummi noch Mundwasser und schon gar nicht der Apfel am Abend können die Zahnbürste ersetzen. Kaugummi zu kauen fördert zwar die Speichelproduktion, aber nicht alle Speisereste werden dadurch aus dem Mund gespült. Dasselbe Problem hat Mundwasser – es kann mechanische Reinigungskräfte nicht ersetzen. Und Äpfel sind besonders ungeeignet für die Zahnpflege. Ihr Fruchtfleisch mag zwar beim Kauen grobe Beläge von den gut erreichbaren Stellen an den Zähnen entfernen, die kritischen Punkte am Zahnfleischsaum und in den Zahnzwischenräumen reinigt man mit einem Apfel jedoch nicht. Hinzu kommt die Wirkung der Fruchtsäuren im Apfel, die den Zahnschmelz schädigen. Die mechanische oder elektrische Zahnbürste ist unentbehrlich.

Säuglinge sollten in einer möglichst sauberen Umgebung aufwachsen.

Junge Eltern sorgen sich oft maßlos um die Gesundheit ihres Kindes und veranstalten wahre Putz- und Desinfektionsorgien, um ihre Säuglinge möglichst umfassend vor Keimen zu schützen. Einen Gefallen tun sie ihren Kindern damit nicht unbedingt. Zwar ist auch das Gegenstück zur sterilen Wohnung – nennen wir eine solche Behausung einmal Dreckloch oder Saustall – keine wirkliche Alternative, aber der mäßige Kontakt mit Schmutz und Krankheitserregern ist für das Training des Immunsystems unerlässlich. Nur so kann sich das Kind auf die alltäglichen Attacken einstellen und wird weniger anfällig gegen Krankheiten. Auch spielt es dabei eine Rolle, mit wie vielen Menschen die Säuglinge in Kontakt kommen – je mehr es sind (in einem sinnvollen Maße), desto besser funktioniert später das Immunsystem.

Unangenehme Folgen kann es nach sich ziehen, wenn das Immunsystem durch übertriebene Hygiene unterbeschäftigt ist. Dann richtet es sich gegen den eigenen Körper, oft mit verheerenden Folgen wie Asthma, Allergien gegen Hausstaubmilben oder Pollen – Heuschnupfen ist die Folge. Einige Allergologen vermuten, dass es wegen der weniger rigiden Hygienegepflogenheiten in der DDR weniger allergiekranke Kinder gab. Nicht, dass der Arbeiter- und Bauernstaat seine Kinder gezielt in schmutzige Kinderkrippen geschickt hätte, sie kamen dort nur viel früher mit vielen anderen Menschen in Kontakt, und ihr Immunsystem musste sich mit einer Vielzahl von Erregern und kleineren Infekten auseinandersetzen. Das würde bedeuten, dass die im Augenblick zunehmende Anzahl von Kleinkindern in Kinderkrippen zu einem Rückgang allergischer Erkrankungen bei Kindern führen müsste.

Cola und Salzstangen helfen bei Durchfall.

Irrtum, sagen Mediziner. Cola enthält Koffein, das belebt zwar ein wenig, fördert aber den Durchfall und ist für Kinder problematisch. Außerdem führt der hohe Zuckergehalt zu vermehrter Wasserausscheidung über die Nieren. Dadurch entgeht dem Körper noch mehr Flüssigkeit, und weitere Mineralien gehen verloren, vor allem Kalium. Ein geeigneteres Hausmittel ist ein Kräutertee mit einem Teelöffel Salz und sieben Teelöffeln Traubenzucker pro Liter. Orangensaft kann als Kaliumlieferant dienen. Salzstangen liefern zwar Natriumchlorid, aber andere Mineralien wie zum Beispiel Magnesium enthalten sie nicht. Die perfekte Lösung sind Elektrolytlösungen aus der Apotheke. Sie enthalten alles, was dem Körper verloren geht. Bei starkem und lang andauerndem Durchfall sollte man einen Arzt konsultieren, der geeignete Medikamente verschreiben kann.

Vitamine und Mineralstoffe fördern die Gesundheit und die Abwehrkräfte.

Irrtum! Es ist zwar richtig, dass unser Körper einen bestimmten Vitaminmix in ausreichender Menge benötigt, um gesund zu bleiben, aber Experten sind sich sicher, dass überdosierte Vitamine schädliche Folgen haben. Zwei Studien in

den USA und Europa im Jahr 2012 zeigten es klar auf: Die zu
üppige Zufuhr von Vitaminen und Mineralstoffen, also eine
akute oder längerfristige Überdosierung, kann sehr negative Folgen haben:

Bei Männern, die regelmäßig Vitamin-E-Präparate nahmen, trat um 17 Prozent häufiger Prostatakrebs auf. Die Häufigkeit von Krebs und Herz-Kreislauf-Leiden nahm bei Frauen
deutlich zu, wenn sie regelmäßig Multivitaminpräparate oder
Mineralstoffe zu sich nahmen. Weiter weiß die Medizin über
überdosierte Vitamine zu berichten: Die Wirkungen der Vitamine A, C und E, Betacarotin und Selen im menschlichen
Körper sind kompliziert, und neben gesundheitsfördernden
Aspekten gibt es vermutlich auch Gesundheitsgefahren. Eine
Gruppe von Wissenschaftlern der Universität Kopenhagen
stellte sogar eine Zunahme der Sterblichkeit bei Menschen
fest, die regelmäßig Präparate mit Betacarotin, Vitamin A
oder Vitamin E einnahmen. Zu viel Vitamin A kann erwiese-
nermaßen zu Lebererkrankungen führen und steigert im Alter
die Häufigkeit von Knochenbrüchen. In der Schwangerschaft
überdosiert, kann es sogar Missbildungen beim Kind verursachen. Zu viel Vitamin B kann Nervenschäden (Tastsinn, Be-
wegungssteuerung) zur Folge haben. Zu viel Vitamin C macht
Durchfall und wird für die Bildung von Nierensteinen verantwortlich gemacht. Die Vitamine D und E reichern sich im Körper an und können Kopfschmerzen, Übelkeit und Erbrechen
zur Folge haben. Folsäure in zu hoher Dosis sorgt für Übelkeit, Blähungen, Störungen des Geschmacksempfindens und
Schlafstörungen. Fluorid erhöht die Knochendichte, ein Zuviel kann eine Steifheit der Gelenke zur Folge haben. Zu viel
Jod stört die Schilddrüsenfunktion. Kalzium im Übermaß
könnte die Ursache für Leistungsschwäche, Appetitlosigkeit,
Übelkeit, Verstopfung und sogar Verwirrungszustände sein,
und zu viel Kupfer schädigt die Leber.

Das als Nahrungsergänzungsmittel beliebte Magnesium kann in extrem hohen Dosen Störungen der Muskelfunktion, Trägheit und Atemprobleme verursachen. Zu viel Zink verändert das Blut und kann eine Anämie hervorrufen. Wer sich zu viel Eisen zuführt, leidet häufiger unter Infektionen, weil viele Krankheitserreger ein ausreichendes Angebot an Eisen benötigen. Andere Quellen machen ein Zuviel an Eisen sogar für Herzinfarkte oder die Tumorentstehung verantwortlich.

Selbst wenn sich jemand eine Fast-Food-Diät mit Süßgetränk-Unterstützung verordnen würde: Zwei der darin enthaltenen Konservierungsmittel, verborgen hinter E-Nummern, sind Vitamin E (E 307) und L-Ascorbinsäure (E 300) – Vitamin C.

Bei hohem Blutdruck bloß kein Salz.

Wenn Sie in der Gastronomie arbeiten, kennen Sie ihn: Herrn Nachsalzer. Gleichgültig, was auf der Speisekarte steht – sein erster Griff, wenn der Kellner sein Gericht bringt, gilt dem Salzstreuer. Er kostet vor dem Nachsalzen nicht einmal. Salz ist für ihn das Salz in der Suppe – für viele Menschen sind die weißen Kristalle gleichbedeutend mit gutem Geschmack. Was nicht entsprechend intensiv schmeckt, muss nachgesalzen werden. Auf der Strecke bleibt, wie auch bei Herrn Nachwürzer, einem Bekannten von Herrn Nachsalzer, der Eigengeschmack der Speisen. Dabei ist Geschmack eine vielfältige Angelegenheit, und neben den vier Hauptgeschmacksrichtungen süß, sauer, salzig und bitter gibt es eine unendliche Vielzahl von Nuancen, die über den Geruchssinn wahrgenommen werden und erst den wirklich feinen »Geschmack« ausmachen. Ein Zuviel an Salz macht den edleren Aromen den Garaus. Und Salz ist doch sowieso ungesund, oder?

Irrtum. Speisesalz spielt eine lebenswichtige Rolle für den menschlichen Wasserhaushalt und den ganzen Organismus. Im Körper eines Erwachsenen sind rund 150 bis 300 Gramm Salz enthalten, und wir benötigen täglich eine Zufuhr von etwa einem bis drei Gramm Salz, um die Verluste durch Schwitzen, feste und flüssige Ausscheidungen auszugleichen. Bei besonders starkem Schwitzen kann der Salzverlust erheblich höher ausfallen und muss durch entsprechende Zufuhr an Salz ausgeglichen werden.

Aber macht zu viel Salz nicht krank? Eine Verbindung zwischen Bluthochdruck und dem Verzehr von zu viel Speisesalz konnte noch nicht zweifelsfrei belegt werden. Und: In einigen Untersuchungen wurde festgestellt, dass nur rund 15 Prozent aller bereits an Bluthochdruck erkrankten Patienten (Hypertoniker) positiv auf eine Salzreduktion reagierten. Bei ihnen sank der Blutdruck, wenn sie weniger Salz aßen. Bei 85 Prozent der Patienten änderte sich nichts. Doch bei diesen Menschen war der Krankheitsfall bereits eingetreten. Untersuchungen zur Wirkung von Salz auf gesunde Menschen kamen zu widersprüchlichen Ergebnissen. Die eine Studie belegt: Wer sich salzarm ernährt, kann das Risiko für eine Herz-Kreislauf-Erkrankung um 25 Prozent senken. Andere Studien finden genau diesen Zusammenhang nicht.

Besser ohne Salz in der Suppe? Ob gesundheitsschädlich oder nicht: Wir essen oft mehr Salz, als der Körper zum Ausgleich benötigt. Sechs bis sieben Gramm täglich sind schon mehr als ausreichend, aber über verstecktes Salz nehmen wir oft mehr auf. Besonders in Fertiggerichten und Konserven ist häufig viel zu viel Salz enthalten, um den »herzhaften« Geschmackseindruck zu verstärken.

Salz ist auf jeden Fall nicht der alleinige Auslöser von Bluthochdruck. Auch eine in anderen Punkten gesundheitsschädliche Ernährung und vor allem Bewegungsmangel spielen eine Rolle dabei.

Männer gehen häufiger fremd als Frauen.

Zu Zeiten, als Frauen noch das Heimchen hinter dem Herd geben mussten und kaum die Möglichkeit hatten, andere Menschen kennenzulernen, mag diese Behauptung richtig gewesen sein. Gelegenheit macht Liebe. Seither sind Jahrhunderte und auch entscheidende Jahrzehnte vergangen, in denen sich die Rollenbilder verändert haben. Heute ist die per se treue Ehefrau ebenso ein Wunschbild der männlichen Seite wie ihr Gegenstück, der Ritter auf dem weißen Pferd, auf der weiblichen. Etwa 25 Prozent aller Menschen haben erotische Erlebnisse ohne ihren Partner erlebt, und das nicht nur ein einziges Mal. Und um die Männerwelt weiter zu verunsichern: Frauen denken Studien zufolge mittlerweile zunehmend häufiger an Sex. Noch liegen Männer bei der Häufigkeit ihrer täglichen erotischen Wunschvorstellungen vorn – wie lange noch?

Die Nase hochziehen ist ungesund.

Die durch einen Schnupfen entstehenden Geräusche gehören nicht zu den schönsten von Menschen produzierten. Niesen, Schnauben, Prusten und die einem Blauwal nicht unähnlichen Blasgeräusche beim Naseputzen tragen nicht unbedingt zur zwischenmenschlichen Harmonie bei. Das Geräusch beim Hochziehen der Nase schon gar nicht, macht es dem Gegenüber doch eindeutig klar, dass es im Inneren eines Mitmenschen ausgesprochen feucht und schleimig zugeht. Vermutlich liegt hier der Grund, weshalb Mütter ihre Kinder immer davon abzuhalten versuchen, genau diese Geräusche von sich zu geben. »Putz dir die Nase! Hochziehen ist ungesund!«, lautet der zugehörige Satz. Auch die Vorstellung, dass der Nasenschleim als Produkt einer Krankheit aus dem Körper herausmuss, spielt sicherlich eine Rolle. Doch das Gegenteil ist richtig: Die Druckverhältnisse beim Schnäuzen, also dem Putzen der Nase mit einem Taschentuch, sind für den Kranken ungünstig, denn sie verteilen die Erreger weiter im Körper, und diese können bei zu heftigem Naseputzen in die Nebenhöhlen eindringen. Auch die Ansteckungsgefahr ist höher, bläst doch der Kranke eine gehörige Anzahl von Viren am Taschentuch vorbei in die Umgebungsluft. Das Hochziehen der Nase ist also unschön, aber nicht ungesund.

Antibiotika helfen auch bei Schnupfen.

Nein, da lachen sich die Viren krank. Die unterschiedlichen Arten von Antibiotika wirken gegen bestimmte Erregergruppen aus dem Reich der Bakterien – oder auch nicht mehr, weil diese Bakterien durch allzu häufigen Einsatz gegen ein bestimmtes Antibiotikum resistent geworden sind. Das liegt vor allem daran, dass a) Antibiotika in der Tiermast massenhaft präventiv eingesetzt werden, und b) dass Hausärzte oft auf den Wunsch ihrer Patienten hin Antibiotika verschreiben, ohne abzuklären, welche Art von Infektion eigentlich vorliegt. Gegen Viren richten Antibiotika gar nichts aus, weil ihre Wirkungsprinzipien bei diesen sehr einfachen Lebensformen überhaupt keinen Angriffspunkt finden. Erkältungssymptome werden fast immer von Viren verursacht, Bakterien kommen dann ins Spiel, wenn Sekundärinfekte auftreten. Erst dann wird die Einnahme eines Antibiotikums sinnvoll. Die ebenso verlockende wie illusorische Vorstellung von einer universellen Waffe gegen Bakterien, Viren und alle anderen Ursachen für eine Krankheit, zum Beispiel Pilzinfektionen, bleibt leider ein unerfüllter Traum.

Bei Vollmond schläft man schlechter.

Ein uralter Irrtum? So sieht es wohl aus. Der Mond hat zwar einen gewissen Einfluss auf unseren Schlaf, wenn uns sein Licht erreicht. In einem vom Vollmond hell erleuchteten Schlafzimmer schlafen manche Menschen nicht so gut wie bei Dunkelheit. Wenn wir aber zum Beispiel die Vorhänge zuziehen, dann hat die Mondphase keinerlei Auswirkung auf unser Schlafverhalten. Eine Blindstudie der Schlafforscher Josef Zeitlhofer und Gerhard Klösch von der Universität Wien mit über 5000 Personen-Nächten aus dem Jahr 2003 bestätigt dies: Auch Menschen, die fest an eine Wirkung der Mondphasen auf ihren Schlaf glaubten, schliefen im Schlaflabor zu allen Zeiten gleich gut oder schlecht – gleichgültig, ob Neumond, Halbmond oder Vollmond.

Andere Ergebnisse scheinen das Erfahrungswissen der Vollmondgläubigen zu bestätigen. Eine Untersuchung eines Teams um Professor Christian Cajochen vom Zentrum für Chronobiologie der Universität Basel, veröffentlicht im Fachblatt »Current Biology«, kommt zu dem Ergebnis, dass Menschen bei Vollmond durchschnittlich fünf Minuten später einschlafen und ihr gesamter Schlaf in der Nacht durchschnittlich 20 Minuten kürzer ausfällt. Allerdings krankt diese Studie zum einen an einer sehr geringen Anzahl von nur 33 Probanden, die gerade einmal zwei Nächte unter kontrollierten Bedingungen schliefen, zum anderen wussten die Testteilnehmer vermutlich, welche Mondphase gerade herrschte, sodass ihr Verhalten auch das Ergebnis einer Autosuggestion sein könnte.

Vorbräunen schützt vor Sonnenbrand.

Zwar ist die Bräunung der Haut ein Schutzmechanismus gegen aggressive Sonnenstrahlen, jedoch lässt sich dieser natürliche Schutz vor dem Urlaub nicht künstlich aufbauen. Im Solarium bräunen UV-A-Strahlen, während unter der heißen Sonne der Karibik oder des Mittelmeers UV-B-Strahlen am Werke sind. Die Solariumsbräune schützt dementsprechend vor UV-A-Schäden, eine erhöhte Widerstandsfähigkeit gegen UV-B-Strahlen muss erst noch erworben werden. Wer also vor dem Urlaub im Solarium brät, schadet seiner Haut schon vorab und dann ein zweites Mal am Urlaubsort. Ideal wäre es, schon zu Hause eine gewisse Grundbräune in der natürlichen Sonne zu gewinnen und dann am Strand oder in den Bergen den Schutz der Haut durch einen hohen Lichtschutzfaktor sicherzustellen.

Von der Höhle zur Autobahn

Geschichten und Geschichte

Es liegt in der Natur der Sache, dass die Informationen über die Fakten der Vergangenheit von Jahr zu Jahr an Genauigkeit verlieren – mit der Zeit wächst Gras darüber. Manches gerät in Vergessenheit, es entstehen Deutungslücken und weiße Flecken auf der historischen Landkarte und ein Puzzle aus Wissen und Unkenntnis, das der Geist der Neuzeit durch Bausteine aus intelligenten Schlussfolgerungen und gewagten Vermutungen vervollständigen möchte. Leider kommt es dabei zu einer Vielzahl von irrtümlichen Annahmen, die als solche nicht ganz einfach zu erkennen sind. Beginnen wir ganz am Anfang:

Neandertaler lebten in Höhlen.

Der Eskimo gehört ins Iglu, der asiatische Nomade in die Jurte, der Bundesbürger ins Fachwerkhaus mit Gartenzwerg und der Neandertaler in die Höhle. Irrtum, und zwar in allen Punkten. Neuere Forschungen haben herausgefunden, dass Neandertaler zwar hin und wieder, aber keineswegs in der Regel in Höhlen gelebt haben, wohl aber regelmäßig ihre Toten darin bestattet haben. Das erklärt die zahlreichen unterirdischen Knochenfunde des *Homo neanderthalensis* und die Annahme, es handele sich um reine »Höhlenmenschen«. Weil sie auf der Jagd oft Tierherden folgen mussten, waren einfache Zelte oder Laub- und Erdhütten praktischer. Wenn sie eine Höhle bewohnten, wurde diese oft in unterschiedliche Bereiche aufgeteilt: Schlachten, Werkzeugherstellung, Wohnen. Schon die Neandertaler setzten also auf die Trennung von Wohnzimmer und Arbeitsplatz.

Die Cheopspyramide ist die größte Pyramide der Welt.

Sie ist zwar die höchste, denn ihre Spitze ragt 149 Meter hoch in den Himmel, doch die Pyramide von Cholula in Mexiko übertrifft sie an Volumen um etwa ein Drittel, obwohl sie nur 54 Meter hoch in den Himmel ragt. Das von den Azteken zu Ehren ihres Gottes Quetzalcoatl errichtete Bauwerk hat eine erheblich größere Grundfläche als die ägyptische Pyramide. Die höchste Pyramide Europas, Silbury Hill genannt, steht übrigens in Südengland. Das 37 Meter hohe Bauwerk stammt aus einer Zeit um 2700 v. Chr., einem Zeitalter, in dem auch Stonehenge errichtet wurde. Die Pyramide diente nicht als Grabstätte, der Zweck ihrer Errichtung ist unbekannt.

Potemkin täuschte die Zarin mit den Potemkinschen Dörfern.

Feldmarschall Reichsfürst Grigori Alexandrowitsch Potjom-kin war als Gouverneur unter der russischen Zarin Katharina II. für die Entwicklung Neurusslands verantwortlich und soll als ihr Günstling und Geliebter im Jahr 1787 durch eine Täuschung versucht haben, die Zarin mit seinen Erfolgen zu beeindrucken. Mithilfe von ganzen Dörfern voller aufpolier-ter Fassaden, gemalten Kulissen und unter der Mitwirkung einer eigens herbeigekarrten Bauernpopulation soll er der Monarchin auf einer Inspektionsreise eine florierende Kul-turlandschaft vorgegaukelt haben. Historische Belege dafür wurden nicht gefunden, wohl aber ist der Urheber dieser Le-gende zu benennen: Der sächsische Diplomat Georg von Hel-big verbreitete in seiner Korrespondenz Gerüchte über der-artige Forschungen mit Kulissen und Fassaden, die er am russischen Hofe aufgeschnappt hatte, veröffentlichte sie in der Hamburger Zeitschrift »Minerva« und später in einer Potemkin-Biografie. Er betrieb damit auf fast moderne Wei-se Desinformation und arbeitete zahlreichen Neidern in die Hände, die den guten Ruf von Potjomkin bei der Zarin zu un-tergraben versuchten. An der Reise durch Neurussland hatte Helbig nicht teilgenommen, er war keineswegs Augenzeuge.

Der Untergang der Titanic war die größte Katastrophe der Schifffahrtsgeschichte.

Das kommt ganz auf den Blickwinkel an. Sie war sicherlich das Schiffsunglück mit der größten Medienresonanz. Es wur-de immer wieder darüber berichtet, es gab Analysen und Tat-sachenberichte, Expertenstreit und Liebeslegenden rund um den Untergang des »unsinkbaren« Luxusdampfers. Auch die prahlerische Selbstdarstellung der Reederei fixierte die Aufmerksamkeit der Menschen von Anfang an auf das Schiff und sein Schicksal. Wenn es allerdings nach der Zahl der Opfer geht, so liegt die Titanic nicht an der Spitze der Schreckensskala. Etwa 1500 Menschen versanken in den Fluten des Meeres, eine vergleichsweise geringe Anzahl. Um das Jahr 255 v. Chr. ging eine römische Flotte von 300 Schiffen mit etwa 100 000 Menschen an Bord in einem Sturm unter. Eine mongolische Invasionsflotte verschwand im 13. Jahrhundert mit 70 000 Soldaten und Seeleuten in den Wogen, die Spanische Armada büßte auf der Rückfahrt nach Spanien über 40 Schiffe ein, etwa 13 000 Menschen erreichten ihren Heimathafen nicht. Wenn es um einzelne Schiffe geht, so forderte der Zweite Weltkrieg unzählige Opfer. Versenkte Passagier- und Truppentransporter hatten bis zu 7000 Menschen an Bord. So versank am 31. Januar 1945 die Wilhelm Gustloff, ein Kreuzfahrtschiff der nationalsozialistischen Organisation »Kraft durch Freude«, von russischen Torpedos getroffen im Meer. Die Zahl der Opfer konnte nicht genau ermittelt werden, könnte aber weit über 9000 liegen. Diese Schiffskatastrophe wäre damit der folgenreichste Unfall eines einzelnen Schiffs.

Adolf Hitler ließ die ersten deutschen Autobahnen bauen.

Klar, der GröFaZ (»Größter Feldherr aller Zeiten«) brauchte sie für seine verbrecherischen Kriegspläne, Panzer sollten auf den Betonbahnen rollen. Schon möglich, aber der Irrtum ist nicht, dass er mit großem Aufwand Autobahnen hat bauen lassen. Er steckt in der Frage, ob es die Nationalsozialisten waren, welche die erste Autobahn bauten. In den Augen der NS-Propaganda begann die Geschichte der Autobahn mit dem ersten Spatenstich Adolf Hitlers am 23. September 1932. Die erste »Reichsautobahn« von Frankfurt über Darmstadt und Mannheim nach Heidelberg wurde am 19. Mai 1935 für den Verkehr freigegeben. Doch weder wurde dieses Stück Autobahn von Hitler geplant, noch war es das erste in Deutschland. Ihre Planer griffen auf das Projekt HaFraBa aus dem Jahr 1926 zurück, das ein Verein zur Vorbereitung eben dieser Autostraße erarbeitet hatte. Die Straße sollte die Hansestädte Frankfurt und Basel verbinden, daher die Abkürzung. Im Zusammenhang mit diesem Vorhaben wurde von Robert Otzen, Ingenieur und Professor in Hannover, auch der Begriff *Autobahn* geprägt.

Noch früher zu datieren ist die »Automobil-Verkehrs- und -Übungs-Straße« – kurz Avus – in Berlin, die der vom Automobil faszinierte Kaiser Wilhelm II. bereits 1904 vorgeschlagen haben soll. Andere Quellen unterstellen dem Monarchen jedoch alles andere als Engagement für die automobile Sache. »Das Auto hat keine Zukunft. Ich setze auf das Pferd«, soll derselbe Kaiser Wilhelm II. gesagt haben. Ein Foto aus dem Jahr 1904 zeigt ihn bei einer Probefahrt in einem Mercedes-Simplex 17/22 PS, die wohl wenig zufriedenstellend ausfiel. Die Avus wurde 1921 fertiggestellt, der Bau der auch als Teststrecke für Rennwagen vorgesehenen Fahrbahnen hatte bereits 1913 begonnen, wurde aber 1914 wegen des Ersten Weltkriegs kurz vor der Vollendung unterbrochen. Die Avus zeigte bereits alle Kennzeichen einer modernen Autobahn. Sie war kreuzungsfrei, es gab einen Mittelstreifen, überhöhte Kurven und auch so etwas wie eine Autobahnmaut. Für zehn Mark durfte jedermann seine Eignung als Rennfahrer und die Leistung seines Kraftwagens testen.

Ebenfalls noch deutlich vor Hitlers Autobahn, nämlich im Jahr 1932, eröffnete der Kölner Oberbürgermeister Konrad

Adenauer die Kraftwagenstraße Köln-Bonn, die heutige A 555. Da sie als zu frühe Konkurrenz nicht ins Bild passte, wurde sie von den Nationalsozialisten zur Landstraße degradiert.

Auch wenn das deutsche Wort *Autobahn* mittlerweile in vielen Sprachen der Erde bekannt ist – die erste Autobahn, eine wirklich als Verkehrsweg ausschließlich für Automobile genutzte Straße, entstand nicht in Deutschland. Der private, kreuzungsfreie Long Island Motor Parkway (LIMP) in den USA, auch Vanderbilt Parkway genannt, hatte getrennte Richtungsfahrbahnen und war bereits seit 1908 ausschließlich für Autos in Betrieb. Die zuletzt 45 Kilometer lange Strecke konnte gegen Zahlung einer Maut benutzt werden. Hitler war also spät dran.

Der Marathonlauf ist so lang wie die Strecke von Marathon nach Athen.

Als die Streitmacht der Griechen im Jahr 490 v. Chr. in der Schlacht bei Marathon die Perser niedergerungen hatte, musste die Nachricht vom Sieg möglichst schnell nach Athen übermittelt werden. Das übernahm der Legende nach ein Bote namens Pheidippides, der die Botschaft nach Athen trug, die Kunde vom Sieg übermittelte und dann an Erschöpfung starb. Im Gedenken an seine Leistung legen noch heute Marathonläufer die Distanz von 42,195 Kilometern zurück, genau die Strecke zwischen Marathon und Athen. Und da liegt der Irrtum: Das antike Marathon und der Areopag in Athen, Tagungsort des Obersten Rates, liegen nur etwa 39 Kilometer auseinander – wenn der Läufer nicht eine Abkürzung über das Gebirge genommen hat. Dann wären es nur etwa 34 Kilometer gewesen. Warum also 42,195 Kilometer? Die ersten Marathonläufe waren tatsächlich nur 39 bis 40 Kilometer lang, bis bei den Olympischen Spielen von 1908 in London die Bequemlichkeit der Königsfamilie für ein paar Kilometer mehr sorgte. Damit die Royals den Zieleinlauf vom Balkon des Schlosses Windsor beobachten konnten, wurde die Distanz auf 26 Meilen und 385 Yard verlängert, was 42,195 Kilometern entspricht. Es wird behauptet, dass sich britische Läufer für diese letzten zusätzlichen Meter und Kilometer mit einem »God save the queen!« bedankten.

Das Publikum bestimmte über den Tod der Gladiatoren mit dem Daumen nach unten.

Es ist eine typische Szene in zahlreichen Sandalen-Dramen Hollywoods: Die Gladiatoren kämpfen auf Leben und Tod, der Besiegte liegt im Sand und fleht um Gnade, der Sieger mit gezücktem Schwert über ihm. Das rasende Publikum senkt die Daumen, das Todesurteil für den Verlierer, und auch der Imperator in seiner Loge zeigt dieselbe Geste. Seit Ridley Scotts »Gladiator« steht außer Frage: Daumen nach unten bedeutet »Tod«, Daumen nach oben »Leben«. Nein. Zumindest ist die Sache ziemlich unklar. Historiker vermuten, dass im Gegenteil der Daumen nach oben das Schwert symbolisiert und damit den Tod des armen Opfers bedeutete. Das Zeichen der Begnadigung war der in die Hand oder gegen die Hand gepresste Daumen. Andere Theorien vermuteten, der Daumen nach oben stehe für Himmel (also für den Tod), der Daumen nach unten für Erde (also für den Verbleib unter den Lebenden), doch war eine Vorstellung vom Himmel den Römern unbekannt. Alles in allem bleibt eine unklare Sachlage – es war ja niemand von uns dabei. Klar ist der Sachstand bei den Ausrufen der römischen Zuschauer im Moment der Entscheidung über Leben und Tod. Skandierte das Publikum den Ruf

»Mitte!« (»Lass ihn gehen!«), so atmete der unterlegene Gladiator sicher erleichtert auf, denn er entkam dem allgemeinen Gemetzel lebend. Schrien die Volksmassen aber »Iugula!« (»Abstechen!«), so war es um ihn geschehen.

Die Gladiatoren sagten: »Die Todgeweihten grüßen dich!«

»Morituri te salutant!« »Die Todgeweihten grüßen dich!« So sollen die Gladiatoren vor Beginn der Kämpfe das Publikum und den Imperator begrüßt haben. Todgeweihte waren sie möglicherweise, aber diesen Satz sprachen sie vor ihren Kämpfen in der Arena so nicht aus. Zu finden ist er nur in wenigen antiken Quellen, und dort nur für eine inszenierte Seeschlacht, nicht für das »Alltagsgeschäft« der Gladiatoren. Weite Verbreitung fand er dennoch in der für die Geschichtsschreibung sicherlich sehr bedeutsamen »Asterix«-Literatur, und dort gleich in Band 3, 13 und 24. In einer Hitparade der triviallateinischen Zitate dürfte der wenig belegte Gladiatorenspruch gleich neben »Veni, vidi, vici!«, »In vino veritas!« und »Carpe diem!« rangieren. Außerdem lockt er mit seiner schaurig-schönen Wirkung immer noch zahllose Zuschauer in Historiendramen. Verbreiten wir den Irrtum also weiter, denkt sich mancher Filmproduzent. Pecunia non olet.

Der Hundertjährige Krieg dauerte 100 Jahre.

Der Dreißigjährige Krieg dauerte tatsächlich 30 Jahre, nämlich von 1618 bis 1648. Auch der Siebenjährige Krieg von 1756 bis 1763 hielt sich an die Zeitplanung. Der Hundertjährige Krieg tanzt aus der Reihe, die Konfrontation zwischen England und Frankreich begann, als der englische König Eduard III. im Jahr 1337 Anspruch auf den französischen Thron erhob. Mit der Schlacht bei Castillon 1453 fand er sein Ende – 116 Jahre nach Beginn der Streitigkeiten. Wer sich allerdings vorstellt, dass über 100 Jahre lang Armeen und Kriegsflotten im großen Stil aufeinanderprallten, liegt nicht ganz richtig. In den über ein Jahrhundert dauernden Auseinandersetzungen gab es Phasen der Ruhe und zahlreiche zeitlich und regional begrenzte kriegerische Auseinandersetzungen, die erst später von der Geschichtsschreibung zu einem einzigen Krieg zusammengefasst wurden.

In der DDR hatten wenigstens alle Arbeit.

Im Sozialismus herrschte Vollbeschäftigung. Es gab in der DDR keine Arbeitslosigkeit. Irrtum. Man wusste sie nur ziemlich gut zu verstecken. Die Verfassung der DDR garantierte in Artikel 24, Abs. 1.: »Jeder Bürger der Deutschen Demokratischen Republik hat das Recht auf Arbeit.« Allerdings war es auch Pflicht zu arbeiten, und wer sich dieser Pflicht entzog, galt als asoziales Element, auch wenn jemand seine Gründe dafür hatte. Es drohten sogar Erziehungsanstalten oder Gefängnisstrafen. Auch war die Auswahl der Berufe eingeschränkt und von oben reglementiert. Abitur oder Facharbeiter – das entschied die Partei.

Gab es genug Arbeit für alle? Der Trick funktionierte so: Die Produktivität der einzelnen Arbeitskräfte lag weit unter der des Westens, was einer Verteilung der vorhandenen Arbeit an viel zu viele Menschen gleichkam. Viele sonst arbeitslose DDR-Bürger wurden mit weitgehend überflüssigen Säuberungs-, Ordnungs- und Wartungsarbeiten beschäftigt. Das allgemeine Arbeitstempo lag systembedingt ziemlich niedrig, und das war in den Augen der Partei auch gut so. Auf diese Weise gab es allerhand zu tun im Arbeiter- und Bauernstaat.

Die Bevölkerung erklärte das System – mit beißendem Witz – mit den Wundern des Sozialismus: Obwohl keiner arbeitslos war, hat nur die Hälfte gearbeitet. Obwohl nur die Hälfte gearbeitet hat, wurde das Plansoll immer erfüllt. Obwohl das Plansoll immer erfüllt wurde, gab es nichts zu kaufen. Obwohl es nichts zu kaufen gab, waren alle glücklich und zufrieden. Die Förderung sinnloser Arbeit versteckte somit latente Arbeitslosigkeit. Im Herbst 1989 führten 40 Jahre ruinöser Planwirtschaft inklusive vorgetäuschter Vollbeschäftigung zum Staatsbankrott der DDR.

Alle Menschen waren früher kleiner und wurden nicht so alt.

Haben Sie mal ein Schloss besichtigt? Man kann es schon an der Größe der Betten sehen. Die Menschen waren damals kleiner. Irrtum, sie haben nur in einer Art Hockstellung geschlafen, weil sie befürchteten, der Tod könne sie holen, wenn sie sich hinlegen würden und wie eine Leiche aussähen. Es war damals, wie es heute ist: Wer unter vernünftigen Lebensbedingungen existierte, genug zu essen und ein Dach über dem Kopf hatte, wuchs zu stattlicher Größe heran und erreichte auch ein beachtliches Lebensalter. Leider galt das oft nur für Adlige, Kirchenfürsten und reiche Kaufleute, unter denen es durchaus auch 80- und 90-Jährige gab. Der durchschnittliche Untertan oder Leibeigene wurde nur 35 oder 40 Jahre alt und blieb oft körperlich klein. Das Werk der schlechten Versorgungslage. Auch heute alltägliche und heilbare Krankheiten, oft Folge der ärmlichen Verhältnisse, konnten damals ein Todesurteil bedeuten.

Aachen war im Mittelalter die deutsche Hauptstadt.

Zwar war Aachen seit Karl dem Großen der Krönungsort deutscher Kaiser, aber nicht die Hauptstadt eines geeinten Deutschlands. Im Mittelalter gab es schon deshalb keine deutsche Hauptstadt, weil kein deutsches Staatsgebilde existierte, dessen Hauptstadt Aachen hätte sein können. Erst 1815, als sich der Deutsche Bund, eine lockere Allianz verschiedener Fürstentümer und Städte Deutschlands, zusammenschloss, gab es so etwas wie eine Hauptstadt: Frankfurt am Main, nicht Aachen.

In den Niederlanden gab es eine Steuer auf Gardinen.

Hierbei handelt es sich um einen hartnäckigen Irrtum unter Touristen, die sich nicht erklären können, warum fast ganz Holland auf Gardinen verzichtet. Nein, es gab zu keinem Zeitpunkt eine Gardinensteuer, aber eine Fenstersteuer. Auf der Suche nach den Gründen für das Fehlen von Gardinen in vielen Fenstern unseres Nachbarlandes kommt man leicht auf den Gedanken, dies könne mit einer Gardinensteuer zusammenhängen. Die für alle Blicke offenen Fenster verdanken die Holländer – und nur die Holländer – ihrer calvinistisch-strengen Religion. Wer ein aufrechtes Leben führt, kann dies auch belegen, und zwar durch gardinenlose Fenster. Jeder kann sehen, was drinnen geschieht. In anderen Regionen der Niederlande sind Gardinen hingegen sehr beliebt.

Bei der Fenstersteuer handelt es sich um eine besondere Form einer Vermögensabgabe. Wer ein großes Haus mit vielen Fenstern besaß, war reich, konnte also auch steuerlich zum Gemeinwesen beitragen. Auch in Frankreich, England und Deutschland gab es zeitweilig eine Fenstersteuer, was mancherorts dazu führte, dass Häuser mit sehr wenigen Fenstern gebaut bzw. bereits vorhandene Fenster zugemauert wurden.

Übrigens: Selbst wenn es eine Gardinensteuer gegeben hätte, wäre die kein besonderes Kuriosum. Im Lauf der Geschichte wurden Bärte, Katzen, Perücken, Spielkarten, Spatzen und die Jungfräulichkeit besteuert.

Charles Lindbergh überflog als Erster den Atlantik.

Immerhin 33 Stunden brauchte er 1927 mit seiner »Spirit of St. Louis« von New York nach Paris, eine Strecke, die heute ein modernes Verkehrsflugzeug in acht bis achteinhalb Stunden zurücklegt – in der Gegenrichtung wegen der günstigeren Windverhältnisse und der Erdrotation etwa eine Stunde schneller. Der Erste, der den Atlantik nonstop überquerte, war der amerikanische Pilot Charles Lindbergh aber keinesfalls.

Schon im Juni 1919 flog ein Doppeldecker die Strecke von Neufundland nach Irland, an Bord der britische Pilot John Alcock und sein Navigator Arthur Whitten Brown. Zwar fand ihre Leistung damals eine gewisse Aufmerksamkeit – sie gewannen ein Preisgeld von 10 000 britischen Pfund und wurden von der Queen zu Rittern geschlagen –, doch mittlerweile sind sie gegenüber Charles Lindbergh fast in Vergessenheit geraten. Ihr Fehler lag vielleicht in der schlechten medialen Vermarktung ihrer mutigen Tat: Ihr Flug startete in St. John's, Neufundland, einer kleinen Stadt mit heute 100 000 Einwohnern. Sie landeten nach 16 Stunden und zwölf Minuten Flug über 3667 Kilometer auf einer Wiese in der Nähe von Clifden/

Irland, die sich zu allem Überfluss auch noch als Moor ent-
puppte – ihre Maschine versank bis zum Rumpf im Sumpf.
Charles Lindbergh hingegen reiste – förderlich für den Hel-
denmythos – allein. Bei der Landung in Paris wurde er von einer Menschenmenge bejubelt, in New York als Nationalheld
mit einer Konfettiparade gefeiert. Außerdem war seine Flug-
route deutlich länger, nämlich 5808,5 Kilometer. Mit Sicherheit hatte er mit seiner »Spirit of St. Louis« auch das bessere
Flugzeug. Dennoch: Der Erste war er nicht.

»Made in Germany« war schon immer ein Qualitätssiegel.

Nein, ursprünglich diente die Kennzeichnung »made in Germany« in Großbritannien dazu, vor schlechten Waren zu
warnen. Als in der zweiten Hälfte des 19. Jahrhunderts im
Zuge der Industrialisierung immer mehr ausländische Waren nach Großbritannien importiert wurden, war deren
Qualitätsstandard oft ein Ärgernis. Billige Plagiate und Waren schlechter Fertigungsqualität sorgten für unzufriede-
ne Käufer. Deshalb beschloss das britische Parlament am
23. August 1887 den Merchandise Marks Act 1887. In diesem Gesetz ist vorgeschrieben, dass bei importierten Waren
das Herkunftsland eindeutig und für jedermann erkennbar
auszuweisen sei. Doch die Verhältnisse kehrten sich schnell
um; deutsche Maschinenbauprodukte und andere Waren erreichten schnell internationalen Standard und beeindruck-
ten durch Konstruktion und Fertigungsqualität. Aus dem
ursprünglichen Warnhinweis wurde deshalb schon bald ein
Qualitätssiegel und nach dem Zweiten Weltkrieg sogar ein
Symbol für das Wirtschaftswunder des Exportweltmeisters
Deutschland.

Adolf Hitler war Vegetarier.

Der menschenverachtende Diktator war Vegetarier, trank keinen Alkohol und rauchte nicht – so verbreitete seine Propaganda das Bild des asketischen Führers. Die Wahrheit ist: Er war von chronischen Verdauungsbeschwerden geplagt, sodass er nach 1930 von einer merkwürdigen Diät lebte, einer Mischung aus Suppen, Gemüse, Müsli und Rohkost. Andere Quellen berichten von einer Vorliebe für Leberknödel, bayrische Würstchen und gefüllte Tauben. Auch Kaviar soll er gelöffelt haben. Bei der Zubereitung seine Gerichte dienten auch Speck und Schmalz als Zutaten, was auf jeden Fall bedeutet, dass er kein Vegetarier aus Überzeugung war, sondern wahrscheinlich nur Lebensmittel vermied, die ihn und seinen Reizdarm mit Krämpfen und Blähungen quälten. Außerdem litt er an Angst vor einer Magenkrebserkrankung. Ausschließlich ausgebildete Diätköchinnen durften seine Speisen zubereiten, während sein Umfeld wohl von keineswegs vegetarischer Hausmannskost lebte.

Richthofen war während des Ersten Weltkriegs als der Rote Baron bekannt.

Den Beinamen erhielt Manfred von Richthofen erst nach dem Krieg. Ursache für diesen Titel war, dass er einen Großteil seiner Einsätze in rot gestrichenen Maschinen absolvierte. Den *Baron* verdankte er der Tatsache, dass es im Englischen den Adelstitel Freiherr nicht gibt und er deshalb in einem nach dem Krieg erschienenen englischen Buch als *Baron* bezeichnet wurde. Zur Zeit seiner Einsätze im Ersten Weltkrieg wurde Richthofen vom damaligen französischen Feind als *le petit rouge (Der kleine Rote)* oder als *diable rouge (Der Rote Teufel)* bezeichnet.

Sansibar wurde gegen Helgoland eingetauscht.

Das soll im Jahr 1890 geschehen sein. Richtig ist, dass der »Vertrag zwischen dem Deutschen Reich und dem Vereinigten Königreich von Großbritannien und Irland über die Kolonien und Helgoland« vom 1. Juli 1890 die Gebiets- und Hoheitsansprüche des Deutschen Reichs und des Vereinigten Königreichs von Großbritannien und Irland im kolonialisierten Afrika regelte, wozu auch Vereinbarungen zur ostafrikanischen Insel Sansibar gehörten. Ein tatsächlicher Tausch Sansibars gegen Helgoland fand schon deshalb nicht statt, weil Sansibar nie im Besitz des Deutschen Reichs gewesen war. Die Diplomaten des Deutschen Reichs erklärten nur, dass man den Briten bezüglich Sansibar nicht in die Quere kommen würde. Die Idee, beim Helgoland-Sansibar-Vertrag ginge es um einen Tausch der beiden Inseln, stellt also einen Irrtum dar.

Die Römer haben das Gastmahl im Liegen erfunden.

Ach ja, die römischen Orgien! Sie konnten es, die alten Römer, sie hatten Lebensart. Man lag zu Tisch, lauschte der Musik und betrachtete die hübschesten Tänzerinnen, aß gebratene Wachteln und Nachtigallenzungen, genoss den Honigwein aus Germanien, und wenn es wieder einmal ein wenig viel geworden war, aß man mithilfe einer Pfauenfeder rückwärts. Ach ja, die Tischkultur der Römer war schon auf ganz besondere Weise einmalig. Irrtum! Klischee! Zum einen übertreiben manche Schilderungen römischer Dekadenz ein wenig. Besonders die Sache mit der Pfauenfeder dürfte zu den Sonderfällen gehört haben, denn auch den alten Römern verging bei derartigem Verhalten bei Tisch sicher der Appetit. Zum anderen hatte die römische Tischkultur Vorbilder. Die Römer kopierten im sechsten Jahrhundert vor Christus, was sich vor ihnen schon die Griechen in Asien abgeschaut hatten. Außerdem waren diese Festmähler alles andere als wilde Orgien. Bestimmte Bankette kann man sogar als lästige Pflichtübung bezeichnen, bei der es vor allem um die Zurschaustellung von Macht und Status ging. In früheren Jahrhunderten lagen nur die Männer zu Tisch. Zum Ablauf des Gelages (man lag ja, daher der Name, könnte man annehmen) gehörten bestimmte Rituale, man betete zu den Hausgöttern und man lauschte Lesungen und Darbietungen in Tanz und Gesang – jeweils zu dritt auf dem *triclinum*, einer Art Speisesofa mit drei Liegeplätzen. Und da musste man als Gast durch: Es galt als unschicklich, seinen Platz auf der Liege während der Mahlzeit zu verlassen. Sogar einen Toilettenbesuch versuchte man sich zu verkneifen ...

Im Alltag aß man übrigens im Sitzen, wie Frauen und Kinder es immer praktizierten.

Willy Brandt hieß schon immer so.

Geboren wurde Willy Brandt am 18. Dezember 1913 in Lübeck als Herbert Ernst Karl Frahm, uneheliches Kind von Martha Frahm, einer 19-jährigen Verkäuferin. Sein Vater war der Hamburger Lehrer John Heinrich Möller, der in den Jahren 1912 und 1913 vorübergehend an einer Realschule in Lübeck unterrichtet hatte. Persönlichen Kontakt zu seinem Vater hatte Willy Brandt nie, obwohl er dessen Identität seit 1947 kannte. Sein Verhältnis zu seiner Mutter blieb sein Leben lang distanziert. Den Nachnamen Brandt wählte er 1934 zum Schutz vor Verfolgung durch die Nationalsozialisten, denn er gehörte einer verbotenen politischen Organisation an. 1938 wurde er ausgebürgert und damit zum Staatenlosen. Er lebte unter dem Decknamen Willy Brandt in Norwegen bis zu seiner Wiedereinbürgerung im Jahr 1948. Da ihn mittlerweile jedermann unter dem Namen Willy Brandt kannte, den er nun über 14 Jahre geführt hatte, behielt er ihn bei.

Im Mittelalter glaubte man, die Erde sei eine Scheibe.

Nein, daran glaubten nur die frühen Kulturen. Bereits in der Antike korrigierten die Gelehrten das Weltbild, und schon im dritten Jahrhundert vor Christus nahm kein gebildeter Mensch mehr an, man könne irgendwo den Rand einer Erdscheibe erreichen und ins Bodenlose stürzen. Auch im Mittelalter war die Vorstellung vom Globus die geltende Lehrmeinung. Eine Renaissance der Erdscheibe in den Vorstellungen der Menschen verursachte wahrscheinlich Washington Irvings Erzählung »Das Leben und die Reisen des Christoph Columbus« (1828), in welcher der aufrechte Entdecker die Machenschaften der Inquisition bekämpft, zu deren Lehrmeinung in dieser Geschichte auch der Irrglaube an die Erdscheibe gehört. Was die Inquisition zu dieser Zeit tatsächlich bekämpfte, war das Weltbild des Nikolaus Kopernikus: die Vorstellung, die Erde könne nicht im Zentrum des Universums stehen, sondern sei nur einer von vielen Himmelskörpern, welche die Sonne umkreisen.

Die russische Oktoberrevolution fand im Oktober statt.

Eigentlich müsste sie Novemberrevolution heißen, zumindest dann, wenn man ihren Beginn nach dem gregorianischen Kalender einordnet, der in den westlichen Staaten Europas galt. Am 7. November 1917 feuerte nämlich der Kreuzer Aurora einen Schuss ab, das Signal für den Sturm auf das Winterpalais in Moskau. Zwar führten die siegreichen Revolutionäre im Februar 1918 den im übrigen Europa geltenden gregorianischen Kalender auch in Russland ein, sie »vergaßen« jedoch, aus der Oktoberrevolution eine Novemberrevolution zu machen.

Angela Merkel wurde in der DDR geboren.

Nein, unsere First Lady ist geborene Hamburgerin. Allerdings wechselte ihre Familie noch in ihrem Geburtsjahr 1954 in die DDR, als ihr Vater dort eine Stelle als Pfarrer antrat. Wir neigen allgemein dazu, aufgrund der Persönlichkeit und dem Charakter eines Menschen über dessen Herkunft zu mutmaßen. Wer würde nicht annehmen, dass der in den 1960er-Jahren berühmte Sänger von Seemannsliedern Freddy Quinn ein Kind der Nordseeküste gewesen ist? Irrtum! Freddy Quinn wurde am 27. September 1931 in Niederfladnitz/Niederösterreich als Franz Eugen Helmuth Manfred Nidl geboren. Der Kabarettist Konrad Beikircher, Experte für Köln und das Rheinland, ist geboren in ... Südtirol. Das Ruhrgebietsoriginal Adolf Tegtmeier, mit bürgerlichem Namen Jürgen von Manger, ist selbstverständlich ein Kind der Stadt ... Koblenz. Und wenn das Ruhrgebiet schon einmal Thema ist: Der Sänger und Schauspieler Herbert Grönemeyer stammt natürlich aus dem proletarischen Bochum. Irrtum, seine Eltern wohnten in Clausthal-Zellerfeld, und seine Geburtsstadt heißt Göttingen. Sein vollständiger Name Herbert Arthur Wiglev Clamor Grönemeyer deutet zudem auf bürgerliche Herkunft.

Molotow hat den Molotowcocktail erfunden.

Eine Flasche voll Öl oder Benzin, ein Stück Lappen, das man anzünden kann – fertig ist die effektive und kostengünstige Waffe der Ausgebeuteten und Unterdrückten, der Aufständischen und Guerilleros, die sogar gegen Panzer eingesetzt werden kann. Wieso aber sollte der russische Ministerpräsident und Außenminister Wjatscheslaw Michailowitsch Molotow (1890–1986) sie erfunden haben? Er war nicht der Erfinder, zumal Wurfbrandsätze schon weit zuvor in der Geschichte bekannt waren. Allerdings ist die Person Molotows an der Namensgebung nicht unbeteiligt. Die sowjetische Besetzung Finnlands im Jahr 1939 zog den sogenannten Winterkrieg nach sich, in dem russische Bomber die aufständischen Finnen aus der Luft attackierten. Die sowjetische Propaganda behauptete auf Proteste der Weltöffentlichkeit hin, es handele sich um eine humanitäre Aktion, die Bomber würden Lebensmittel für die Bevölkerung abwerfen. Die mit derart brisanter Nahrung bedachten Finnen nannten die Bombenflugzeuge daraufhin nach dem für die Angriffe verantwortlichen Außenminister *Molotows Brotkörbe* – und bedankten sich bei den Russen mit dem passenden explosiven Getränk, dem sie den Namen *Molotowcocktail* gaben. Die für die Produktion von Alkohol zuständige staatliche Firma lieferte 450 000 Molotowcocktails an die Front, wo sie – sicher nicht zur Freude von Herrn Molotow – zur Begrüßung russischer Panzer eingesetzt wurden.

Jesus hatte zwölf Jünger.

Nein, es waren 13 Jünger, denn man muss den Verräter Judas Iskariot hinzurechnen, auch wenn der seine »Karriere« so schändlich beendete. Nachdem Judas sich erhängt hatte, wie die Schriften berichten, nahm Matthias, ein jüdischer Schriftgelehrter, seinen Platz ein, kurz nachdem der Erlöser zum Himmel aufgefahren war. Viel wissen wir allerdings über diesen späten Apostel nicht.

Legenden von der Frische und Glück aus der Banane

Essen und Trinken

Zu keiner Zeit waren die Möglichkeiten, sich zu ernähren, umfangreicher als heute bei uns in den Ländern der Ersten Welt. Viele von uns leisten sich den Luxus, Feinschmecker zu sein, andere setzen auf schnell oder billig, und alle bekommen, was sie wollen. Und nicht zuletzt denken wir an die Gesundheit: Zu keiner Zeit versuchten die Menschen genauer zu beobachten, welche Wirkungen der Verzehr bestimmter Nahrungsmittel auf ihre Gesundheit haben könnte. Auf der einen Seite geschieht dies zu Recht, denn immer mehr Zusatzstoffe verändern unsere Lebensmittel, auf der anderen Seite lässt uns allzu viel Aufmerksamkeit das natürliche Gefühl dafür verlieren, was uns guttut. Als Quelle aller Wohltaten vermuten wir Mutter Natur, und hier beginnen wir mit dem Ozean …

Meersalz ist das gesündere Salz.

Kommen wir nicht alle aus dem Meer? Die Vorstellung, dass die Zusammensetzung des Meersalzes gesünder für uns Menschen sei, weil wir ja alle aus dem Meer kommen und unser Körper noch immer die Zusammensetzung des Meerwassers in seinen Flüssigkeiten widerspiegelt, gehört – zumindest für viele rational denkende Menschen – wohl ins Reich der Esoterik.

Aber ist nicht auch gut, was teuer ist? Diese Binsenweisheit hat mittlerweile auch in der Küche um sich gegriffen und betrifft auch eine der billigsten Zutaten überhaupt: das Salz. Weil Gourmetköche in ihren Rezepturen auf die im Geschmack vorgeblich intensiveren, aber auch vergleichsweise teuren bis sehr teuren Salzarten Fleur de Sel und Meersalz zurückgreifen, folgen ihnen zahllose dilettierende Jünger und erwerben ganz besondere Salzsorten zu Preisen zwischen 30 und 120 Euro pro Kilogramm.

Fleur de Sel, die sogenannte Salzblume, ist das teuerste Meersalz. Es entsteht bei Windstille und Sommerhitze als hauchdünne Schicht auf der Oberfläche des Meerwassers und wird dort per Hand »geerntet«. Es enthält dieselben Inhaltsstoffe wie gewöhnliches Meersalz, nämlich neben Natriumchlorid unter anderem Verbindungen von Kalium, Magnesium und Mangan. Diese Salzblume soll intensiver schmecken als gewöhnliches Meersalz und vor allem als das alltägliche Steinsalz.

Eine zweite Salzsorte wird besonders teuer gehandelt, das sogenannte graue Salz, Sel gris. In seinen Salzkristallen finden sich Schwebestoffe der Alge Duniella Salina und Spuren der Erde aus den Wasserbecken in den Salzgärten – daher die graue Farbe. Diese Ablagerungen ergänzen das Salz um weitere Mineralstoffe und Spurenelemente. Sel gris enthält zudem noch einen hohen Wasseranteil. Meist wird es vor der

Verwendung in der Küche in einem Mörser zerkleinert. Für Sel gris zahlen Sie etwa 30 Euro pro Kilogramm.

Alles Hirngespinste und geschickte Vermarktungsstrategie, sagen Zweifler. Steinsalz ist nichts anderes als Meersalz, das sich im Lauf der Zeit abgelagert hat, und bei jeder Salzsorte handelt es sich in der Zusammensetzung zum weitaus größten Teil (bis zu 98 Prozent) um Natriumchlorid, ob nun aufwändig von den Wogen geschöpft oder im Salzstollen abgebaut. Und ein weiterer Irrtum bezogen auf das Meersalz: Anders als vielfach angenommen enthält es kaum genug Jod, um den Bedarf des Körpers zu decken. Keinesfalls erreicht es den Jodgehalt von jodiertem Speisesalz. Es sind aber gerade die Stoffe, die in kleinen Mengen im Körper vorkommen, die große Beeinträchtigungen zur Folge haben können, wenn sie fehlen – behaupten zumindest Vertreter der feinstofflichen Fraktion. Ein Argument, das in diesem Fall gegen das Meersalz sprechen würde.

Wenn Ihr Interesse an anderen exotischen Salzsorten geweckt ist: Da wären noch das schwarze oder rote Hawaii-Salz (beide etwa 80 Euro/Kilogramm), das rosa Salz aus dem Himalaja (etwa 23 Euro/Kilogramm), das Dänische Wikinger-Rauchsalz (etwa 80 Euro/Kilogramm), das blaue Salz aus dem Iran (etwa 40 Euro/Kilogramm) oder Salzflocken aus Zypern (wiederum 80 Euro/Kilogramm). Zusätze wie sogenannte Rieselhilfen sind für derartige Edelsalze natürlich verpönt.

Olivenöl ist das gesündeste aller Fette.

Olivenöl hat, verglichen mit anderen Ölen, einen deutlichen und typischen Eigengeschmack und passt nicht zu allen Speisen. So kann es zum Beispiel in Salaten durchschmecken. Andere Öle sind daher vielseitiger anwendbar. Doch soll Olivenöl das gesündeste aller Fette sein. Ja, für ein Pflanzenöl ent-

hält Olivenöl einen überdurchschnittlichen Anteil an ungesättigten Fettsäuren – bei kalt gepresstem Olivenöl sind es
77 Prozent einfach ungesättigte, 9 Prozent mehrfach ungesättigte und 14 Prozent gesättigte Fettsäuren.

Noch gesünder für Herz und Kreislauf dürften aber Distelöl, Sonnenblumenöl und Sojaöl sein, die einen hohen Anteil an mehrfach ungesättigten Fettsäuren besitzen. Distelöl
zum Beispiel ist mit 12 Prozent einfach ungesättigten Fettsäuren und 78 Prozent mehrfach ungesättigten Fettsäuren,
aber nur 10 Prozent gesättigten Fettsäuren eines der be-
kömmlichsten Speisefette.

Auch andere, häufig infrage gestellte Nahrungsfette sind
besser als ihr Ruf, wenn man sich ihre Zusammensetzung
anschaut. Unter den vielfach pauschal verteufelten tieri-
schen Fetten weisen manche ungesättigte Fettsäuren in be-
achtlicher Konzentration auf. Im Fall von Fisch ist das noch
allgemein bekannt. Dass allerdings Gänseschmalz mit einigen Pflanzenölen mithalten kann, dürfte für viele neu sein.
Es enthält nämlich 12 Prozent mehrfach ungesättigte Fettsäuren sowie 48 Prozent ungesättigte Fettsäuren und ähnelt
damit dem Olivenöl in der Bewertung.

Linksdrehende Milchsäure ist gesünder als andersherum rotierende.

Das ist rundherum Quatsch – egal, wie herum. Der Kuhmilch
wurde schon so einiges unterstellt, sie soll zum Beispiel nach
manchen Ernährungstheorien bei Erwachsenen als unnatürliche Nahrung das Wachstum von Krebszellen fördern. Zudem soll ihre Milchsäure gemeinsam mit anderen Säuren
den Körper attackieren und demineralisieren. Eine Zeit lang
drehte sich in der Vergangenheit die Diskussion um rechts-

und linksdrehende Milchsäure, und gewisse Ernährungsapostel ergriffen Partei für die eine, wahre. Das beantwortete eine Reihe von Fragen. Welche von beiden ist gesünder? Ist die eine, für uns unnatürliche, womöglich sogar schädlich? Lebensmittel wurden mit entsprechenden Hinweisen gekennzeichnet: L(+)-Milchsäure ist die rechtsdrehende, D(-) die linksdrehende. Ihre Moleküle verhalten sich zueinander spiegelbildlich, und ihre Unterschiedlichkeit lässt sich in einem physikalischen Effekt demonstrieren. Bei der Bestrahlung mit polarisiertem Licht wendet sich der Lichtstrahl bei der einen nach links, bei der anderen nach rechts. Milchsäurebakterien, die eigentlichen Erzeuger, schlagen sich nun auf die eine oder auf die andere Seite. Die unterschiedlichen Bifidobakterien erzeugen überwiegend rechtsdrehende Milchsäure, solche der Art *Lactobacillus bulgaricus* ausschließlich linksdrehende. Diplomatisch in der Mitte arbeitet *Lactobacillus acidophilus* – seine Produkte enthalten Milchsäure beider Arten zu etwa gleichen Anteilen.

Und? Welche Sorte ist nun die vorteilhaftere? Unser Körper stellt selbst nur rechtsdrehende Milchsäure her und kann diese auch schneller verarbeiten. Nehmen wir linksdrehende auf, führt dies aber weder zu einer Übersäuerung des Blutes noch zu Verdauungsstörungen. Der Körper baut diese ab und verwertet ihre Energie, wenn auch etwas langsamer als im Fall der rechtsdrehenden Sorte. Mit negativen Folgen muss niemand rechnen.

Frittenfett muss superheiß sein.

Zum Thema Pommes frites gibt es drei Fraktionen: Fraktion 1 (»Die Feinschmecker«) meint, so einen fettigen Schweinefraß kann man ohnehin keinem Menschen anbieten. Fraktion 2 (»Hauptsache heiß und fettig«) frisst ungerührt und ohne Hemmungen. Fraktion 3 (»Die Öko-Sünder«) mag die fettigen Kartoffelstifte auch – mehr, als sie sollte –, hat massive Schuldgefühle und bemüht sich um die Optimierung des Objekts ihrer Begierde. Deshalb tobt zwischen Fraktion 2 und Fraktion 3 ein Krieg um die Zubereitung. Die einen behaupten, eine zu geringe Temperatur beim Frittieren sorge dafür, dass Fett in die Kartoffelsubstanz eindringen kann, und das Ergebnis sollen dann matschige und übermäßig fettige Pommes sein. Die anderen warnen vor zu heißem Fett, und das aus gutem Grund.

Und so sieht die fettige Wirklichkeit aus: Ob das Zeug in der Fritteuse heiß oder etwas kühler ist – die Menge an Fett in den fertigen Pommes frites ist immer dieselbe. Das hängt damit zusammen, dass aus den erhitzten Kartoffelstäbchen Wasserdampf austritt. Dadurch wird in jedem Fall das Fett am Eindringen gehindert, gleichgültig, wie heiß es ist. Zu erkennen ist dieser Effekt unter anderem auch daran, dass das Innere von Pommes frites hell bleibt – keine Bräunung durch den Kontakt mit heißem Fett.

Allzu heiß muss das Fett also nicht sein. Im Gegenteil – es könnte zu heiß sein. Es besteht durchaus eine Gesundheitsgefährdung durch zu heiß zubereitete Kartoffelprodukte, und das nicht nur beim Frittieren, sondern auch beim Grillen, Braten und Backen. Das Problem: Aus den Inhaltsstoffen der Kartoffel, bestimmten Zucker- und Eiweißbausteinen, kann sich die in Tierversuchen krebserregende Substanz Acrylamid bilden. Gefährlich hohe Konzentrationen an Acrylamid entstehen unter drei Bedingungen: a) bei hohen Temperaturen von mehr als 120 °C, b) bei niedrigem Gehalt an Wasser (wie zum Beispiel bei Kartoffelchips) und c) wenn die Kartoffelprodukte stark gebräunt werden. Übrigens sind von diesem Problem auch Getreideprodukte und andere Nahrungsmittel betroffen: Zwieback, Cornflakes, Kekse und sogar Knäckebrot und Kaffee können gewisse Acrylamidmengen enthalten.

Margarine ist gesünder als Butter.

Der Streit, ob nun Butter oder Margarine gesünder sei, ist gut drei Jahrzehnte alt. Seit die Behauptung in die Welt gesetzt wurde, Butter sei durch das enthaltene Cholesterin und die gesättigten Fettsäuren die Ursache für Herz-Kreislauf-Erkrankungen, folgte Gutachten auf Gutachten der einen und der anderen Seite mit jeweils den gewünschten Ergebnissen: Margarine ist gesünder als Butter – oder eben umgekehrt, je nachdem, wer das Gutachten bezahlt hatte. Der »wissenschaftliche« Zirkus dauerte lang und immer länger ...

Um es kurz zu machen: Beide Arten Speisefett haben ihre positiven wie negativen Seiten. Während Butter tatsächlich einen höheren Cholesteringehalt als Margarine hat und auch die gesättigten, Arterienverkalkung begünstigenden Fettsäuren stärker vertreten sind, können in manchen Margarinesorten nach neueren Erkenntnissen sogenannte Trans-Fettsäuren enthalten sein, die weitaus schädlicher als gesättigte Fettsäuren sein sollen. Trans-Fettsäuren entstehen im Herstellungsprozess, wenn feste Pflanzenfette gehärtet und mit einem Anteil an flüssigen Fetten gemischt werden, um die richtige Streichfähigkeit zu erreichen. Trans-Fettsäuren erhöhen das gefährliche LDL-Cholesterin im Blut, das Arterienverkalkung begünstigt. Gleichzeitig wird der Anteil an gesundem HDL-Cholesterin verringert, das der Arterienverkalkung entgegenarbeitet. Allerdings könnte dieses Forschungsergebnis auch schon wieder von der Butter-Lobby gesponsert sein.

Unbestritten unangenehm ist aber ein weiterer Faktor: Je billiger die Margarinesorte, desto höher die Wahrscheinlichkeit, dass Lösungsmittelbestandteile und andere Rückstände aus dem Herstellungsprozess im Produkt verbleiben. Wenn es preiswert sein soll, wird meist das chemische Lösungsmittel Hexan (aus Leichtbenzin) verwendet, um das Öl aus einem Pflanzenbrei zu gewinnen. Hexan ist giftig und muss am Ende des Herstellungsprozesses durch Erhitzen wieder aus der Margarine entfernt werden.

Bei hochwertigen Markenmargarinesorten werden die Fette durch einen anderen Herstellungsweg wie zum Beispiel kaltes Pressen oder Wärmebehandlung gewonnen. Zwar geht dabei ein gewisser Teil an Ölen im Pflanzen- oder Samenbrei verloren, aber man verzichtet darauf, diesen Rest durch Lösungsmittel herauszulösen.

Kartoffeln killen?

Giftmörder aufgehorcht: Alle grünen Teile der Kartoffel enthalten die Substanz Solanin, die ein respektables Gift ist. Es dient übrigens der Kartoffel an ihrem natürlichen Ort in der Erde zur Abwehr von Fäulniserregern. Wie bei allen giftigen Stoffen kommt es auf die Menge an, die dem Körper zugeführt wird. Die Kartoffelsorten der Vergangenheit enthielten relativ viel Solanin – zwischen 30 und 50 Milligramm pro 100 Gramm Kartoffeln. Moderne Arten hingegen bringen nur noch wenig Solanin in die Küche – 3 bis 7 Milligramm pro 100 Gramm –, und das Gift befindet sich fast nur noch in den Schalen. Die Dosis Solanin, die erste Vergiftungserscheinungen hervorruft, liegt bei 200 Milligramm – enthalten in 400 bis 800 Gramm roher Kartoffelschalen der »giftigeren« Sorten, bei den meisten anderen Arten erst in einer vielfachen

Menge. Das Giftopfer leidet unter Benommenheit, Berührungsüberempfindlichkeit und erschwerter Atemtätigkeit. Tödlich für einen Erwachsenen wirken etwa 300 bis 500 Milligramm reines Solanin. Wenn Sie also Ihre Schwiegermutter oder Ihren Erzfeind mit dem Gift der Kartoffel umbringen wollen und eine Sorte mit etwa 5 Milligramm pro 100 Gramm Schale verwenden, müsste das Opfer schon Appetit auf sechs bis zehn Kilogramm rohe Kartoffelschalen haben ...

Giftige Pilze färben beim Kochen Silberlöffel schwarz.

Sind wirkliche Pilzkenner wegen dieser Regel so selten? Ist ihr Wissen gar nicht gefragt, weil ja jeder den Löffeltest machen kann und vor Vergiftung sicher ist? Die kaum auszurottende, waghalsige Theorie vom schwarzen Löffel zählt zu den ganz großen Irrtümern in der Küche. Sie behauptet: Schon ein einziger Giftpilz in einem Pilzgericht genügt, um einen echt silbernen Löffel schwarz zu färben oder, falls dies nicht geschieht, umgekehrt aufzuzeigen: keine Schwarzfärbung, kein Giftpilz. Nein, hier handelt es sich um einen von vielen gefährlichen Irrtümern rund um essbare und giftige Pilze. Weil es so viele sind, bietet sich eine Auflistung an:

- Irrtum Nummer 1: Zwar gibt es in vielen Pilzen Schwefelverbindungen, die beim Erhitzen austreten und sich mit dem Silber des Löffels zu einer schwärzlichen Substanz verbinden, aber mit der Giftigkeit von Pilzen hat das nichts zu tun. Eine Schwärzung des Löffels durch das »Fleisch aus den Wäldern« kann ihre Ursache auch in einem durchaus genießbaren Pilz haben. Vermutlich sterben deshalb nicht jährlich Tausende von »Pilzkennern«, die diese Regel angewendet haben, aber sie werfen ein gut verträgliches Pilzgericht weg. Einen sicheren Indikator für einen Giftpilz im Topf gibt es nicht, auch wenn ihn sich so mancher wünschen würde.

- Irrtum Nummer 2: Hier handelt es sich um die gesteigerte Form von Irrtum Nummer 1. Giftpilze färben eine mitgekochte Zwiebel schwarz. Es ist der reine Selbstmord, sich an dieser Behauptung zu orientieren. Wer seine Pilze so prüft, spielt sozusagen mykologisches Roulette.
- Irrtum Nummer 3: Giftpilze färben sich an der Schnittstelle blau. Unsinn, mancher gute Speisepilz bläut an der Luft, einige wie der Schopftintling sogar heftig. Pilze, die keine Blaufärbung zeigen, sind keinesfalls ungiftig – der Weiße Knollenblätterpilz zum Beispiel, einer der gefährlichsten Giftpilze überhaupt, strahlt weiter in reinem Weiß, wenn man ihn durchschneidet.
- Irrtum Nummer 4: Pilze, die von Schnecken und Würmern gefressen werden, sind ungiftig. Nein, nein und nochmals nein! Manche Tierarten vertragen Pilzgifte weitaus besser als Menschen oder sind förmlich immun dagegen. Kaninchen zum Beispiel mümmeln eine relativ große Portion des für Menschen extrem giftigen Knollenblätterpilzes, ohne erkennbaren Schaden zu nehmen.
- Irrtum Nummer 5: Pilze, die auf Baumstümpfen wachsen, sind immer essbar. Richten Sie sich bloß nicht danach! Es gibt durchaus giftige Arten unter den Pilzen an Baumstümpfen.

Probiotischer Joghurt ist sehr gesund.

Glaubt man den Werbestrategen, so haben Krankheitserreger gegen die mächtigen Streiter für Gesundheit und Wohlergehen, die wohlmeinenden Bakterien im probiotischen Joghurtdrink, keine Chance. Bestens gerüstet mit Helm, Schwert und Schild, kämpfen die hilfsbereiten Mikroben für die Gesundheit dessen, der sie brav im Supermarkt kauft und zu Hause verzehrt. Ein Wunder eigentlich, dass die menschliche Körperabwehr über Jahrhunderttausende ohne Joghurt überhaupt funktionieren konnte! Gehören Sie auch zu den Anbetern der wundersamen kleinen Fläschchen? Auf jeden Fall steht fest: Die Konsummaschinerie der Wohlfühl- und Wellnessgesellschaft braucht immer neue Produkte. In diesem Fall sind es Mikroorganismen, vor allem Milchsäure produzierende Bakterien verschiedener Stämme, die zum einen in unserem Verdauungssystem vorkommen, zum anderen für ein attraktives Zeitgeist-Angebot im Kühlregal sorgen. Sie sind in Sauermilch, Joghurt und Kefir zu etlichen Milliarden beheimatet und machen die Nahrungsmittelkonzerne jedes Jahr um etliche Milliarden reicher: Darmbakterien.

Das Zauberwort heute heißt *probiotisch*. Es gab Zeiten vor dem exzessiven Gebrauch dieses Begriffs, da war jeder Joghurt probiotisch, das heißt, er enthielt lebende Kulturen. Erst später kamen die Molkereien auf die Idee, ihre Produkte haltbarer zu machen, indem sie den Lebensprozess im Töpfchen durch Erhitzen stoppten. Das blieb so, bis ein Werbestratege den genialen Einfall hatte, die Angelegenheit wieder umzukehren, den Joghurt sozusagen wiederzubeleben und uns nun wieder das genaue Gegenteil zu verkaufen – lebende Kulturen nämlich. Dem Kunden musste außerdem mit der entsprechenden Werbekampagne vermittelt werden: Wir haben die besten aller möglichen Bakterien in unserem Forschungszentrum zu wahren einzelligen Abwehrexperten ausgebildet, und nur unser teures Spitzenprodukt aktiviert die Abwehrkräfte richtig. »Wissenschaftliche Studien« sollten und sollen dies ebenso belegen wie die Information, dass weltweit Hunderte von Fläschchen pro Sekunde konsumiert werden.

Hingegen sagen Studien von Verbraucherorganisationen wie Foodwatch: Es gibt zwar durchaus Wirkungen, aber es sind dieselben wie bei halb so teurem Naturjoghurt anderer Hersteller. Und zu den Wirkungen gehört bei den teuren, stark beworbenen Produkten wie bei den anderen, preiswerteren Erzeugnissen eine nicht: Es gibt keinen Vorbeugungseffekt gegenüber Krankheiten. Die Erkältung kommt mit und ohne Joghurt. Andere Produkte wie Quark, Käse oder Wurst, die aus Gründen der Verkaufsförderung probiotische Bakterien enthalten, sind noch weniger wirksam, da die Menge der enthaltenen Mikroben zu gering ist und die meisten von ihnen in der Magensäure abgetötet werden. In einer gesunden Darmflora leben etwa 100 Billionen Bakterien, die zu 400 verschiedenen Arten gehören. Da fallen ein paar neue (vielleicht mit aufgedrucktem Markenzeichen) aus dem Joghurtdrink im Fläschchen nicht weiter auf.

Ist also die Geschichte vom guten Darmbakterium frei erfunden? Auch wenn es keine Auswirkungen von Joghurt auf den Immunstatus gibt: Möglicherweise leben Menschen, die derartige Produkte konsumieren, auch sonst gesundheitsbewusster.

Pilze darf man nicht aufwärmen.

Jetzt sind Sie wie ein Irrer durch das Dickicht gestolpert, haben Ihr Pilzbuch mehrfach von vorne bis hinten gelesen und den Fund Ihres Lebens gemacht: Maronen und Steinpilze ohne Ende! Zu Hause haben Sie einen Topf Pilzsuppe gekocht, ein Gedicht, es hat allen ausgezeichnet geschmeckt, und trotzdem: Der halbe Topf ist noch voll, Sie waren einfach zu erfolgreich an der Waldpilzfront. »Das müssen wir leider wegschütten, Pilze darf man nicht aufwärmen«, sagt Ihr Lebensabschnittsgefährte, der Ihre traute Zweisamkeit nicht mit einer Beerdigung beenden möchte, und wandert in Richtung Sanitärkabinett. Schon reißt das Klo gierig seinen Rachen auf, da stoppen Sie ihn mit der Erkenntnis: »Alles Quatsch! Pilze darf man doch ein zweites Mal erhitzen, äh ... sagt die Wissenschaft!« Die ganze, dem Drama beiwohnende Sippschaft stöhnt auf, wie Sie meinen, erleichtert. Das Pilzgericht ist gerettet.

Zu Recht. Was vom Essen übrig blieb, stand zu Großmutters Zeiten im Topf auf dem Herd, bei mikrobiologisch angenehmen 25 bis 40 °C – und nicht wie heute im Kühlschrank. Unter den thermischen Bedingungen in der Küche früherer Tage gediehen Bakterien und Schimmelpilze absolut erstklassig und potenzierten ihre unheilschwangere Präsenz in kürzester Zeit. Speisen, die wie etwa Fleisch oder auch Pilze Eiweiß und Wasser enthielten, verdarben praktisch, während man zusah. Deshalb waren die Warnungen unserer Mütter und Großmütter keineswegs aus der Luft gegriffen. Doch zu Zeiten gewaltiger Kühl-/Gefriereinheiten haben die Erreger keine echte Überlebens- und vor allem keine Vermehrungschance mehr. Ein schönes Tätigkeitsfeld für Naturschützer: Weg mit dem Kühlschrank – freies Wachstum für Einzeller!

Lieber frisch vom Feld als kalt aus der Truhe.

Es kursieren eine Menge Unwahrheiten über Tiefkühlkost, darunter auch reine Horrormärchen. Ja, es kommt schon mal vor, dass sich eine Maus in Teilen in tiefgefrorenes Gemüse verirrt. Aber wissen Sie, was mit Ihrem Frischgemüse passiert und ob der Bauer nicht gerade auf dem Feld nebenan einen Tankwagen voller Gülle verteilt hat? Der Satz »Frisches Gemüse ist besser als tiefgekühltes« erscheint gleich in einem anderen Licht.

Aber da wären noch die Hobbygärtner: Was war Papa stolz, als er die erste Zucchini vom eigenen Hügelbeet ins Haus und in die Küche tragen konnte! Wie eine Trophäe hielt er sie empor und verkündete: »Das, meine Lieben, ist frisches Gemüse aus dem eigenen Garten. Das ist gesünder als dieser ... Tiefkühlscheiß!« Diese Erkenntnis ist zwar simpel und einprägsam formuliert, aber dennoch nicht haltbar. Frisches Gemüse, das heißt nicht eingefrorene Agrarprodukte, unterliegt vom Augenblick der Ernte an einem Prozess der Veränderung. Es ist der Umgebungswärme, dem Licht und der Luft ausgesetzt. Die enthaltenen Inhaltsstoffe verändern sich beim augenblicklich einsetzenden Welken, und so nimmt vom ersten Moment an zum Beispiel der Gehalt an Vitaminen ab. Das fällt bei Frischgemüse aus dem eigenen Garten kaum ins Gewicht, aber wer hat noch (wie Papa, 45, Verwaltungsbeamter) ausreichend Zeit für die ganze Gartenarbeit? All das Graben, Säen, Unkrautjäten, Gegen-Schnecken-und-Wühlmäuse-Verteidigen? Und schließlich muss man im richtigen Augenblick ernten. Da wirkt doch für manchen dieselbe leckere Delikatesse im Kühlregal in küchenfertiger Version ziemlich verlockend.

Fazit: Wenn Möhren, Rosenkohl oder frischer Spinat bereits mehrere Tage im Supermarktregal hinter sich haben oder auch zu Hause in der Küche gelagert wurden, sind die Vitaminwerte bereits deutlich schlechter als direkt nach der Ernte. Anders verhält es sich bei dem Gemüse, das aus dem Tiefkühlregal kommt. Es wurde meist kurze Zeit nach der Ernte schockgefrostet und in eine Verpackung gegeben, die Luft und Licht fernhält. In der Kälte bleiben alle Inhaltsstoffe im Gemüse nahezu unversehrt – oder dramatischer ausgedrückt: Der natürliche Verfall ist gestoppt. Tiefkühlen ist die schonendste Art, Lebensmittel haltbar zu machen. Beim Lagern bei −18 °C sinkt der Vitamingehalt nur in sehr geringem Maße, weil die Stoffwechselprozesse in den gefrorenen Pflanzenteilen nur sehr langsam ablaufen. Länger als zwölf Monate sollte man allerdings auch Gemüse nicht in der Tiefkühltruhe aufbewahren.

Kaffee ist ungesund.

Warum wird in aller Herren Länder zu einem Kaffee oder Espresso stets ein Glas Wasser gereicht? Warum kann so mancher Kaffeetrinker seinen Cappuccino nicht trocken und ohne das Glas Wasser dazu oder danach genießen, ähnlich einem Schnapstrinker, der mit Bier nachspülen muss? Holen wir etwas aus, um die richtige Erklärung zu finden:

Alkohol, Nikotin, Kaffee, Sex – alles, was Spaß macht, muss irgendwie schädlich sein. So schlecht wie sein Ruf bei manchen Gesundheitsaposteln kann Kaffee aber gar nicht sein, denn sonst gäbe es Statistiken mit der Anzahl von Koffeinabhängigen und die Liste der jährlichen Kaffeetoten, ähnlich den Horrorzahlen bei Nikotin. Zwar glaubte man früher, dass allzu exzessiver Kaffeegenuss den Insulinspiegel, den Blutdruck und den Blutzuckerspiegel erhöhe und das Kreislaufsystem schädige. Zugleich stand Kaffee im Verdacht, den Körper zu entwässern. Auf diese Idee kam man möglicherweise, weil manche Menschen nach einer oder zwei Tassen Kaffee den dringenden Wunsch verspüren, zur Flüssigkeitsentsorgung zu schreiten. Im Rückschluss folgerte man, daran müsse die entwässernde Wirkung des Kaffees schuld sein. Deshalb, so der Rat besagter Gesundheitsapostel, sollten Kaffeetrinker zu jeder Tasse immer ein Glas Wasser trinken.

Und wie das so ist: Natürlich kann keine These unwidersprochen bleiben, und ganze Heerscharen von Wissenschaftlern machten sich daran, zu beweisen, dass Kaffee gar keine Drainagewirkung auf den menschlichen Organismus hat, sondern vielmehr zur Summe der Getränke addiert werden kann, die den täglichen Flüssigkeitsbedarf decken.

Der Kaffeetrinker fragt: Na, was denn nun? Entwässert er oder entwässert er nicht? Der Chor der Experten antwortet keineswegs unisono, sondern in einer wahren Kakophonie der Argumente. Klug, wie Kaffeetrinker ihr Getränk nun einmal macht, folgern sie daraus: Kaffee macht Durst. Also trinken wir weiter ein Glas Wasser dazu. Und sie raten den streitenden Experten, doch auch erst einmal eine Tasse Kaffee zu trinken und dann vielleicht auf dem Klo weiterzuargumentieren.

Mal ernsthaft: Kaffee hat etliche Wirkungen auf unseren Körper, die nicht nur auf den Inhaltsstoff Koffein zurückgehen. Das duftende Getränk wirkt anregend und aufmunternd, vertreibt zumindest für eine kurze Zeit Müdigkeit und soll auch einen schwachen antidepressiven Effekt besitzen. Es steigert die Durchblutung in gewissen Teilen des Gehirns, worauf auch eine an sich paradox erscheinende Reaktion beruht: Kaffee beruhigt, und zwar so effektiv, dass er das Einschlafen fördert. Allerdings nur in der ersten Viertelstunde nach dem Genuss, weil danach die Wirkung des Koffeins einsetzt, die dann dem Übergang in das Reich der Träume entgegenwirkt.

Heute glaubt man zu wissen, dass kein direkter Zusammenhang zwischen krankhaft erhöhtem Blutdruck und Kaffeegenuss besteht – das sollen umfangreiche Studien an zahlreichen Probanden belegen. Und die entwässernde Wirkung des Kaffees? Die einen glauben dran, die anderen schränken die Rahmenbedingungen ein. Der Pinkeltrieb – oder gesellschaftsfähiger gesagt: die leicht harntreibende Wirkung – tritt nur bei Menschen auf, die nicht gewohnheitsmäßig Kaffeetrinker sind.

Und Tee ist auch nicht besser.

Kein Genussmittel bleibt ungeschoren, und irgendwo ist immer ein Miesmacher, der eine katastrophale Wirkung heraufbeschwört. Zwar soll Tee nicht ganz so ungesund wie Kaffee sein, da er aber angenehm anregende Wirkungen erzeugt, muss auch er irgendwie des Teufels sein. Kräutertee, ja, Kräutertee, den können Sie trinken, aber ohne Zucker bitte! Dabei haben gerade schwarzer und grüner Tee einiges zu bieten. Das aromatische Getränk aus Teeblättern liefert Fluor, was der Gesundheit der Zähne zuträglich ist. Auch der Osteoporose wird vorgebeugt. Kaffee enthält nur einen Bruchteil der in Tee enthaltenen Fluormenge. Andere Inhaltsstoffe schützen die Blutgefäße. Der mittlerweile beliebte Grüntee gilt als besonders gesund. Zurzeit trinken die Bundesbürger durchschnittlich etwa 6,5 Liter Grüntee pro Jahr. Die im Tee enthaltenen Polyphenole wirken als Antioxidantien, die in der Zelle sauerstoffempfindliche Stoffe vor der Oxidation schützen, indem sie sogenannte freie Radikale binden. Dies beugt Krebs und zahlreichen anderen Erkrankungen vor. Dabei ist es allerdings gleichgültig, ob Schwarztee oder grüner Tee getrunken wird. Dieselben Wirkungen besitzt übrigens auch Kaffee.

Wichtig: Milch in einem Getränk zerstört die enthaltenen Antioxidantien – man verschenkt den gesundheitsfördernden Effekt, wenn man den Tee wie die Briten mit Milch zu sich nimmt. Regelmäßiges Grünteetrinken soll vor Infarkten, Schlaganfällen, Diabetes, Übergewicht, Magen- und

Darmkrebs sowie degenerativen Erkrankungen des Nervensystems schützen. Beweise nach wissenschaftlichen Standards gibt es hierfür allerdings noch nicht, was nicht weiter schlimm ist, denn die Anti-Grüntee-Fraktion würde sie anzweifeln, was der Grüntee-Fraktion ohnehin egal wäre. Sie weiß, wie gut ihr Tee ist.

Eine Gruppe sollte besser auf Grüntee verzichten: Schwangere. Bestimmte Inhaltsstoffe in grünem Tee wirken auf den Stoffwechsel von Folsäure im Körper. Ein Mangel an Folsäure kann aber zu Fehlgeburten und Missbildungen beim Kind führen.

Der Klassiker: Spinat enthält massenhaft Eisen.

Wenigstens ist etwas Gesundes in der grünen Pampe, die Sie schon seit Ihrer Kindheit hassen, denken Sie? Hier handelt es sich um einen der absolut dümmsten Irrtümer der Lebensmittelgeschichte, nämlich einfach um eine fast lächerliche Fehlinterpretation bei einem Untersuchungsergebnis. Spinat besitzt zwar für Gemüse einen vergleichsweise hohen Eisenanteil, jedoch keineswegs stolze 35 Milligramm pro 100 Gramm Spinat. Der Schweizer Physiologe Gustav von Bunge hatte im Jahr 1890 diesen Wert für Spinat berechnet. Allerdings bezog er sich mit diesem Ergebnis seiner Untersuchungen auf getrockneten Spinat, der im natürlichen Zustand zu etwa 90 Prozent aus Wasser besteht. Der später allgemein – für frischen Spinat (!) – übernommene Wert lag also um etwa den Faktor zehn zu hoch.

Zum Vergleich: Schokolade (6,9 mg/100 g) enthält etwa doppelt so viel Eisen wie Spinat (3,5 mg/100 g). Eine Spinatmahlzeit wird also um das Doppelte gesünder, wenn man sie kurz vor dem Servieren durch Schokolade ersetzt. Andere Eisenlieferanten: Hirse (9 mg/100 g), Kalbsleber (7,9 mg/100 g), Weizenkeime (7,95 mg/100 g), Linsen (7,5 mg/100 g), weiße Bohnen (6,2 mg/100 g), Erbsen (5,0 mg/100 g) und Haferflocken (4,6 mg/100 g).

Neben zu viel Nitrat enthält Spinat wie Rhabarber Oxalsäure, welche die Eisenaufnahme des Körpers hemmt – das Grünzeug arbeitet also in subversiver Weise Ihren Intentionen entgegen, wenn es um Eisen geht. Spinat macht übrigens auch nicht übermenschlich stark, wie uns eine gewisse Zeichentrickfigur namens Popeye glauben machen will.

Spinat darf man nicht aufwärmen.

Diese früher uneingeschränkt gültige Regel hat eine sinnvolle Ursache: Spinat sammelt auf besonders intensive Weise Nitrat aus dem Boden, und je länger eine Spinatmahlzeit warm gehalten wird, desto mehr Nitrit bildet sich durch chemische Vorgänge im Spinat – und daraus entstehen später in Verbindung mit Eiweißstoffen, zum Beispiel in Fleisch, krebserregende Nitrosamine. Je länger also der Spinat warm gehalten wird, desto größer ist die Menge an Nitrit und Nitrosaminen, die sich im Topf bilden kann.

Als es zum Beispiel in den Arbeiterfamilien in frühindustriellen Zeiten noch üblich war, Essen für mehrere Tage oder sogar für eine ganze Woche im Voraus zuzubereiten, konnten Spinatgerichte, über Stunden und Tage auf dem Herd köchelnd, zu wahren Nitritbomben werden. Babys und Kleinkinder konnten sich sogar eine sogenannte Blausucht zuziehen, eine Krankheit, die entsteht, weil zu viel Nitrit im Blut die roten Blutkörperchen daran hindert, Sauerstoff zu transportieren. Äußeres Symptom der auch durch andere

Ursachen hervorgerufenen Erkrankung ist eine blaue Verfärbung der Haut. Diese Störung kann lebensbedrohlich sein. Für Erwachsene allerdings ist die Nitritmenge im Spinat für eine akute Gefährdung zu gering. Sollten Sie also, lieber Verzweiflungstäter, Vorstellungen von einer bläulich gefärbten Schwiegermutter haben, die als noch immer rechthaberischer Engel zum Himmel aufsteigt – vergessen Sie es, keine Chance.

Currywurst schützt vor Alzheimer.

Alle Imbissstuben-Besitzer jubeln: Esst Currywürste, das Antidementivum an sich, dann bekommt ihr keinen Alzheimer! Visionen einer neuen Gerontologie erscheinen vor unserem geistigen Auge: Ganze Busladungen von Früh- und Spätrentnern werden zur Imbissbude gekarrt, erhalten ihre medizinisch so bedeutende und von der Krankenkasse bezahlte Wurst mit dem gelben Pulver und bedanken sich beim weiß gekleideten Pommesbuden-Personal, das sie in ihrer Heilungseuphorie für eine Art rustikales Notaufnahmeteam halten. Personen, bei denen die Krankheit bereits ausgebrochen ist, erhalten die doppelte Dosis.

Die Ursache des ganzen Currywahnsinns: In einer Studie hat ein italienisch-amerikanisches Wissenschaftlerteam herausgefunden, dass Curcumin, der im Curry enthaltene, intensiv orangegelbe Farbstoff der Gelbwurzel, möglicherweise vor Alzheimer schützen kann. Im Laborversuch mit den Nervenzellen von Mäusen konnte festgestellt werden, dass diese einen Schutzstoff produzierten, wenn Curcumin zugegeben wurde. Weil das Ergebnis dieses Versuchs aber nicht an vergleichbaren menschlichen Zellen wiederholt und schon gar nicht in einem Versuch am lebenden Objekt verifiziert werden konnte, ist äußerst fraglich, ob sich ein solcher Effekt bestätigen lässt. Vermutlich überwiegen eher die negativen Wirkungen durch tierische Fette auf den Stoffwechsel und das Körpergewicht, wenn allzu regelmäßig Currywürste verzehrt werden.

Rohe Lebensmittel sind urgesund.

Irrtum, sagt unser Körper. »Örrps!« Da meldet er sich wieder, der leckere rohe Krautsalat von heute Mittag. Rohkost mag nämlich vom Gehalt her gesünder sein als Gekochtes, unsere Verdauung hat aber schwer daran zu arbeiten. Unangenehmes Aufstoßen, Blähungen und sogar Krämpfe durch die bei der Verdauung auftretenden Gärungsprozesse im Darm können die Folgen von zu viel roher Nahrung sein. Für den gesunden Menschen ist ein hoher Anteil an Rohkost in der Nahrung sicher vorteilhaft. Der Vitamingehalt wird nicht durch das Kochen reduziert, alle Vitalstoffe bleiben unverändert. Aber: Beim Kochvorgang werden nicht nur Vitamine zerstört, sondern auch möglicherweise problematische Erreger getötet. Was frisch vom Feld kommt, ist keineswegs keimfrei. Schon kurzzeitiges Erhitzen oder Übergießen mit kochendem Wasser, sogenanntes Blanchieren, senkt die Anzahl der Mikroben erheblich.

Nur roh macht froh? Kochen killt Keime! Weiter oben ging es nur um pflanzliche Nahrung: Der Verzehr von rohem Fleisch bringt besondere Gefahren mit sich. Alle möglichen Bakterien und Viren, darunter Staphylokokken (Eitererreger), Salmonellen und der Erreger der Toxoplasmose, können übertragen werden. Auch eventuell vorhandene Parasiten wie Trichinen oder Würmer werden beim Kochen oder Braten abgetötet. Außerdem ist rohes Fleisch um einiges schwerer verdaulich als mit Wärme zubereitetes. Diese Aussagen gelten auch für das beliebte Mettbrötchen. Obwohl das Mett, der Hackfleischverordnung gehorchend, immer täglich frisch zubereitet wird, wächst die Zahl der Erreger schnell, wenn die Kühlkette unterbrochen ist. Besonders im Sommer steigt das Gefährdungspotenzial.

Croissants kommen gar nicht aus Frankreich.

Irrtum, vermutlich doch. Der französische Name *Croissant* kommt von *croissant de lune*, was *zunehmende Mondsichel* bedeutet. Wenn Sie also in einer Bäckerei *Croissants* verlangen, bitten Sie wortwörtlich um *Zunehmende*. Trotz dieser französischen Bezeichnung berichtet eine weitverbreitete Legende, dass die sichelförmigen Bäckereiprodukte nicht aus Frankreich stammen, sondern Ende des 17. Jahrhunderts in Österreich erfunden worden seien. Österreichische Bäcker, wie alle Vertreter ihrer Zunft schon früh auf den Beinen, sollen türkische Aggressoren und Belagerer beim Tunnelgraben unter ihrer Stadt noch rechtzeitig bemerkt und so in die Hände der Militärs ausgeliefert haben. Zur Erinnerung daran und um die Angreifer zu verhöhnen, erfanden sie das halbmondförmige Hörnchen. Die Türken sollen geschockt gewesen sein, denn der Halbmond ist ein Symbol auf ihrer Flagge, das der Feind nun verspeiste.

Weder diese fantasievolle Erzählung noch die immer wieder heraufbeschworene Verbindung zum österreichischen *Kipferl* haben aber nachprüfbare historische Wurzeln. Kipferl verdanken ihre Form den Ziegenhörnern und werden seit dem Jahr 1000 n. Chr. in unterschiedlichen Schriften erwähnt. Croissants tauchen erstmals im 19. Jahrhundert in Frankreich auf, zeitlich also in sicherer Entfernung vom türkischen Angriff auf die Stadt Wien. Auch die französische Legende, der zufolge Marie Antoinette, die Tochter von Erzherzogin Maria Theresia von Österreich und Ehefrau Ludwigs XVI. (1754–93), Croissants sozusagen mit in die Ehe gebracht hat, klingt zwar glaubwürdig, ist aber dennoch nicht wahr. Das österreichische Hörnchen wurde in Frankreich nicht einfach umbenannt – mehr noch: Es existierte zu dieser Zeit in der ganzen Grande Nation nicht ein einziges davon.

Döner Kebab ist ein altes türkisches Nationalgericht.

Nein, die alten Türken ernährten sich nicht von dieser Spezialität. Döner ist eine Erfindung aus dem 20. Jahrhundert, verschiedene Gastronomen in der Türkei reklamieren die kulinarische Innovation für sich. Die Ehre, diese Köstlichkeit in Deutschland eingeführt zu haben, beansprucht unter anderem Mehmet Aygün, ein in der Türkei geborener, aber in Deutschland lebender Fleischer, für sich, der im März 1971 als Erster Döner Kebab im Fladenbrot verkauft haben will. Diesen Rang macht ihm allerdings Kadir Nurman streitig, der aber erst 1972 am Bahnhof Zoologischer Garten in Berlin den ersten Döner an seine hungrigen Kunden ausgeliefert haben will.

In der Türkei soll Döner Kebab noch immer keine große Verbreitung gefunden haben, als Döner-Zentrale gilt die deutsche Hauptstadt. Dort rotieren jeden Tag viele Tausend Döner-Spieße ...

Ähnlich verhält es sich übrigens mit dem Gyros: Die ganz große Historie fehlt. Diese Art, Fleisch an einem senkrechten Drehspieß zuzubereiten, kam auch bei den Griechen in den 1980er-Jahren in Mode. Ein uraltes griechisches Natio-

nalgericht ist Gyros ebenso wenig, Restaurants in Griechenland haben es nicht auf ihrer Speisekarte, es ist dort wie in
Deutschland eher ein Imbissgericht.

Sellerie macht Männer scharf.

Viagra überflüssig? Die Sellerieknolle trägt von alters her
den Beinamen *Pastorenhafer*, der vermutlich damit zusam-
menhängt, dass einen Kirchenmann eines Tages in finsterer
Vergangenheit nach dem Verzehr der hässlichen Knolle der
Hafer gestochen hat und seine Haushälterin sich in Sicherheit bringen musste. Oder ist Sellerie tatsächlich die potente
Powerknolle, das braungraue Viagra vom Acker?

Immer wieder wird *Apium graveolens Linné*, dem Echten
Sellerie, eine aphrodisierende Wirkung zugeschrieben. Er
war schon Zutat von Hexensalben und anderen fragwürdigen, aber (wegen anderer Zutaten) keineswegs wirkungs-
losen Rezepturen. Zwar bringt der Sellerie einen gewissen
Nutzen für den Körper, aber die Effekte auf das, was den vor-
deren Teil der Unterhose bewohnt, sind ganz andere, als der
Spitzname der Pflanze vermuten lässt. Sie wirkt harntrei-
bend und beruhigt nebenbei den Magen-Darm-Trakt. Weder
eine bessere Durchblutung an erotisch bedeutsamen Stellen
noch eine interne Stimulation ist wissenschaftlich belegt,
und die Selbstversuche des Autors endeten mit Begeisterung
weniger für den Liebreiz der Köchin als für ihr überragend
gutes Suppenrezept. Für vier Personen brauchen Sie:

500 g mageres Suppenfleisch
1 Stange Lauch
½ bis 1 Sellerieknolle (je nach Sympathie für dieses Gemüse)
2 mittlere Möhren

einige Blumenkohlröschen
1 Zwiebel
1 l Gemüsebrühe
80 bis 100 g Suppennudeln
½ Bund frische Petersilie
½ TL Salz

Das Fleisch waschen, Zwiebel schälen und zerkleinern, beides im Topf mit der Gemüsebrühe übergießen, salzen. Kurz aufkochen lassen, danach bei schwacher Hitze für circa 90 Minuten köcheln lassen.

Die Möhren schälen und in Scheiben schneiden, den Lauch putzen und in Ringe schneiden. Das Gemüse waschen und im Durchschlag abtropfen lassen. Die Sellerieknolle schälen und in Stücke schneiden, Blumenkohl putzen, gewünschte Anzahl Röschen herauslösen. Zwischenzeitlich die Suppennudeln in Salzwasser kochen, abtropfen lassen.

Möhren, Sellerie und Lauch zur Suppe geben, kurz aufkochen, bei kleiner Flamme 15 Minuten mitkochen, dann den Blumenkohl und fünf Minuten später die Nudeln zugeben. Das Suppenfleisch herausnehmen und in mundgerechte Stücke zerkleinert wieder in die Suppe geben. Alles noch einmal ein paar Minuten ziehen lassen. Die Suppe auf dem Teller mit gehackter Petersilie überstreuen.

Sollten Sie unerwarteterweise doch erotische Effekte verspüren, liegt das nicht an einer Überdosis Sellerie, sondern eher an dem Wohlgefühl, das jede gute Mahlzeit auslöst.

Austern fördern die Potenz.

So sehr Ihnen Giacomo Casanova und seinesgleichen auch imponiert haben, liebe Sexualakrobaten und Hochleistungserotiker, so wenig hatte mit deren Leistungen auf dem Liebeslager eine völlig unschuldige und naive Muschel zu tun: die Auster. Dass Casanova täglich mehrere Dutzend der Schalentiere zur Steigerung seiner Potenz aß, wird wohl pure Fantasie sein, denn sonst wäre er möglicherweise einem Eiweißschock erlegen. Dass allerdings Austern zu seinen Lieblingsgerichten zählten, er sie aber nicht nur verzehrte, sondern auch anderweitig recht kreativ nutzte, können wir seinen Memoiren entnehmen, heißt es doch dort: »Als ich eine Auster an Emilias Lippen führte, fiel diese durch einen Zufall mitten in ihren Ausschnitt. Sie wollte sie herausholen, doch ich beanspruchte dieses Recht für mich ...«

Womit belegt ist, dass wohl kaum die Auster als Muschel der Lust für die nötige Erregung sorgte. Nein, Austern sind gute Eiweißlieferanten – und damit erschöpft sich auch ihre Wirkung auf den menschlichen und besonders den männlichen Körper. Auch eine andere Behauptung über die sagenhafte Steigerung der männlichen Potenz durch Austern, die von Casanova stammen soll – eine Auster = ein Liebesakt –, gehört wohl in das Reich der Märchen und Sagen. Bestenfalls sind Austern eine Art Placebo, und die Sache mit der Standfestigkeit funktioniert, wenn der männliche Glaube daran ungebrochen ist und die Potenzwirkung sozusagen autosuggestiv eintritt.

Ein australischer Unternehmer hatte übrigens die Idee, die relative Wirkungslosigkeit von Austern durch eine besondere Ernährung – der Austern – auszugleichen: Er ließ die edlen Muscheln mit Viagra füttern. Da der Hersteller des Medikaments, die Firma Pfizer, bei dieser Geschäftsidee nicht mitspielen wollte und den Gebrauch des Namens verbot, werden Austern wohl weiterhin bleiben, was sie sind: lecker in den Augen mancher Feinschmecker, aber erotisch ziemlich wirkungslos. Wer dran glauben will ...

Die Deutschen sind Weltmeister im Biertrinken.

Es reicht nur für den zweiten Platz, denn die Tschechen haben deutlich mehr Durst auf Bier als die Deutschen. Während sie sich jährlich etwa 159 Liter pro Kopf und Jahr hinter die Binde gießen, bringt es Deutschland nur auf 109 Liter, und Österreich ist uns mit 106 Litern dicht auf den Fersen. Die Iren haben in den letzten Jahren nachgelassen, ihr Spitzenwert lag einmal bei 125 Litern, neuere Statistiken bestätigen nur noch 91 Liter – gerade mal eine Flasche an jedem zweiten Tag. Ganz und gar nicht mithalten beim fröhlichen Wettkampf rund um den Gerstensaft können die Weintrinkernationen Griechenland (40 Liter), Frankreich (36 Liter) und Italien (28 Liter).

Buh! Eier muss man abschrecken.

Da freut man sich auf das leckere Frühstücksei, und dann das: Die dumme Schale will einfach nicht abgehen, zerbröselt in kleine Stücke und hängt womöglich an dem weißen Häutchen im Innern des Eis fest. Bis man den letzten Rest vom festen Eiweiß gepult hat, ist der Appetit deutlich geringer geworden. Das Ei sieht alles andere als appetitlich aus und könnte eigentlich am besten direkt in den Müll wandern. In den Biomüll natürlich. Genau gegen dieses Fiasko soll Abschrecken helfen.

Der streng wissenschaftliche Versuch zeigt: Ob nun drei oder fünf Minuten gekocht – ein abgeschrecktes Ei lässt sich genauso gut oder schlecht von seiner Schale befreien wie eines aus dem gleichen Gelege oder mit dem gleichen Frischedatum, das keinen Kaltwasserschock hinter sich hat. Ob sich die Schale des Eis gut lösen lässt, hängt von der Frische ab. Die unerwartete Verbindung zwischen Alter und Entfernbarkeit der Schale: Je frischer das Ei, desto schlechter lässt es sich schälen.

Dieser Zusammenhang erklärt sich so: Das Ei hat innen nicht nur ein weißes Häutchen, sondern zwei. Beide umschließen das Innere des Eis, eine Haut direkt, die andere an der Innenseite der Schale. Zwischen diesen beiden Häutchen, an der stumpfen Seite des Eis, befindet sich eine Luftblase, der Vorrat an Atemluft für das Küken. Je älter nun das Ei wird, desto mehr Feuchtigkeit und im Ei enthaltene Gase treten durch die poröse Schale aus. Und im gleichen Maße dringt Luft von außen ein. Sie zwängt sich unter anderem auch zwischen die beiden Häutchen, die sich dadurch nach einiger Zeit leichter trennen lassen.

Allerdings gibt es zwei gute Gründe, ein Ei abzuschrecken, die aber beide nichts mit der Verbindung zwischen Schale und Ei-Innerem zu tun haben: Ein Ei, das frisch aus dem Kochwasser kommt, ist sehr heiß. Wer es pellen will, verbrennt sich leicht die Finger. Und: Wer Wert auf ein punktgenau gekochtes Drei- oder Vier-Minuten-Ei legt (das übrigens gar nicht so einfach zu realisieren ist), verhindert durch das Abschrecken ein Nachgaren – das Eigelb wird dann nicht noch im Eierbecher fest.

Fleisch muss man scharf anbraten, damit es innen zart bleibt.

Scharfes Anbraten hält das Fleisch innen saftig, das weiß doch jeder! Irrtum. Eigentlich ist es eine Art lukullische Pyromanie: Wenn Männer in der Küche etwas braten, muss es zugehen wie in den heißesten Katakomben der satanischen Unterwelt. Lodernde Stichflammen – ersatzweise rot glühende Elektroplatten – beleuchten die Szenerie, nebelige Fettschwaden und beißende Bratendämpfe umwehen das Haupt des höllischen Meisterkochs mit dem magischen Pfannenwender, der in cooler Routine (und das trotz der Temperaturen!) durch schärfstes Braten das beste Fleisch gut durchtrainierter andalusischer Kampfstiere mittels extremer Hitze in ein unvergleichlich gutes Steak verwandelt. Nachher müssen die Teflonpfanne weggeworfen, der Wellensittich vom Greenpeace-Emergency-Team wiederbelebt und vom Fett befreit und die Küche und angrenzende Räume renoviert werden.

Wenn man einen solchen Meisterkoch fragt, weshalb er derartig höllisch-heiße Riten praktiziert, erhält man die banale Antwort: wegen der Poren! Wenn man nämlich ein Steak oder Schnitzel in extrem heißem Fett – 180 °C und mehr – anbrät, verschließen sich die Poren des Fleisches, und innen bleibt alles hübsch rosig und saftig. Das Schlimmste: Diese These leuchtet vielen Leuten irgendwie ein, und deshalb praktizieren Millionen von Menschen mit speziellen Hochtemperaturbratfetten genau dieses barbarische Ritual.

Irrtum, liebe Freunde des siedenden Infernos! Der Haken an der Sache ist nämlich: Fleisch hat an der Außenseite überhaupt keine Poren, die sich schließen könnten, und die braune Schicht, die beim Anbraten entsteht, dichtet das Fleisch keineswegs äußerlich ab. Der Fleischsaft kann herauslaufen, wie man bei einem Steak beobachten kann, das nach dem Braten auf einem Teller liegt. Ob bei geringen Temperaturen angebraten oder sehr heiß – Flüssigkeit entweicht immer. Das scharfe Anbraten ist also überflüssig, Sie können sich die Höllenshow am Herd sparen. Und sanft angebraten schmeckt es sogar besser. Wichtiger als die Tempera-

tur beim Anbraten ist die Zeit, die das Fleisch der Hitze ausgesetzt bleibt. Wenn es zu lange in der Pfanne brät, wird es
trocken und zäh. Zu scharfes Anbraten führt außerdem zu
Verkohlungen am Fleisch, und dann können sich, ähnlich wie
beim Grillen, Schadstoffe, unter anderem Nitrosamine, an
der Oberfläche bilden.

Fischstäbchen sind Fischabfall in Stäbchenform.

Irrtum, drinnen steckt sogar feinstes Filet. Bei Lebensmitteln, die in unnatürlichen, zum Beispiel geometrischen Formen auf den Teller kommen, liegt der Verdacht nahe, dass
hineingerührt wurde, was eigentlich nicht hineingehört. In
frühen Tagen war schon die gewöhnliche Frikadelle suspekt,
und zwar weniger die vom Metzger als besonders die so über-
aus praktisch verfügbare, die der Gastwirt seinen betrunke-
nen Gästen servierte, wenn sie nach zwei oder drei Bieren
die große Fresslust überkam. Immerhin ging es dabei nur um
zu viel Brötchen und zu wenig Fleisch oder im schlimmsten
Fall um den Zusatz von Sägemehl (der sogenannte Schaukel-
pferd-Klops).

Heute sind industriell gefertigte Nuggets aus Huhn ebenso Kandidaten für zweifelhafte Inhaltsstoffe wie die Klopse,
die den Kern eines jeden Hamburgers bilden. Aber seit Pe-
ter Lustig wissen es alle: Der Stäbchenfisch existiert nicht
(oder ist ausgestorben). Dennoch ist das Fischstäbchen völlig unschuldig. Fischstäbchen werden nicht aus Fischabfäl-
len zusammengepappt und schon gar nicht aus irgendwel-
chen Resten, die bei der Produktion von Schlemmerfilets an-
fallen, sondern meist aus puren Alaska-Seelachs-Filets, den
Feinsten der Feinen. Hergestellt werden sie gleich auf dem

Fangschiff auf hoher See. Fischstäbchen sind also wertvoller Fisch auf die Schnelle, sozusagen ein Fast-Fertiggericht, denn sie sind bereits paniert und vorgebraten.

Muscheln nur in Monaten mit r!

Das war einmal in finsterer Vorzeit so. Die alte Regel »Muscheln nur in Monaten mit r« entstammt nicht seltsamer Mythologie, sondern enthält wertvolles altes Wissen. Zufällig haben alle Monate mit arktisch tiefen oder zumindest nicht gerade hochsommerlich hohen Temperaturen ein r im Namen. Den relativ warmen bis heißen Frühlings- und Sommermonaten Mai, Juni, Juli und August fehlt das r.

Mit kurzem Nachdenken finden sicher auch Sie die Lösung für das Muschelverbot in Monaten ohne r: Es geht um das Wetter, also ... richtig! Miesmuscheln gehören zu den am leichtesten verderblichen Lebensmitteln, und sie waren früher nur dann wirklich gut, wenn sie lebend innerhalb von 48 Stunden von der Küste ins Binnenland gelangen konnten. Einmal abgestorben und ohne Kühlung verderben sie im Nu, zumal das Wasser in ihren Schalen jede Menge Bakterien und Pilze, unter anderem Salmonellen, enthält. Gekühlte Lkw waren zur Zeit der Entstehung der alten Muschelweisheit mit dem r nicht vorhanden – vielleicht gab es noch nicht einmal schnelle Lastkraftwagen im heutigen Sinne, eher Ochsenkarren, die über unbefestigte Feldwege rollten. Bei hochsommerlichen Temperaturen ging es rasant mit der Frische der Muscheln bergab, und eine durch Muscheln verursachte Lebensmittelvergiftung war und ist eine sehr unangenehme Angelegenheit.

Die Muschelregel ist mittlerweile eine überkommene, denn die Kühlkette wird in unseren Tagen vom Kutter bis zum Kühlschrank mühelos aufrechterhalten – Miesmuscheln können Sie also auch im Hochsommer essen. Es gibt zum Thema Muscheln andere sinnvolle und hilfreiche Grundsätze, die Sie vor Schaden bewahren können. Wenn Sie Muscheln kaufen, sollten diese geschlossen sein. Bei leicht geöffneten Schalen muss eine Berührung mit dem Finger zum Schließen der Muschel führen. Nur dann kaufen Sie noch lebendige Muscheln. Steht die Muschel sperrangelweit offen, ist sie bereits tot und kann verdorben sein. Nach dem Kochen ist es genau umgekehrt. Muscheln, die den Kochtopf geschlossen verlassen, sind möglicherweise ungenießbar. Sicherheitshalber sollten Sie diese nicht essen.

Bananen machen glücklich.

Das wäre schön! Hippies auf der Suche nach neuen Drogen haben das Weiße aus ihren Schalen gekratzt, geröstet und geraucht, Radrennfahrer futtern sie auf der Tour de France, Ökos haben sie in Verdacht, wahre Spritzmitteldepots in ihren Enden zu enthalten, und wir bekommen immer nur die eine doofe, gelbe, mittelgroße Art Banane von immer demselben Südfruchtkonzern auf den Tisch, obwohl es doch zahllose andere Arten gibt. Und jetzt auch noch die Meldung: Bananen machen glücklich.

Die Ursache dafür: Tryptophan in den Bananen, eine Vorläufersubstanz des Botenstoffs Serotonin, die gemeinsam mit den Endorphinen über Glück und Unglück im menschlichen Gehirn entscheidet, lässt die praktischen gelben Früchtchen in der Vorstellung von Optimisten zu wahren Glücksboten werden. Allerdings enthalten Bananen relativ wenig davon, und im Alltag dürfte man mit einer einzelnen Banane kein *Banana-High* zustande bringen.

Die Enden von Bananen enthalten Giftstoffe.

Wir wissen bereits: Bananen machen nicht wirklich glücklich. Und jetzt auch noch Gift an beiden Enden? Vielleicht hängt die Vorstellung von den giftigen Bananen-Enden mit der Zigarette zusammen, in deren Kippe sich ja auch Giftstoffe sammeln sollen. Gibt es also so etwas wie eine Bananen-Kippe? Auf jeden Fall ist hin und wieder der Rat zu hören, nur die Mitte der Banane zu verzehren. Besonders Kinder sollen vor den bösen Schadstoffen in den beiden Enden geschützt werden. Es kann aber weitgehend Entwarnung gegeben werden: Zwar werden Bananen mit Pflanzenschutzmitteln behandelt, jedoch verbleibt der Großteil davon auf und in der ziemlich dicken Schale. In das Fruchtfleisch dringen nur sehr geringe Mengen ein, die als gesundheitlich unbedenklich gelten. Wer ganz sichergehen will, sollte jedoch Bio-Bananen kaufen.

Natürliche Aromen kommen auch aus der Natur.

Natürliches Erdbeeraroma wird aus Erdbeeren gemacht und Bananengeschmack aus Bananen. Irrtum! Natürliche Aromen heißen nur so und werden keineswegs immer »am Busen von Mutter Natur« gewonnen. Sie stammen meist nicht aus Früchten und Samen und entstehen auf ziemlich unnatürliche Weise nach technischen Verfahren, zum Beispiel aus – Sägespänen. Derartige »natürliche Aromen« zum Beispiel im Joghurt müssen lediglich aus Materialien pflanzlicher oder tierischer Herkunft hergestellt werden, jedoch nicht unbedingt aus der jeweiligen Obstsorte kommen. Daher gibt es den Erdbeerjoghurt ohne auch nur eine winzige Spur von Erdbeeren und Himbeerjoghurt ohne Himbeeren. Auch Kakao, Schokolade oder Vanille können aus dieser »natürlichen« Quelle stammen. Auf diese Weise hergestellte Aromen dürfen allen Ernstes legal als »natürlich« deklariert werden. Ähnlich vertrauenerweckend ist übrigens die Bezeichnung »naturidentisch«. Laut Aromenverordnung sind naturidentische Aromen chemisch definierte Stoffe mit Aromaeigenschaften, die durch chemische Synthese oder durch Isolierung mit chemischen Verfahren gewonnen werden und mit einem Stoff chemisch gleich sind, der in einem Ausgangsstoff pflanzlicher oder tierischer Herkunft vorkommt. Alles klar? Mich gruselt es ...

Reis im Salzstreuer hält das Salz trocken.

Es ist ärgerlich, wenn man bei Tisch nachsalzen möchte und aus dem Salzstreuer rieseln nur ein paar winzige Körnchen oder gar nichts, weil die Löcher im Deckel verstopft sind. Ach ja, fällt Ihnen jetzt ein, da war doch noch Omas Trick mit den Reiskörnern im Salzstreuer. Sie binden das Wasser und verhindern so, dass die Salzkristalle verklumpen. War das nicht so? So weit Omas Theorie – der Praxisversuch kommt zu einem anderen Ergebnis. Der Gegenbeweis: Legen Sie ein paar Reiskörner auf einer Untertasse in etwas Wasser und vergleichen Sie sie nach einigen Stunden mit solchen, die keinen Kontakt zu Wasser hatten. Richtig, die gewässerten Reiskörner haben zugenommen. Genau das müssten die Reiskörner im Salzstreuer auch tun, wenn sie tatsächlich Wasser binden würden. Die Reiskörner im Salzstreuer aber sind lang und schlank wie ihre Schwestern in der Packung frisch aus dem Supermarkt.

Übrigens sind es in der Regel nicht die Salzklumpen im Streuer, die die Löcher im Deckel verstopfen. Oft ist es eine

Salzkruste am Deckel, die sich im Lauf der Zeit gebildet hat. Nach einer Reinigung funktioniert alles wieder, wie es sollte.

Die beiden Seiten der Alufolie haben unterschiedliche Funktionen.

Was isoliert besser – matt oder glänzend? Jedes Ding hat zwei Seiten, und daran ist bei der Alufolie nichts falsch. Genauer gesagt gibt es zwei unterschiedlich beschaffene Oberflächen, und das hat produktionstechnische Gründe. Die eine Seite ist glatt und glänzend, die andere matt. Dennoch unterscheiden sich beide nicht groß, was ihren Einsatz in der Küche angeht. Gewagte Vermutungen von intellektuellen Küchentheoretikern über deren bedeutende Unterschiedlichkeit sind natürlich im Gespräch: Die glatte und glänzende Seite soll Wärmestrahlen bestens reflektieren, die matte Seite hingegen soll dieselben Strahlen mühelos hindurchlassen, ja förmlich einsaugen. Deshalb, so wird mancherorts von Koryphäen der Grill-und-Brutzel-Wärmelehre und der engagierten Outdoorküche geraten, soll Grillgut mit der matten Seite nach außen verpackt werden, damit die Wärmestrahlung optimal eindringen kann und sich dann innen immer wieder an der glatten Seite der Folie reflektiert (ätsch, hier kommt ihr nicht mehr raus) – eine Art Gefängnis für Strahlung im Infrarotbereich sozusagen.

Was kühl gelagert werden muss, so die Kehrseite der Folie und der Theorie, sollte mit der matten Seite nach innen in die Folie eingewickelt werden, damit alle Einbruchsversuche der penetranten Wärmestrahlen an der spiegelglatten Oberfläche abprallen.

In der Praxis unterscheiden sich beide Verpackungsmethoden aber nicht – es gibt keinen nennenswert unterschiedlichen Effekt. Zwar reflektiert die glatte Seite tatsächlich mehr Strahlung, zu erkennen schon daran, dass sie spiegelt und glänzt. Aber zum einen ist es Licht und nicht Wärmestrahlung, und zum anderen nimmt Grillgut die Wärme nicht über den Weg von Wellen oder Strahlen auf, sondern einfach durch Wechselwirkung zwischen den Materialien. Ein einfacher Praxisversuch auf dem Grill kann aber auch Skeptiker überzeugen: Ob innen glänzend oder matt – das Fleisch wird genauso schnell gar.

Brettchen aus Plastik sind hygienischer als solche aus Holz.

Wieder streiten sich das Holz- und das Plastiklager, Tradition und Fortschritt: Plastik ist weitaus hygienischer als Holz, sagen die einen. Plastik kann in der Spülmaschine gereinigt werden und wird dabei nahezu steril. Falsch, sagen die anderen, Holz ist weitaus keimfreier, weil die Gerbsäure im Holz Bakterien abtötet – auf Plastik vermehren sie sich fröhlich und ungehemmt.

Die Meinung des Gesetzgebers steht – logisch – aufseiten der Plastikfanatiker: In Restaurantküchen sind Arbeitsbretter aus Holz nicht erlaubt, und sogar die Messer müssen Griffe aus Plastik haben. Wie es aussieht, ist der Gesetzgeber in diesem Fall im Irrtum, wenn er für Plastik plädiert. Wissenschaftler der Biologischen Bundesanstalt für Land- und Forstwirtschaft haben in ihren Untersuchungen ermittelt, dass Holz bestimmter Arten (Lärche, Eiche und besonders Kiefer) durch die enthaltenen Tannine starke antibakterielle Eigenschaften besitzt. Alle Erreger, die durch Lebensmittel auf die Oberfläche gelangten, waren nach kurzer Zeit abgetötet. Diese Eigenschaft war besonders an den frischen

Schnittstellen an der Oberfläche des Holzes zu erkennen. Das bedeutet für die Praxis: Während in den Riefen und Rillen eines Plastikbretts die Bakterien fröhliche Urständ feiern, sorgt Holz sozusagen selbsttätig mithilfe von Gerbsäure für Hygiene.

Müsli ist gesund.

Der Müsli-Erfinder, Herr Bircher, würde wohl im Grabe rotieren, wüsste er, was heute so alles unter dem Namen *Müsli* auf den Tischen der Nation landet. Rätselhafterweise kaufen und essen Menschen sogenannte Frühstückscerealien, bei deren Bezeichnung es einem sprachempfindsamen Zeitgenossen schon vor dem Verzehr schlecht werden könnte. Jener Werbefuzzi, der mit dem Unwort *Cerealien* das gute, alte Getreide von den Frühstückstischen wegdesignte, wird eines Morgengrauens als Frühstücksflake, -chip oder -pop in einer teuflischen Müslischale in der Hölle für seine Sünden bezahlen. Aber nicht nur was draufsteht auf der Packung kann uns gleich zum Frühstück den Appetit verderben – in vielen Fällen ist unerfreulicher, was an Zutaten verwendet wurde, auch wenn es in der Summe *Müsli* heißt.

Diese Müsli-Abarten und andere Frühstücksprodukte aus dem Supermarkt enthalten bis zu 40 Prozent verschiedener Zuckerarten, in der Liste der Zutaten oft verschleiert hinter Begriffen wie Fruktose, Glukose oder Glukosesirup, Maltose oder Maltodextrin. Hinzu kommen vielfach jede Menge Aromastoffe. Eine lange Liste aufgezählter Inhaltsstoffe mit Mineralien und Vitaminen soll gesundheitliche Wirkungen suggerieren. Da aber die Vergleichswerte mit wirklich förderlichen Lebensmitteln fehlen, können Konsumenten keine gültigen Schlüsse ziehen. Ein selbst zusammengestelltes Müsli im bircherschen Sinne aus Haferflocken, Rosinen (wenn Sie die mögen), Nüssen, anderen Kernen und frischem Obst, am besten gar nicht oder nur mit ein wenig Zucker oder Honig gesüßt, ist dem kommerziellen Fertigfutter gesundheitlich deutlich überlegen.

Allerdings muss zur Ehrenrettung der Supermärkte gesagt werden, dass mittlerweile immer mehr echte Biomüslis angeboten werden, deren höherer Preis durch die Qualität ausgeglichen wird. Hoffentlich süßt sie der Käufer nicht zu Hause nach ...

Der bessere Zucker ist braun.

Diese Küchenweisheit hat ihre Grundlage in der zivilisationsfeindlichen These, dass alle industriell hergestellten Nahrungsmittel und ganz besonders Industriezucker denaturiert, also sämtlicher natürlicher Nährstoffe und Mineralien radikal beraubt sind. Dieser pervertierte Zucker wirke daher demineralisierend auf unseren an sich ja so naturbelassenen Körper. Maschinell hergestellt, strahlend weiß, wohlschmeckend und auch noch preiswert und gut – das geht in manchen Köpfen nicht zusammen. Aber ist der Zucker besser, wenn er braun ist? Es ist schon richtig, dass brauner Rohrzucker oder auch der braune Saft der Zuckerrüben noch viele Inhaltsstoffe der jeweiligen Pflanze enthalten, die dem weißen Industriezucker fehlen. Aber wenn Sie im Supermarkt braunen statt weißen Zucker kaufen, unterliegen Sie meist einem Irrtum, der eigentlich ein Etikettenschwindel ist. Dunkler Zucker, wie er bei uns im Supermarktregal erhältlich ist, ist meist keineswegs brauner Rohrzucker oder roher Zucker aus der Rübe. Er wird ganz einfach aus weißem Industriezucker hergestellt – durch Zusatz von ein wenig

Farbstoff. Gefärbt bedeutet: dieselben Kalorien, dieselbe demineralisierende Wirkung (wenn es sie denn gibt), derselbe Tribut an den Karies und alle anderen Übel durch Zucker, an die man glauben will.

Wer echten braunen Rohrzucker mit natürlichen Nährstoffen will, kauft im Bioladen oder im Reformhaus sogenannten Vollzucker. Er entsteht aus gereinigtem, vollständig eingedicktem und getrocknetem Zuckersaft und entspricht qualitativ dem echten Rohrzucker. Wirklich gut für die Zähne ist leider echter brauner Zucker aus Zuckerrohr ebenfalls nicht. Auch im süßen Rohrzucker-Klima bilden sich im Mund Bakterien, die den Zahnschmelz angreifen. Demineralisierend auf die Zähne wirkt der Zucker dabei für sich allein nicht, er braucht dazu die Bakterien, die den im Speichel vorhandenen Zucker – gleichgültig, ob braun oder weiß – verdauen und in Säure umwandeln. Erst diese Säure greift den Zahnschmelz an, indem sie ihn demineralisiert.

Weinflaschen sollten liegend aufbewahrt werden.

Auch wenn alle Weinregale die darin aufbewahrten Flaschen in die Horizontale zwingen: Eigentlich muss keine Weinflasche liegen, es sei denn, sie soll über mehrere Jahre gelagert werden. Flaschen, die mit einem Korken verschlossen sind, können bedenkenlos über ein oder zwei Jahre stehend aufbewahrt werden, weil die aufsteigende Feuchtigkeit aus dem Flascheninneren den Korken feucht hält. Weine, die mit Kunststoffkorken oder Schraubverschluss geliefert werden, haben keinerlei Lagerungsvorgaben. Sie bleiben auch genießbar, wenn sie ein Jahrzehnt in stehender Position auf einen Weinkenner warten.

Schokolade macht Pickel.

Noch so ein Irrtum. Besonders Jugendliche klagen über unreine Haut und suchen nach der Ursache, denn gutes Aussehen ist in dieser Phase der menschlichen Entwicklung alles. Zu den Hauptverdächtigen in Sachen Hautunreinheit gehört die Schokolade, die süße Droge auf dem Übergang zwischen Kindheit und Erwachsensein. Aber: An Pickelattacken ist sie komplett unschuldig. Wer Pickel bekommt, könnte zwar aus Verdruss über sein verändertes Aussehen Schokolade futtern, nachher Ursache und Wirkung verwechseln und die gute Schokolade für die unerwünschten Gewächse im Gesicht verantwortlich machen. Doch die süße Sünde hat keineswegs etwas mit Hautunreinheiten zu tun, die Pickel gehen bei Jugendlichen allein aufs Konto der Hormone.

Akne hängt mit der Ansprechbarkeit der Talgdrüsen für das männliche Hormon Testosteron zusammen. Die Talgdrüsen produzieren in der Pubertät mehr Fett, und Verhornungsstörungen verstopfen den Ausführkanal der Talgdrüsen. Hinzu kommt, dass sich bestimmte Bakterien in der Haut stark vermehren und kleine Entzündungen entstehen lassen.

Übrigens: Auch scharfe Gewürze, Saures oder bestimmte Milchprodukte tragen nicht dazu bei, dass sich auf der Haut Pickel bilden. Nein, die Pickel kommen auch nicht von übermäßig vielen Kartoffelchips.

Honig ist gesünder als Zucker.

Eines haben die Bienen anderen ausgebeuteten Haustieren voraus: Käfighaltung ist unmöglich, jede einzelne Biene fliegt ihr Leben lang frei, aber immer im Dienste ihres Staates umher. Das macht den Honig sympathischer als Eier aus Batteriehaltung, Milchprodukte von Turbokühen und Fleisch aus dem Massenstall. Aber ist er auch gesünder als sein industrieller Konkurrent, der Zucker? Eine seiner negativen Eigenschaften müsste man schon erkennen, wenn man die pummeligen Bienchen sieht: Auch Honig macht dick! Zwar nicht ganz so sehr wie Zucker, denn in 100 Gramm »Bienenpipi« sind »nur« 300 Kilokalorien enthalten. Der Anteil an Kohlenhydraten, insbesondere Glukose und Fruktose, ist geringer als in reinem Zucker – es sind nur 80 bis 82 Prozent, der Rest ist zum größten Teil Wasser. Der Nachteil: Damit es süß genug schmeckt, nimmt man gerne einfach etwas mehr Honig als Zucker – die Kalorienbilanz ist dieselbe.

Immerhin enthält Honig außerdem ein bisschen von allem: Pollen, Mineralstoffe, Proteine, Enzyme, Aminosäuren, Vitamine sowie Farb- und Aromastoffe – Substanzen, die wegen des klinisch reinen Fertigungsprozesses im Industriezucker fehlen. Je nach Standpunkt (grün oder traditionell) lässt sich dies aber mehr oder weniger positiv bewerten. Die wegen ihrer gesundheitlichen Wirkungen hochgelobten Enzyme im Honig haben bedauerlicherweise einen ganz entscheidenden Nachteil: Sie geben, zermürbt von der Salzsäure und unter dem Einfluss eiweißspaltender Verdauungshilfen, bereits im Magen den Geist auf.

Teetrinken schadet den Zähnen.

Es ist wahr, dass schwarzer Tee schöne, weiße Zähne unschön verfärben kann. Der Zahngesundheit allerdings schadet er nicht. Im Gegenteil: Die Inhaltsstoffe von Tee bieten viel Gutes für die Zähne. Es sind Fluoride im Tee enthalten, aber auch bestimmte Bitterstoffe, die sogenannten Tannine, welche die Umwandlung von Stärke in Zucker schon im

Mund unterbinden. Da es aber der Zucker ist, den die zahn-schädigenden Bakterien für ihr Wachstum benötigen, lässt sich sagen, dass Teetrinker vermutlich ein geringeres Kariesrisiko haben als der Durchschnitt. Wer Tee mit Milch oder Sahne trinkt, erweitert diese Wirkung noch. Die in Milch und Milchprodukten enthaltenen Mineralstoffe Calcium und Phosphat lagern sich in einem Prozess der Remineralisierung in den Zahnschmelz ein.

Qualität schmeck ich sofort!

Das Auge isst mit – und nicht nur das. Es bestimmt – neben dem allgemeinen Befinden – über die Geschmacks-wahrnehmung. Wenn ein Spitzenkoch Lebensmittel aus der Dose nach allen Regeln der Kunst anrichtet, gibt es nur wenige Menschen, die nicht vom vorzüglichen Geschmack der Billigprodukte begeistert sind. Nein, vermutlich auch Sie nicht. Entsprechende Versuche kommen zu einem eindeutigen Ergebnis: Unser Gehirn unterliegt dem Irrtum, dass gut schmecken muss, was gut aussieht – wenn die Diskrepanz zwischen gutem Aussehen und schlechtem Geschmack nicht extrem krass ist. Nach diesem überschaubaren, geradezu primitiven Prinzip verkauft die Nahrungsmittelindustrie Tiefkühlkost. Entscheidend über den Erfolg eines Produkts sind nicht der Inhalt und der Geschmack der verkauften Speisen, sondern das Foto auf der Verpackung. Im Regelfall sieht das, was auf den Teller kommt, ganz entscheidend und manchmal erschreckend anders aus. Eine geöffnete Packung Tiernahrung wirkt im Vergleich mit manchen Produkten für menschliche Esser appetitlicher.

Ein weiterer aussagekräftiger Beleg für die mangelnde Urteilsfähigkeit unseres Geschmacks: In vielen Sternerestaurants werden zur Vereinfachung des Arbeitsprozesses klammheimlich Fertigprodukte verarbeitet – keine minderwertige Ware, nein, das nicht, aber eben nicht frisch in der Küche vom Spitzenkoch hergestellt. Diese eigentlich wenig überraschende Tatsache fanden vor einigen Jahren Restauranttester bei ihren Nachforschungen heraus. Zu Beschwerden der Gäste kommt es erst, wenn sie wissen, was sie essen, nämlich Haute Cuisine aus dem Tiefkühlfach oder aus der Konserve.

Und ein dritter Beweis für unser mangelhaftes Geschmacksempfinden: Mineralwasser. Zwar schwören viele Menschen auf Qualität und Geschmack genau ihres einen Markenwassers, sind aber in einem Blindversuch nicht im Ansatz in der Lage, es im Geschmack von Billigprodukten zu unterscheiden. Was zählt, ist hier, wie auch in anderen Bereichen, die perfekte Aufmachung. Die schicke Flasche und das ansprechende Etikett erzeugen beim Verbraucher das Gefühl von Qualität – so lässt sich sogar ganz gewöhnliches Leitungswasser mit Spuren von Mineralien und ein paar Sprudelbläschen darin als Edelprodukt verkaufen.

Handys sind im Restaurant verpönt.

Irrtum, ganz so rigide ist es nicht. Der Umgang mit Smartphones stellt relativ neue Herausforderungen für das gute Benehmen dar. In den frühen Tagen der Mobiltelefone gab es zunächst keine gültigen Absprachen – nur Ärger: All die begeisterten Innovatoren, die mit den ersten Handys im Restaurant telefonierten, ärgerten sich über die technologiefeindliche Umgebung, die sich beschwerte und ihnen das Telefonieren schwer machte. Alle Gäste ohne Handy beklagten sich über diese rücksichtslosen Idioten, die ihre Gespräche nicht wie andere Menschen in einer Telefonzelle abwickeln konnten. In diesen Anfangstagen der omnipräsenten Kommunikation waren es wohl vor allem Neider, welche die neuen technischen Geräte rundherum ablehnten und aus dem öffentlichen Leben verbannen wollten. Mit der Zeit formten sich dann Regeln für die Benutzung von Mobiltelefonen, die sich jedoch fast so schnell änderten und immer noch ändern wie die Modelle der verwendeten Geräte.

Waren Handys gestern noch an vielen Orten geradezu verpönt, so werden sie heute im Silent-Modus oder mit eingeschaltetem Vibrationsalarm auch in feineren Restaurants oder in einer Konferenz geduldet und genutzt. Vor allem die Verwendung für den Zugang ins Internet ist kaum noch reglementiert. Der eigentliche Gebrauch aber – also die Abwicklung von Telefonaten – ist lästig wie eh und je, auch wenn die Benutzer von Mobiltelefonen zum Glück meist nicht mehr ganz so laut ins Gerät schreien wie früher.

Herr Knigge, nie mit einer derartigen Situation konfrontiert, würde wohl sagen: Mobiles Telefonieren sollte möglichst dezent geschehen. Wenn man ein Gespräch annehmen muss, sollte man aufstehen, sich einige Schritte entfernen und dort telefonieren, um das Tischgespräch oder den Ablauf einer Arbeitssitzung nicht zu stören. In einem Restaurant kann das bedeuten, dass man den Gastraum ganz verlassen muss. Dabei gehört es zu einer natürlichen Verhaltensweise, einen Gast oder Gesprächspartner nicht unnötig lange warten zu lassen, denn der direkte Kontakt und Austausch wurde durch das Telefonat sehr abrupt unterbrochen. Deshalb sollte so ein Gespräch möglichst kurz gehalten werden. Bei der Rückkehr entschuldigt man sich freundlich für das plötzliche Verschwinden. Nur wenig sensible Zeitgenossen geben dabei mit den Qualitäten ihres neuen Mobilfunkmodells an.

Mehrere Telefonate hintereinander gehören dann aber schon wieder in ein Horrorkabinett des Verhaltens, und im Privaten kann schon ein einziges Gespräch ein schwerer Fauxpas sein, wenn es intime Momente wie ein gemeinsames Dinner mit einem profanen oder auch noch so lustigen Klingelton zerstört.

Apropos Klingelton. Sie wählen Ihre Kleidung mit Sorgfalt, achten auf Stil und Eleganz? Warum dann dieser dämliche Klingelton? Sie wollen doch nicht, dass man Sie für geschmacklos hält. Man könnte denken, dass manche telefonierende Person den Kindergarten noch nicht ganz hinter sich gelassen hat. Schalten Sie Ihre blökende Kuh oder Ihren neuesten Robbie-Williams-Klingelton auch einmal ab. Zu glauben, irgendjemand außer Ihnen fände das lustig, ist ein ganz großer Irrtum.

Gekochte Kartoffeln schneidet man nicht.

Benimmregeln ändern sich. Ein häufig gelebter Irrtum beruht auf der Vorstellung, dass einmal gültiges gutes Benehmen für alle Zeiten oder zumindest für einen langen Zeitraum gültig bleibt. Es gibt durchaus überkommene Verhaltensregeln, die entweder in Vergessenheit geraten oder auf eine bestimmte Art und Weise sinnlos weiterpraktiziert werden, wie die Sache mit den Kartoffeln und dem Messer. Dass man Kartoffeln nicht mit dem Messer schneiden darf, gehört eindeutig zu den veralteten Benimmregeln, auch wenn das noch nicht überall angekommen ist. Es gibt mittlerweile keine Messer aus einfachem Eisen mehr, die beim Schneiden von Kartoffeln anlaufen würden. Aus diesem Grund ist es heute völlig angemessen, die liebste Sättigungsbeilage der Deutschen mit dem Messer zu zerteilen.

Ein ähnlicher, noch immer existenter Knigge-Irrtum: Eier darf man nicht mit dem Messer »köpfen«. Da die heutigen Messer auch nach dem Kontakt mit Eiweiß in der Regel nicht mehr anlaufen wie altes Silberbesteck, ist es mittlerweile erlaubt, die Eier mit dem Messer aufzuschlagen. Doch auch die Methode, das Frühstücksei mit den Fingern von der Schale zu befreien, ist nach wie vor durchaus akzeptabel.

Nicht mit den Fingern essen!

Messer und Gabel, die Werkzeuge, die wir für so selbstverständlich halten, sind auf diesem Globus etwa zwei Dritteln der Menschheit nicht geläufig oder werden sogar als exotisch wahrgenommen. Etwas mehr als zwei Milliarden Menschen essen mit Messer und Gabel, während weitere zwei Milliarden Stäbchen bevorzugen. Die übrigen haben entweder nicht den Wunsch nach Hilfsmitteln bei der Nahrungsaufnahme oder nicht die Wahl. Viele benutzen aus Gründen der Armut ihre Hände, um zu essen.

Das Messer und der Löffel sind in unseren Breiten als Esswerkzeug bereits seit über 1000 Jahren in Gebrauch. Die Gabel hingegen kann erst auf etwa 200 Jahre in der Besteckschublade zurückblicken. Sie galt nämlich über Jahrhunderte als Werkzeug des Satans und war sogar mit einem Kirchenbann belegt. Was nicht auf das Messer aufgespießt werden konnte, wurde entweder gelöffelt oder mit der Hand aus der Schüssel gehoben, und das auch an den Tafeln der Adligen und an Königshöfen. Immerhin wusch man sich mancherorts vorher die Hände.

Ein französischer König war wohl der Erste, der im 14. Jahrhundert zur Gabel griff. Das gemeine Volk brauchte deutlich länger, bis es das Teufelswerkzeug zur Hand nehmen konnte, zunächst in Ermangelung eines solchen Hilfsmittels, aber auch aus einer irrationalen Angst, nun mit dem Griff zur Gabel doch dem Unaussprechlichen in die Hände zu arbeiten. Auch galt die Benutzung von Besteck bei Tisch mancherorts als weichlich und weibisch.

Was die heutige Sichtweise der Dinge betrifft, sind Messer, Gabel und Löffel bei uns mittlerweile die Standardwerkzeuge für die Nahrungsaufnahme. Allerdings gibt es auch eine ganze Anzahl von Ausnahmen. Es handelt sich dabei jedoch keineswegs um Freiheiten, sondern um neue, detailliertere Nutzungsgrundsätze. So ist festgelegt: Ganze Artischocken werden mit den Fingern zerlegt. Wenn alle Blätter entfernt sind und der essbare Teil genossen werden kann, wird der Artischockenboden allerdings mit der Gabel, keinesfalls mit den Fingern, zerteilt. Sie sollten jetzt aber nicht glauben, dass Sie Ihr Essen immer dann in die Hand nehmen dürfen, wenn es sinnvoll erscheint. Auch bei der These, dass alles, was fliegt, mit den Händen gegessen werden darf, handelt es sich um einen beliebten Irrtum. Beim Schenkel eines Brathähnchens zum Beispiel dürfen Sie nicht immer mit der Hand zugreifen, sondern nur dann, wenn es eine Papiermanschette trägt oder wenn sich eine Fingerschale zur nachträglichen Reinigung auf dem Tisch befindet.

Birnen machen dick.

Ein klarer Fall von Obstdiskriminierung. Liegt es an der Form, die einem gewissen Altbundeskanzler zu seinem Spitznamen verhalf? Vielleicht ist der Geschmack verantwortlich: Birnen schmecken süßer als Äpfel, weil sie mehr Fruchtzucker und einen geringeren Anteil an Fruchtsäure enthalten. Zurzeit streiten die jeweiligen Wissenschaftler noch, ob der in einer Birne enthaltene Fruchtzucker nun gesünder als Industriezucker ist (Öko-Experten) oder des Teufels (Experten der Zuckerindustrie). Die einen behaupten, Fruchtzucker ginge langsamer ins Blut über als der gewöhnliche Zucker und sättige daher nachhaltiger. Die anderen sagen, Fruchtzucker sättige überhaupt nicht und würde vom Körper direkt in Fett umgewandelt, sei also der sichere Weg zum Schwimmring. Irgendwie fühlt man sich an den Streit »Butter vs. Margarine« erinnert. Entscheiden Sie selbst, aber bedenken Sie dabei, dass die menschliche Rasse vermutlich über Jahrhunderttausende Birnen gegessen hat und dass erst die moderne Menschheit Übergewichtrekorde bricht.

Machen Birnen nun dick? In der Tat ist der Kohlenhydratanteil im Fruchtfleisch der Birne sehr hoch, und nur mit Bananen führt man dem Körper pro Gewichtseinheit noch mehr Kalorien zu als mit einer Birne. Zum Glück regen andere Inhaltsstoffe in der Birne, zum Beispiel die sogenannten Pektine, aber die Verdauung an, senken den Cholesterinspiegel und beugen einer Arteriosklerose vor. Anders gesagt: Birnen sind gut für Herz und Kreislauf und helfen dabei, zu hohen Blutdruck zu normalisieren. Dick wird man zumeist von anderen Lebensmitteln, die man nicht so einfach von Bäumen pflücken kann.

Kirschen gegessen, Wasser getrunken, Bauchweh …

Was Oma wusste, muss auch heute noch richtig sein. Doch hier irrt sich unser Großmütterlein. Erstens war es nicht Oma, sondern Uroma, die das Problem mit dem Wasser und dem Steinobst aus bitterer eigener Erfahrung kannte, und zweitens ist heute alles ganz anders als damals. Wer heutzutage Kirschen oder Pfirsiche isst und danach einen Schluck oder auch mehr Wasser trinkt, muss keine Bauchkrämpfe oder sonstige Folgen befürchten. Es lag auch in vergangenen Tagen nicht ursächlich an den besonderen Eigenschaften von Kirschen, Pflaumen, Mirabellen, Pfirsichen und anderem Steinobst, dass Bauchweh auftreten konnte. Es war das Wasser – die Qualität des Trinkwassers in den frühen Jahrzehnten des 20. Jahrhunderts lässt sich mit der glasklaren Wasserqualität von heute nicht vergleichen. Damals lebten noch so viele Bakterien und andere Keime wie etwa Hefepilze im Trinkwasser, dass es nach dem Verzehr von Obst mit einem nachfolgenden Glas Trinkwasser in Magen oder Darm durchaus zu üblen Gärungsprozessen kommen konnte, die schmerzhafte Blähungen zur Folge hatten. Heute hingegen weiß man, dass es sogar ratsam ist, nach dem Verzehr von Obst Wasser zu trinken, um die Fruchtsäuren aus dem Mund zu spülen, die schädlich für den Zahnschmelz sind.

Getränke mit Sauerstoff sind ja so gesund!

Sauerstoff trinken? Atmung durch den Magen? Die Überlegung hinter diesem von der Werbung verbreiteten Angebot ist ebenso kurios wie die Idee, sein Essen einzuatmen – Hamburger für die Lunge, keine angenehme Vorstellung. Wie Kohlenhydrate oder Fette in der Lunge nichts zu suchen haben, so gehört Sauerstoff in größeren Mengen weder in den Magen noch in den Darm. Dieses wichtige Gas nehmen wir in ausreichender Menge über die Atemluft zu uns, und unser Verdauungstrakt kann in keiner Weise etwas damit anfangen – außer vielleicht, um ein zusätzliches Blähungspotenzial aufzubauen. Und? Nehmen nun die armen, von der Reklame verführten Sauerstoffschlucker Schaden an Leib und Seele? Zum Glück ist Sauerstoff im Magen nach dem heutigen Wissensstand um Dimensionen weniger gefährlich als Nudeln oder Bratwurst in der Lunge, wie Sie sich sicher denken können. Man kann aber auch nicht ganz ausschließen, dass die künstlich oxidierte Nahrung für den Konsumenten irgendwelche biochemischen Effekte nach sich zieht. Die Folgen für den Geldbeutel treffen sehr wohl den Konsumenten, der vermutlich vor dem Kauf sein Gehirn schonen wollte, dem jedoch etwas mehr (eingeatmeter) Sauerstoff nicht wirklich geschadet hätte.

Na dann – Prost! Ist ja für die Verdauung.

Alkohol löst zwar keine Probleme, aber Fett, sagte der alte Chemielehrer immer, wenn er sich nach dem Essen einen Schnaps gönnte. Er glaubte allen Ernstes, dass Alkohol die menschliche Verdauung unterstützen kann. Darüber hinaus wird ihm die Wirkung nachgesagt, den Durchgang der Nahrung durch den Verdauungstrakt zu beschleunigen. Beide Annahmen sind falsch. Medizinische Studien belegen: Alkohol verlangsamt die Entleerung des Magens und verschlechtert den Ablauf der Nahrungsumsetzung. So behindert während oder nach dem Essen genossener Alkohol die direkte Umwandlung von Fett in Energie – stattdessen wird das in der Nahrung enthaltene Fett an unerwünschten Stellen eingelagert. Was die einfache Aussage zulässt: Alkohol, nicht nur Bier, macht dick.

Bier auf Wein – das lass sein!

Der reine Aberglaube! Auf die alkoholische Maßlosigkeit folgt die Ausnüchterung: Der Brummschädel kann kosmische Ausmaße annehmen. Es ist aber nicht die Reihenfolge, in der die Getränke konsumiert wurden, die den Kater verursacht. Neben der Qualität der Alkoholika spielt die Tatsache des Wechselns eine entscheidende Rolle – ob von Wein auf Bier oder von Bier auf Wein, ist egal. Beide Änderungen im Trinkverhalten ziehen dieselben negativen Folgen nach sich. Insofern ist die Umkehrung »Wein auf Bier, das rat ich dir!« zwar ein lustiger Reim, aber Unsinn. Es verhält sich vermutlich so: Wer in seiner alkoholischen Ausschweifung bei einem Getränk bleibt, verliert mit der Zeit einen Motivationsaspekt zum Weitertrinken. Die Freude am Geschmack lässt nach, denn das erste frische Bier »zischt« am besten, das nächste schmeckt auch noch gut, aber die Tendenz ist fallend. Wer schließlich, leicht angetrunken, auf ein neues Getränk wechselt, erlebt neuen Wohlgeschmack und Sinnesreiz – und trinkt länger weiter, als wäre er bei ein und demselben Getränk geblieben. Das Ergebnis: mehr Alkohol im Blut und am folgenden Morgen ein entsprechender Bewusstseinszustand. Da helfen nur noch Stoffe wie Salizylsäure in Tablettenform. Den gesteigerten Konsum von Kopfschmerzmedikamenten vermeidet, wer bei einem Getränk bleibt. Aber vielleicht missverstehen wir die alte Regel auch nur. Lange Zeit galt Bier als Arme-Leute-Getränk, und wer sich Wein leisten konnte, der sollte sich den teuer erkauften Wohlgeschmack erhalten und ihn nicht durch das billige Bier verderben.

Sekt bleibt frisch, wenn man einen Silberlöffel in die Flasche steckt.

Hintergrund ist die Vorstellung, dass – Theorie A – der Silberlöffel die Kohlensäure durch einen chemischen Vorgang am Aufsteigen hindert oder – Theorie B – der Silberlöffel die Kälte aus dem Kühlschrank besser in das Innere der Fla-

sche leitet und so die prickelnden Bläschen in der Flüssig-
keit zurückhält. Beides ist nach Untersuchungen von Önologen (Weinkundlern) ineffektiv, wobei sich Theorie A als
kompletter Irrtum erweist und der nach Theorie B tatsächlich auftretende Effekt so gering ist, dass ein Weintrinker
den Qualitätsunterschied zwischen offener Flasche mit oder
ohne Löffel nicht bemerken würde. Die angebrochene Flasche retten zwei Maßnahmen: wieder verschließen und möglichst schnell in den Kühlschrank stellen.

Alkohol verdampft beim Kochen.

Von wegen! Auch nach langem Kochen bleibt Essen mit Alkoholzugabe noch hochprozentig. Eigentlich geht es beim Kochen ja auch nicht um den Alkohol, sondern um das Aroma.
Rotwein oder Sherry oder auch ein Getränk mit höheren Prozentwerten wie Grand Marnier oder Rum sollen einer erlesenen Speise einen ganz besonderen Geschmack geben, nicht
den Esser blau machen. Wenn engagierte Antialkoholiker allerdings glauben, dass sich durch den Kochvorgang der Alkohol verflüchtige und nur die besondere Geschmacksnote in
der Speise zurückbliebe, unterliegen sie einem veritablen Irrtum. Zwar siedet physikalisch betrachtet und unter Laborbedingungen reiner Alkohol ab 78 °C und geht in den gasförmigen Zustand über, aber im Kochtopf ist alles anders. Die
Verdunstung des Alkohol-Wasser-Gemisches unterliegt veränderten Regeln, der Alkohol wird in der Mischung deutlich
langsamer verdunsten. So langsam, dass nach einer halben
Stunde Kochen immerhin noch ein Drittel der ursprünglich
zugegebenen Alkoholmenge im Topf vorhanden ist – eine
Menge, die alkoholkranke Menschen zu einem Rückfall verleiten könnte. Auch Kinder könnten mit einem solchen Re-

zept ihre ersten, ungewollten Alkoholerfahrungen machen. Erst wenn ein Gericht über zwei Stunden gekocht hat, ist von der ursprünglich zugefügten Alkoholmenge nur noch ein Zwanzigstel vorhanden – eine Zubereitungszeit, die nur wenige Speisen benötigen und ohne Geschmacksverluste überstehen. Sogar beim Backen bei Temperaturen weit über 150 °C bleibt vom Alkohol etwas zurück. Eines ist aber auf jeden Fall sicher: Wenn der Alkohol weg ist, hat es meist auch der Geschmack vorgezogen, zu verduften.

Übrigens: Auch künstliche Aromen, die den Geschmack eines alkoholischen Getränks nur vortäuschen, aber keinen Alkohol enthalten, können trockene Alkoholiker gefährden. Allein der Geschmack nach einem alkoholischen Getränk kann einen Rückfall provozieren.

Ein gutes Pils braucht sieben Minuten.

Die typische Kneipenszene: Da stehen sie nun, die Pilsflöten mit dem leckeren Gerstensaft, und der Wirt gibt geradezu aufreizend langsam immer wieder ein bisschen aus dem Fass hinzu. Endlich, nach sieben Minuten, kann der Gast sich sein Pils mit der perfekten Blume schmecken lassen. Die gute Nachricht für alle Durstigen: Ihr Gastwirt ist wohl nicht der Geübteste am Zapfhahn, vielleicht sollte er einmal eine Fortbildung machen und seine Zapfanlage modernisieren, es geht nämlich auch schneller. Moderne Zapftechnik macht es möglich, wie der Deutsche Brauer-Bund bestätigt. Ein Pils kann heute innerhalb von drei Minuten servierfertig sein. Zuerst wird das Glas halb betankt, bleibt dann eine Minute lang stehen und wird danach bis zum Eichstrich gefüllt. Schon eine weitere Minute später bekommt es seine Schaumkrone und ist trinkfertig. Prost!

Cola löst den Magen auf.

Das nicht auszurottende Gerücht, dass die braune amerikanische Brause über Nacht Fleisch auflösen kann, weil Cola Phosphorsäure enthält, bestätigt sich im Versuch nicht. Die Wechselwirkungen zwischen Fleisch und Getränk sind nach 24 Stunden Einwirkungszeit allenfalls oberflächlich. Aus diesem Grund brauchen Sie keine Angst um Ihre Magenschleimhäute zu haben, denn die sind härtere Attacken gewohnt. Die Phosphorsäure in der Cola stellt keine Gefahr für den Magen dar, weil die Magensäure, im chemischen Sinne Salzsäure, deutlich saurer und aggressiver als die Phosphorsäure in der Cola reagiert. Und diese körpereigene Säure macht Ernst – sie kann Fleisch wie auch andere Nahrungsmittel durchaus zersetzen.

Im Energydrink wirkt die Kraft aus Stierhoden.

Da sind sich alle sicher: Im süßen Gummibärchen-Kraftspender – das lässt auch der Markenname vermuten – wirkt eine Substanz aus den Cojones, den Hoden des Stiers, Testosteron-Symbol und Urbild der wilden Männlichkeit. Was sonst könnte so gut Flügel verleihen? Irrtum? Ja und nein. Die runden Dinger des Stiers selbst werden nicht für das Getränk entsaftet, das wäre, ehrlich gesagt, auch deutlich jenseits des guten Geschmacks. Viele Energydrinks enthalten Taurin, chemisch als 2-Aminoethansulfonsäure bezeichnet. Dieser Stoff wurde im Jahr 1827 erstmals von den Chemikern Leopold Gmelin und Friedrich Tiedemann aus Stiergalle gewonnen, und die stammt ja bekanntermaßen nicht aus dem Vermehrungsapparat, sondern aus dem Verdauungstrakt des Tieres. Da der Stier auf Griechisch *Taurus* heißt, sagt der Name des Stoffs auch heute noch etwas über seine Herkunft. Und da bringen wohl einige potenzfixierte Konsumenten des Getränks mit Absicht oder in erregter Verwirrung etwas durcheinander. Doch das Taurin, das Bestandteil vieler Energydrinks ist, kommt aus der Chemiefabrik und ist nicht nur Bestandteil des Powerstöffchens. Es kommt in Meeresfrüchten, Katzenfutter (wo es das Fell zum Glänzen bringen soll) und in Waschmitteln vor, die ja bekanntermaßen auch niemanden zu Heldentaten oder sonstigen Höchstleistungen animieren. Taurin kann alle möglichen Wirkungen im Körper haben, nur ist darunter keine, die sich der Konsument eines Energydrinks wünschen würde. Ähnliches lässt sich über die beliebten Inhaltsstoffe Inosit und Glucuronolacton sagen, die auch in Produkten wie »Full Speed«, »Formel 1«, »Power Point«, »Love bomb«, »XTC« oder »Erektus« zu finden sind: Am besten wirkt wohl der Name. Der Kick von »Red Bull« und den Konkurrenzprodukten ist dem Koffein geschuldet – und die zusätzliche Energie bringt der Zucker.

Ananas macht schön und schlank.

Wollen Sie das wirklich glauben? Ananas ist eine Wunderfrucht, wenn es nach den Vertretern der Ananaslobby geht: Sie soll durch die enthaltenen Aminosäure Tryptophan und den Neurotransmitter Serotonin als Stimmungsaufheller wirken, Antriebsschwäche und Konzentrationsprobleme bekämpfen, entwässern, entschlacken und entgiften und Diäten ideal unterstützen. Aus Obsttagen werden dann Ananastage, und die erzielte Gewichtsabnahme erreicht 1,5 Kilogramm – an einem einzigen Tag! Kuriose Rezepturen raten:

Wer dauerhaft schlank werden oder bleiben möchte, soll bis mittags ausschließlich frische Ananas essen oder Ananassaft trinken. Ananas nur morgens? Nein, erst recht abends, denn die Ananas ist die ideale Einschlafhilfe, weil sich der Körper aus Serotonin das Schlafhormon Melatonin bastelt. Nicht beantwortet in allen Ananasempfehlungen wird die Frage, wie man nach drei bis fünf Tagen die vermutlich aufsteigende, übermenschlich starke Abneigung gegen Ananas und alle Ananasprodukte erfolgreich bekämpft.

Ist die Ananas also die ideale Heilpflanze, die grüne Gesundheits- und Schönheitsmedizin schlechthin? Sollten wir alle statt Kartoffeln besser Ananas einkellern? Es stimmt zwar, dass in Ananas ein Enzym enthalten ist, das den Energiestoffwechsel beeinflussen kann. Allerdings spielt da unsere Magensäure nicht mit – sie deaktiviert besagtes Enzym und macht es unwirksam. Das bedeutet, dass dieser Wirkstoff in der Ananas zwar vorhanden ist, im Körper aber seine Wirkung nicht entfalten kann.

Also eine Wunderfrucht mit Macken? Es gab schon etliche Berichte über Obst oder Gemüse, das schlank machen sollte. Man kann es auch so formulieren: Wenn Sie immer nur Obst und Gemüse statt fettem Fleisch, Buttercremetorten, Mayonnaise, Schokolade und anderen Süßigkeiten essen, werden Sie unversehens schlank.

Bedenken Sie aber: Für den Anbau von Ananas wurden Plantagen eingerichtet, und zwar dort, wo in der Vergangenheit tropischer Regenwald wuchs. Eine höhere Nachfrage nach Ananas wird zum Bau weiterer Plantagen führen. Im Regelfall werden in hohem Maße Pestizide und Düngemittel eingesetzt, die zwar die Ananasfrüchte vor Schädlingen schützen, aber die Umwelt und die Gesundheit der Landarbeiter in Gefahr bringen. Die verwendeten Pestizide kommen mit der Ananas auch zu uns. Darunter befinden sich auch solche »Pflanzenschutzmittel«, die in der EU und anderswo längst verboten sind. Hinzu kommt, dass die Ananas eine sehr leicht verderbliche Frucht ist und frisch nur per Luftfracht auf den Markt kommen kann. Wenn es denn sein muss: Kaufen Sie fair gehandelte Ananas aus biologischem Anbau. Ein Wundermittel gegen Fettleibigkeit ist die Bromelienfrucht jedenfalls nicht.

Kartoffeln machen dick.

Reine Lüge! Ja klar, die armen Knollen sind nicht nur giftig, sondern auch noch schuld an eurem Übergewicht, ihr willensschwachen menschlichen Fettklöße! Nein, Kartoffeln machen nicht dick, denn 100 Gramm der Feldfrüchte, komplett mit Schale, enthalten nur etwa 70 Kilokalorien, geschält bringen sie es auf auch nicht gerade üppige 86 Kilokalorien. Jede Banane ist als Dickmacher gefährlicher. Was bei Kartoffelgerichten auf die Hüften geht, sind entweder die bei der Zubereitung verwendeten Zutaten oder die Beilagen – Würste, Speck und fette Soßen. Die gekochten oder pürierten Kartoffeln allein schlagen bei einer durchschnittlichen Mahlzeit mit nur etwa 100 bis 150 Kilokalorien pro Portion zu Buche – davon wird niemand dick. Dieselbe Menge Erdäpfel frittiert und als Pommes frites verarbeitet liefert hingegen schon etwa 370 Kilokalorien.

Süßstoff macht schlank.

Sie gehören zu den »gewichtsmäßig Herausgeforderten« (politisch korrekt für »etwas pummelig«)? Und Sie wollen allen Ernstes mit dem Süßstoffschwert den mächtigen Zuckerdrachen besiegen? Wer glaubt, seinen Körper mit Süßstoff austricksen zu können, sollte wissen, dass die Chancen dabei ähnlich hoch sind wie die Siegesaussichten eines Ritters mit Gummischwert.

Das kämpferische Bild passt gut, denn in Sachen Süßstoff tobt ein erbitterter Streit der Edlen: Die eine Fraktion – welche die Farbe Grün im Schilde führt – stellt folgende bekannte These über Leib und Funktion auf: Auf den Reiz »süß« reagiert unser Körper mit der Ausschüttung von Insulin, weil er Kohlenhydrate als Nährstoffe erwartet, die verarbeitet werden müssen. Wenn Sie jetzt aber ein Lightprodukt zu sich genommen haben, bleibt die erwartete Zufuhr an Zucker aus. Das Insulin ist aber nun einmal im Blutkreislauf und verarbeitet statt der erwarteten Nahrung den noch vorhandenen Blutzucker zu Energie. Die Folge: Der Blutzuckerspiegel sinkt rapide, Sie bekommen Appetit und möglicherweise sogar einen Heißhunger ähnlich dem des oben genannten mittelalterlichen Ungeheuers.

Andere Ernährungswissenschaftler-Gilden – die Gegenseite mit der Chemiekeule im Wappen – zweifeln allerdings diesen Mechanismus an. Sie erklären kategorisch, Süßstoffe hätten überhaupt keine Wirkung auf den Insulinhaushalt und seien ideal geeignet, um dem Zuckerdrachen den Garaus zu machen.

Zu denken gibt aber, dass in den Nationen mit dem höchsten Süßstoffverbrauch die dicksten Ritter ihre geplagten Pferde strapazieren. Es sind die »zivilisierten« Länder wie die USA, Australien und etliche Staaten der Europäischen Union, in denen das Übergewicht der Bevölkerung ein im wahrsten Sinne des Wortes massives Problem darstellt. Wobei allerdings Ursache und Wirkung nicht unbedingt feststehen – es kann auch sein, dass massives Übergewicht den Wunsch nach kalorienarmer Ernährung verstärkt und dass deshalb mehr

Süßstoff nachgefragt wird. Warum aber werden wir – oder einige von uns – trotz Süßstoff immer dicker? Einfach gesagt: Nach dem Duell mit dem Drachen braucht der dicke Ritter erst einmal etwas Ordentliches auf dem Teller. Schließlich hat er ja Gewaltiges für seine Sache geleistet, den Zucker ausgemerzt und somit ein Alibi, ordentlich zuzulangen.

Warum Kolumbus nicht von der Scheibe fiel

Geografie

Die Erde ist eine Scheibe, und wer an das Ende der Welt segelt, muss zwangsläufig abstürzen. So prophezeite man es auch Kolumbus. Auch in diesem Wissensgebiet haben wir erheblich dazugelernt, oder? Mal ehrlich: Wer kennt sich wirklich aus auf diesem Globus? Mancher ist schon überfordert, wenn er sich in einem bisher unbekannten Viertel seines Wohnorts orientieren soll. Es gibt aber auch Menschen, die nicht genau wissen, was sich hinter der nächsten Straßenecke ihrer Heimatstadt befindet, sich aber in Manhattan oder in der Innenstadt von Tokio großartig zurechtfinden. Letztlich ist die Welt aber so unfassbar groß und vielfältig, dass schon deshalb das Wissen eines einzelnen Menschen beachtliche Lücken oder auch zahlreiche Irrtümer aufweisen kann, wenn nicht sogar aufweisen muss.

Eine Kompassnadel zeigt immer nach Norden.

Aber nur, wenn man es mit der Richtung Norden nicht ganz so genau nimmt. Unser Planet besitzt nämlich zwei Nordpole: den geografischen Nordpol, also den Punkt, durch den die Erdachse verläuft, sowie den magnetischen Nordpol, und das ist der nördliche Pol des Magnetfelds der Erde, also die Stelle, wo die Feldlinien des Erdmagnetfelds senkrecht auftreffen. Vielleicht haben diese beiden Punkte irgendwann einmal nahe beieinander gelegen, aber im Augenblick entfernt sich der magnetische Pol in Richtung Sibirien jedes Jahr etwa 40 Kilometer vom geografischen Nordpol. Wer also der Nadel des Kompasses folgt, dessen Weg führt zwar ungefähr nach Norden, aber auf jeden Fall am geografischen Nordpol vorbei.

Das Kap der Guten Hoffnung ist der südlichste Punkt Afrikas.

Zwar mussten die Weltreisenden vergangener Jahrhunderte das Kap der Guten Hoffnung umrunden, wenn sie vom Atlantik in den Indischen Ozean reisen wollten, aber damit hatten sie erst den südwestlichsten Punkt Afrikas hinter sich gelassen. Immerhin noch 250 Kilometer südlicher liegt das Kap Agulhas, und ein wenig südwestlich davon befindet sich die Stelle, die tatsächlich der südlichste Punkt des afrikanischen Kontinents ist. Eine Gedenktafel kennzeichnet den Ort als *Tip of Africa*. Das Kap der Guten Hoffnung liegt touristisch attraktiver auf einer felsigen Halbinsel und bietet vermutlich die besseren Fotomotive.

Das Nordkap ist der nördlichste Punkt Europas.

Richtig. Wäre da nicht eine Landzunge namens Knivskjellød-den. Die ragt nämlich 1400 Meter weiter in die nördliche See hinaus als das Nordkap, hat aber aus touristischer Sicht etliche Nachteile. Zum einen fehlt es Knivskjellødden am fotografisch attraktiven Felsenpanorama – das Land gleitet einfach flach und etwas unspektakulär ins Meer. Zum anderen ist dieser Punkt nicht unmittelbar mit dem Automobil erreichbar. Erst wer sein Auto abstellt und einen acht Kilometer langen Fußweg hinter sich bringt, darf nördlicher als das Nordkap stehen. Und dann wäre da noch die dritte Sache: Auch Knivskjellødden ist genau genommen nicht der nördlichste Punkt Europas. Zu diesem Kontinent zählt nämlich auch das Svalbard-Archipel, über 700 Kilometer weiter draußen im Nordpolarmeer gelegen, bei uns meist Spitzbergen genannt.

Das Tote Meer ist mit 28 Prozent Salzgehalt das salzigste Gewässer der Welt.

Irrtum, beim Streit um die Krone der salzigsten Gewässer liegt das Tote Meer nur irgendwo auf den hinteren Rängen, wenn man die Salzkonzentration im Oberflächenwasser betrachtet. Gut, der Great Salt Lake in Utah/USA bringt es auf gerade einmal 25 Prozent Salz im Wasser, da hat das Tote Meer mit 28 Prozent schon eine Spur mehr zu bieten. Noch besser ist aber der Tuz Gölü, ein türkischer Salzsee mit 32,9 Prozent Salzgehalt. Recht gut positioniert in der Rangliste der Salzseen ist der Karum-See in Äthiopien mit 34,8 Prozent Salz im Oberflächenwasser. Ähnlich salzig ist das Wasser des Assalsees in der Republik Dschibuti, Ostafrika, und dieser See stellt vermutlich sogar die größte Salzreserve auf der Erde dar. Ebenso konzentrierte Salzlake findet sich auch im Kara-Bogas-Gol, einer Lagune des Kaspischen Meers. Platz eins belegt aber eindeutig der Don Juan Pond in der Antarktis, ein See in einem der antarktischen Trockentäler, dessen Wasser 40,2 Prozent Salz enthält und auch bei unter –50 °C nicht gefriert.

Der Suezkanal verband erstmals das Mittelmeer mit dem Roten Meer.

Bereits Königin Hatschepsut nutzte um das Jahr 1470 v. Chr. eine Wasserstraße zwischen dem Mittelmeer und dem Roten Meer, ein Relief im Tempel von Deir el-Bahari (Theben) belegt Schiffsreisen zwischen diesen beiden Ozeanen. Das Wissen über die Erbauer dieses Kanals versank in den Jahrhunderten wie auch ihr Bauwerk im Wüstensand. Deshalb ist hier nicht viel mehr darüber zu berichten.

Der Schiefe Turm von Pisa ist das schiefste Gebäude der Welt.

Nein, in Ostfriesland gibt es Konkurrenz. In Suurhusen im Landkreis Aurich steht ein Gebäude, das erfolgreich um den Titel »der schiefste Turm der Welt« gekämpft hat und nun im Guinnessbuch steht – der Kirchturm der evangelisch-reformierten Kirche ist um 5,19 Grad geneigt, bei einer Höhe von 27,37 Metern hängt er volle 2,47 Meter über. Noch schiefer im Detail, aber in der Summe dann doch nicht ganz so schief ist der Turm der 1382 erbauten Kirche »Unser Lieben Frauen am Berge« in Bad Frankenhausen. Der 37 Meter hohe Turmkörper ist um 5,42 Grad gekippt und hätte somit eigentlich Anspruch auf den Titel. Baumaßnahmen nach einem Brand im Jahr 1761 machten dies aber zunichte; es wurde eine neue Turmspitze so aufgesetzt, dass der Gesamtturm als ganzes Bauwerk nur noch eine Neigung von 4,76 Grad besitzt – wenn er sich mittlerweile nicht weiter zur Seite gelegt hat ...

Vergessen bei der Rekordjagd wurde wahrscheinlich der schiefe Turm von Dausenau, ein Teil der Stadtbefestigung und um 5,24 Grad geneigt. Der Turm wurde bereits um 7,5 Meter in der Höhe verkürzt und von der Stadtmauer abgetrennt, damit er sie nicht im schlimmsten Fall mit in die Waagerechte reißt.

Volle 6,74 Grad Schräge zeigt der Glockenturm der Kirche in Midlum im südwestlichen Ostfriesland. Wegen seiner ungewöhnlichen Bauform – er ist nur 14 Meter hoch, hat eine sehr große Grundfläche und nur drei Stockwerke – zählte er möglicherweise nicht als echter Turm und wurde von der Rekordjagd ausgeschlossen.

Der Schiefe Turm von Pisa bringt es gerade einmal auf eine Neigung von 3,97 Grad. Bei einer Höhe von 55,8 Metern erreicht hier der Überhang allerdings 3,9 Meter. Die Neigung des Turms muss schon ziemlich früh eingetreten sein, denn eigentlich sollte er 100 Meter hoch werden – ein Plan, den seine Erbauer dann aber wohl aufgaben, um nicht bereits den Neubau zum Einsturz zu bringen. Heute sichern den Turm Seile und Stahlreifen sowie insgesamt 900 Tonnen Bleibarren als Gegengewicht zur Neigung. Hoffen wir also das Beste.

Die Inuit leben in Iglus.

Nein, das Iglu hat seit über 50 Jahren ausgedient. Heute leben die Inuit lieber in festen Häusern oder in Holzhütten.

Das Wort *Iglu* benennt übrigens nicht nur eine Unterkunft aus Schnee, sondern entspricht in seiner Bedeutung in etwa dem deutschen Wort Wohnung. Es bezeichnet alles, in dem man wohnen kann, zum Beispiel auch ein Zelt, ein Qarmaq (das Erd- oder Grashüttenhaus der Inuit mit einem Skelett aus Walknochen) und andere Unterkünfte. Das Iglu aus Schnee dient heute nur noch als Notunterkunft auf der Jagd oder als Sensation für Touristen, und das nicht nur in der Arktis. Eine Nacht im Iglu ist schon für 109 Euro zu haben, bevorzugt natürlich in Wintersportgebieten für gelangweilte Skifahrer. Im Allgäu gibt es sogar ein Iglu-Hotel (die Nacht zu 114 bis 249 Euro in der Iglu-Suite mit Whirlpool-Nutzung und speziellem Romantikbett). Inuit gehören vermutlich selten zu den Gästen.

Arktis und Antarktis sind zwei Kontinente.

Das ist doch logisch: Die Antarktis (ursprünglich: *Anti-arktis*) liegt sozusagen der Arktis gegenüber am anderen Ende des Planeten. Hier der nördliche Kontinent, dort der südliche. Die Sache hat nur einen Haken: Unter dem Eis der Arktis ist – nichts als Wasser. Einmal abgesehen von der Insel Grönland schwimmen die Eismassen der Arktis auf dem Meer. Keine Landmasse taucht auf, sollte der arktische Eispanzer einmal abschmelzen.

Die Inuit haben 100 Wörter für Schnee.

Zum einen sprechen nicht alle Inuit dieselbe Sprache, zum anderen kommen sie mit nur zwei Wörtern für Schnee aus. Wenn er vom Himmel fällt, heißt er *Qanik*, wenn er bereits auf den Boden liegt, nennt man ihn *Aput*. Schon in der deutschen Sprache werden differenziertere Wörter für Schnee benutzt: Neuschnee, Firn, Harsch, Sulz, Griesel, Graupel, Pappschnee, Pulverschnee und Faulschnee zum Beispiel. Der Irrtum mit der sprachlichen Vielfalt bezogen auf den Schnee bei den Nordvölkern soll auf den deutsch-amerikanischen Ethnologen Franz Boas (1858–1942) zurückgehen, dessen Thesen über den Zusammenhang zwischen Sprache und Kultur von den populären Druckmedien aufgegriffen und verbreitet wurden, zuletzt in einem Artikel in der »New York Times« aus dem Jahr 1984.

Die Freiheitsstatue steht in New York.

Irrtum, aber jetzt wird es haarspalterisch. Fest steht, dass sie nicht in der Stadt New York steht, aber auch nicht im Bundesstaat New York. Rein räumlich würde man sie dem Bundesstaat New Jersey zuordnen, denn die Meereswogen, welche die Insel umspülen, auf der die Statue steht, sind Teil dieses Bundesstaats. Aber auch das ist zumindest staatsrechtlich falsch. Die Insel Liberty Island und die (mit Sockel) über 92 Meter hohe Statue darauf gehören seit 1800 keinem Bundesstaat allein, sondern sind Bundeseigentum der gesamten Vereinigten Staaten von Amerika.

Die Hauptstadt des Bundesstaates New York ist New York City.

Eigentlich wäre das naheliegend. New York City ist nicht nur die größte Stadt im Bundesstaat New York, sondern mit Sicherheit auch die bekannteste. *Also nicht New York,* denken

Sie jetzt sicher, *dann wird es sicher der Regierungssitz Washington D. C. sein*. Wieder falsch: Das *D. C.* bedeutet *District of Columbia* und bezeichnet einen Bundesdistrikt, der zu keinem Bundesstaat gehört, sondern direkt der Regierung unterstellt ist. Die tatsächliche Hauptstadt des Bundesstaats New York heißt Albany, hat knapp 100 000 Einwohner und ist 220 Kilometer nördlich der Metropole New York am Hudson River zu finden.

Statt Niederlande kann man auch Holland sagen.

Holland, aufgeteilt in die Provinzen Nordholland und Südholland, ist nur ein Teil der Gesamtnation Niederlande. Zwar liegen die wichtigen Großstädte Den Haag, Rotterdam und Amsterdam in Holland, aber man übersieht, dass erst elf weitere niederländische Provinzen das Staatsgebilde komplett machen. In alphabetischer Reihenfolge sind dies: Drenthe, Flevoland, Friesland, Gelderland, Groningen, Limburg, Noord-Brabant, Overijssel, Utrecht und Zeeland. Deren Bewohner werden sich vermutlich bedanken, wenn man sie als Holländer bezeichnet. Sie werden sicherlich ähnlich irritiert reagieren wie ein Ostfriese, den man zum Bayern oder Schwaben erklärt.

Der längste Gebirgszug der Welt ist der Himalaja.

Nein, im Himalaja finden sich zwar die höchsten Gipfel des Planeten Erde, aber er ist nur ein durchschnittlicher Gebirgszug, was seine Länge angeht. Seine Massive erstrecken sich gerade einmal über 3000 Kilometer. Schon die Rocky Mountains in Nordamerika sind mit 4800 Kilometern Länge erheblich ausgedehnter, die Anden, Südamerikas Gebirgszug, bringen es auf 7500 Kilometer. Selbst wenn man das Hindukuschmassiv und das Karakorum-Gebirge zum Himalaya hinzurechnet, kommen nur 4400 Kilometer zustande. Im Vergleich zum tatsächlich längsten Gebirgszug der Erde sind das geringe Ausmaße. Der Mittelatlantische Rücken liegt zwar fast komplett unter Wasser – er zeigt sich an der Oberfläche nur durch die Insel Island –, erreicht aber eine Gesamtlänge von 20 000 Kilometern. Er hat sich an der Nahtstelle von Nordamerikanischer und Eurasischer Platte gebildet, ist aber selbst wiederum nur Teil des wirklichen Riesengebirgszugs: Der unterseeische mittelozeanische Rücken türmt sich auf einer Länge von über 60 000 Kilometern auf.

Die Lüneburger Heide ist eine Naturlandschaft.

Die Region um die Stadt Lüneburg, die es damals noch nicht gab, war in grauer Vorzeit wie ganz Norddeutschland mit dichtem Wald bedeckt. Es waren die Menschen, die dort eine Heidelandschaft entstehen ließen. So sehr manche Leute auch mit Heide das Erlebnis von Natur verbinden: Die Natur allein hätte dieses »Idyll« nicht zustande gebracht. Schon einige Jahrhunderte vor Christus rodeten die Bewohner der Region die damals noch sehr dichten Wälder. Das Holz wurde gebraucht, um in den Lüneburger Salinen Salz zu sieden, ein Handwerk und Geschäft mit einer begehrten Ware, die im Spätmittelalter von den Kaufleuten der Hanse europaweit exportiert wurde. Ihre Frachtschiffe, die Hansekoggen, wurden ebenfalls aus Holz gefertigt – aus viel Holz. Übrig blieb dort, wo einst Wälder rauschten, eine Brache, die nach und nach ihr heutiges Gleichgewicht fand, nicht zuletzt auch durch die Mithilfe von Schäfern und ihren Heidschnucken, einer genügsamen Schafrasse.

Der Name der Stadt Saarbrücken hat etwas mit Brücken zu tun.

Zweibrücken heißt so, weil es dort zwei Brücken über den Schwarzbach gab, und natürlich gibt es in Saarbrücken eine Brücke über die Saar. Das ist schon richtig, aber im Saarland ist alles anders. Ihren Namen hat die Stadt nicht von einem Übergang über den Fluss, sondern von einem gewaltigen Brocken: Die erste Burganlage, Keimzelle der Stadt, wurde auf einem großen Felsenberg errichtet, als es noch gar keine Brücke über die Saar gab. Die Alte Brücke wurde nämlich erst 500 Jahre später erbaut. Der älteste überlieferte Name *Sarabriga* soll von den Kelten stammen. In deren Sprache bedeutet *Sara* etwa *Fluss, fließendes Gewässer* und *Briga* so viel wie *Felsen, großer Stein*. Daraus können wir deuten: Saarbrücken bedeutet eigentlich *Flussfelsen* oder *Felsen am Fluss*.

In der Sahara gibt es vor allem Sand.

Auch Sand gibt es dort in Hülle und Fülle, aber 80 Prozent dieser riesigen Wüste bestehen aus Kies, Geröll, Steinen und Felsen. Die Begriffe *Wüste* und *Sand* sind für den durchschnittlichen Menschen untrennbar miteinander verbunden. Unter der Sahara stellt man sich daher so etwas wie einen riesigen Sandkasten vor, der übrigens mehr als 25-mal so groß wie Deutschland ist. Die Sahara ist eine Trockenwüste, wobei man sich fragt: Sind nicht alle Wüsten trocken? Durchaus nicht, denn es gibt auch Eiswüsten und Salzwüsten, in denen Wasser vorkommt. Sand gibt es in der Sahara tatsächlich in großen Mengen, aber eben nur auf etwa 20 Prozent der Bodenfläche. Das genügt, um uns in Europa hin und wieder mit einem Regen zu überraschen, der feine Sand- und Staubpartikel auf uns herabregnen lässt. 50 Prozent der Saharafläche sind mit grobem Kies bedeckt, die restlichen etwa 30 Prozent bestehen aus massiven Felsen und Steinen. Allerdings kann man sich klarmachen, dass diese Wüste bei klimatisch gleichen Bedingungen immer mehr Sandflächen bekommen wird. Temperaturunterschiede und starke Winde bringen Felsgestein zum Bersten, aus massivem Material werden Brocken und schließlich Kies, dessen einzelne Steine im Lauf der Zeit immer weiter zerfallen – übrig bleiben grober Sand, feiner Sand und schließlich Staub.

Die Niagarafälle sind die größten Wasserfälle der Erde.

Eigentlich nicht, denn ihre Fallhöhe von 63 Metern wird von mehr als 60 anderen Wasserfällen übertroffen, der höchste davon ist der Salto Ángel im südöstlichen Venezuela, der vom Tafelberg Auyan-Tepui volle 978 Meter in die Tiefe stürzt. In der Liste der wasserreichsten Fälle belegen sie mit 2500 Kubikmetern pro Sekunde nur Platz sieben. Wasserfall Nummer eins in der Republik Kongo bringt es auf 42.500 Kubikmeter pro Sekunde, die 17-fache Wassermenge. Nein, was Wasserfälle angeht, steht das Land der unbegrenzten Möglichkeiten nicht an der Spitze.

Seinen Namen verdankt der Rote Platz dem Kommunismus.

Der Rote Platz hat seinen Namen weder von den kommunistischen Machthabern noch von der Farbe der Kreml-Bauwerke. Diese waren bis zum 19. Jahrhundert weiß gestrichen, obwohl der Platz schon damals den heutigen Namen trug. Die Bezeichnung für Moskaus Zentrum geht auf das 17. Jahrhundert zurück und war damals vor allem in der Bedeutung »schöner Platz« gemeint. Das russische Adjektiv красный *(krasny)* besaß ursprünglich eine doppelte Bedeutung: Es stand sowohl für *rot* als auch für *schön*. Der Aspekt »schön« ging im Lauf der Zeit und auch im Zusammenhang mit Moskaus zentralem Platz verloren. *Krasny* mit seinen beiden Bedeutungsvarianten verbirgt sich auch in anderen russischen Namen, zum Beispiel denen der Städte Krasnojarsk in Sibirien und Krasnodar im südlichen Teil Russlands.

Kometenschweife und Wasseradern

Naturwissenschaft

In grauer Vergangenheit nahm man als Wissenschaftler an, dass sich unedle Metalle mithilfe eines sagenumwobenen Steins der Weisen in Gold verwandeln lassen. Ein historischer Irrtum, wie wir mittlerweile erkannt haben. Das Wissen von Naturwissenschaft und Technik ist gewaltig und nimmt jeden Tag zu. Doch die ganze Wissenschaftsgeschichte ist eine einzige Kette von Irrtümern, die widerlegt wurden. Wissenschaftliche Erkenntnis ist sozusagen: Irrtum, auf den letzten Stand gebracht.

Aber mit jeder widerlegten Theorie bleibt ein Irrtum zurück, der eine Menge Gläubige gefangen hält, die das neue Forschungsergebnis nicht überzeugen konnte und die ihre überholte Sichtweise weiter glühend verfechten. Es gibt immer noch Menschen, die halten die Erde für eine Scheibe, und neuerdings auch wieder welche, die das Alter der Schöpfung auf maximal 6000 Jahre beziffern. Wir sind also im absoluten Fachbereich für Irrtümer angekommen.

Albert Einstein erhielt den Nobelpreis für Physik für seine Relativitätstheorie.

Nö. Der geniale Physiker Albert Einstein erhielt den Nobelpreis »für seine Verdienste um die Theoretische Physik und besonders für seine Entdeckung des Gesetzes des photoelektrischen Effektes«. Wobei vermutlich besonders seine Verdienste um die Theoretische Physik im Vordergrund standen, denn Einsteins Bedeutung für diesen Wissenschaftszweig stand außer Zweifel und er wurde seit 1910 mehrfach in der Nominierungsliste für den Nobelpreis genannt. Seine Mentoren waren unter anderem die ebenfalls sehr bedeutenden Wissenschaftler Max Planck und Arnold Sommerfeld, aber er hatte auch Gegner im Nobelpreis-Komitee, in dem einzelne Mitglieder seine Relativitätstheorie auch deshalb anzweifelten, weil sie sie überhaupt nicht verstanden.

Der damals berühmte Philosoph Henri-Louis Bergson stellte sich gegen Einstein, weil dessen Relativitätstheorie mit Bergsons Idee eines kreativen Kosmos kollidierte, die vollständig andere Begrifflichkeiten von Raum und Zeit zugrunde legt. In diesem Spannungsfeld blieb Einsteins Befürwortern im Komitee nichts anderes übrig, als den Gelehrten nicht für die Relativitätstheorie, sondern für etwas ganz anderes mit dem Nobelpreis auszuzeichnen, und da boten sich seine Arbeiten über den lichtelektrischen Effekt an, die zwar weniger Interesse in der Öffentlichkeit erzielt hatten, aber ähnlich bahnbrechend einzuschätzen waren. Mit der Kontroverse um die Relativitätstheorie im Zusammenhang steht wohl auch die Tatsache, dass der Nobelpreis 1921 zunächst nicht vergeben wurde, sondern dem Physiker erst im November 1922 zuerkannt werden konnte. Alle bedeutenden Arbeiten Albert Einsteins entstanden übrigens in seinem »Wunderjahr« 1905 in den Monaten Mai bis September, unter anderem auch die berühmte Formel »E = mc^2«.

Albert Einstein war ein schlechter Schüler.

Davon träumen Millionen von schlechten Schülern nur. Erst faulenzen, dann zum berühmtesten Wissenschaftler der Welt aufsteigen? Keine Chance! Einstein hatte zwar zahlreiche Sechsen auf seinen Zeugnissen, aber die Benotungsskala in den Schweizer Schulen verläuft genau andersherum. Das heißt, die Note 1 (»sehr gut« in Deutschland) entspricht der Note 6 in der Schweiz; die Note 2 (»gut«) der deutschen Note 5 usw. Ein absoluter Musterschüler war Albert Einstein trotzdem nicht. Die Bestnoten erhielt er vor allem in Mathematik und Physik, in den Sprachen war er allenfalls mittelmäßig. Auch konnte er ein aufrührerischer Schüler sein und den Unterricht stören. Er soll sitzen geblieben sein und niemals eine Klasse übersprungen haben. Ja, und als Kleinkind lernte Albert erst mit drei Jahren sprechen. Was an der Vorstellung vom ehemals dummen Genie so faszinierend ist, dass es immer weiter fortgeschrieben wird, liegt auf der Hand: Sie könnte von der Hoffnung motiviert sein, dass in jedem von uns Deppen ein Genie schlummert.

Im Gleichschritt marschierende Soldaten können eine Brücke zum Einsturz bringen.

Am 12. April 1813 brach die Broughton Suspension Bridge, eine Kettenbrücke über den Fluss Irwell im County Greater Manchester, England, in sich zusammen, als eine Gruppe von etwa 70 Soldaten sie gerade passieren wollte. Die Soldaten hatten die Brücke singend und im Gleichschritt überquert, und sofort wurde vermutet, dass Resonanzschwingungen, verursacht durch die Soldaten, die Ursache für den Einsturz der Brücke gewesen sein könnten. Ein Pylon der Brücke stürzte in den Fluss, Teile der Fahrbahn folgten. Vorher waren bereits zwei Gruppen über die Brücke gelaufen, allerdings »ohne Tritt«, also ganz gewöhnlichen Schrittes. Zum Glück forderte das Unglück keine Todesopfer, aber einige Verletzte mussten behandelt werden. Noch heute warnt uns so mancher ängstliche Zeitgenosse davor, eine Brücke – und sei es auch nur eine Fußgängerbrücke über einen Bach oder über eine Straße – im Gleichschritt zu überqueren.

Wer es provoziert, wird bei kleineren Brücken schon feststellen, dass sie bei geeigneter Schrittfolge ins Schlingern geraten. Allerdings sind alle Brücken heute mit einer so hohen Sicherheitsreserve gebaut, dass ein Einsturz durch diese Einwirkungen unmöglich ist.

Im Fall der Broughton Suspension Bridge ergaben spätere Untersuchungen allerdings, dass der synchrone Schritt der Soldaten letztlich doch den Einsturz der Brücke verursacht hatte, dies allerdings nicht geschehen wäre, wenn beim Bau der Brücke nicht Haltebolzen minderer Qualität verwendet worden wären. Auch die Konstruktion der Brücke wies Fehler auf. Einer intakten und stabilen Brücke können im Gleichschritt marschierende Gruppen nichts anhaben.

Handys im Krankenhaus sind gefährlich.

Das Problem Elektrosmog ist in den letzten Jahren nicht kleiner geworden, aber die Aufmerksamkeit dafür hat deutlich nachgelassen. Auch fragen sich besonders junge Menschen beim Kauf ihres neuen Smartphones nicht mehr in allen Fällen, wie hoch die Belastung durch »Handystrahlung« ist. Wissenschaftliche Arbeiten, die als allgemeingültig anerkannt das Problem klären würden, liegen nicht vor. Die Pragmatiker stehen nach wie vor den Technikskeptikern gegenüber, und zwar oft unversöhnlich.

Wer mit eingeschaltetem Handy ein Krankenhaus betritt oder es dort sogar benutzt, kann erstaunliche Szenen der engagierten Abwehr erleben. Vermuten doch besagte Technikskeptiker Fernwirkungen des mobilen Telefons, von einem gestörten Monitorbild bei der Ultraschalluntersuchung bis hin zum Herzschrittmacher, den Mobilfunkwellen lahmlegen könnten. Die Forderung nach einem vollständigen Verbot von eingeschalteten Mobiltelefonen in Krankenhäusern steht noch immer im Raum.

In der Realität wurde kein einziger Fall bekannt, in dem ein Patient in einem Krankenhaus durch den Gebrauch eines Mobiltelefons zu Schaden gekommen ist. Die möglichen Wirkungen bei den Sendeleistungen moderner Smartphones sind sehr gering, einen messbaren Einfluss können solche Geräte nur dann ausüben, wenn sie in nächster Nähe benutzt werden. Wer sicher sein will, keinen Schaden anzurichten, sollte sein Telefon nicht in der Nähe von Infusionspumpen, EKG- oder Beatmungsgeräten benutzen oder ablegen. Auch in einem Operationssaal oder auf der Intensivstation ist der Gebrauch vielleicht nicht anzuraten.

Immer mehr Kliniken erlauben die Nutzung von Mobiltelefonen ausdrücklich, sicher auch, weil sie die Vorteile für die Patienten sehen. Diese können in einer Situation, in der sie sich leicht alleingelassen fühlen, ohne große Probleme Kontakt mit Familie und Freunden halten. Mancher vermutet allerdings eine andere Ursache als technische Gefahr für das Handyverbot in einigen Krankenhäusern. Vielleicht will die

Verwaltung lieber ihre teuren, unmäßig hohe Gebühren fressenden Festnetztelefone vermieten.

Auch an Tankstellen wird vor der Benutzung des Mobiltelefons gewarnt. Dabei ist noch keine einzige Tankstelle infolge eines Telefonats mit dem Handy explodiert, und das, obwohl jeden Tag Millionen von Benutzern mit eingeschaltetem Handy tanken oder an der Tankstelle telefonieren. Versuche einschlägiger Fernsehsendungen in den USA haben gezeigt, dass selbst zehn klingelnde Mobiltelefone einen Wohnwagen nicht entzünden könnten, in dem 50 Liter Benzin vergossen wurden. Ein Kontrollversuch mit einem elektrostatisch aufgeladenen Hemd aus Kunstfaser gelang: Das Wohnmobil flog in die Luft. Was folgern Sie daraus? Erst ausziehen, dann tanken!

Die Lichtgeschwindigkeit beträgt 300 000 Kilometer pro Sekunde.

Richtig, die Lichtgeschwindigkeit c beträgt im Vakuum 299.792,458 Kilometer pro Sekunde, und falsch, denn sie ist abhängig vom Medium, welches das Licht durchdringt. Muss es durch Wasser, ist das Licht nur etwa 225 000 Kilometer pro Sekunde schnell, in bestimmten Glassorten erreicht es 186 000 bis 200 000 Kilometer pro Sekunde, und einen Diamanten passiert das Licht mit nur 125 000 Kilometer pro Sekunde. Einer Forschergruppe der Harvard University gelang es sogar mithilfe von Rubidiumatomen, einen Lichtimpuls für zehn Mikrosekunden zum Stillstand zu bringen – normalerweise hätte das Licht in dieser Zeit 3000 Meter zurückgelegt.

Einen zweiten, meist unausgesprochenen Irrtum über Licht klärt der folgende Satz auf: Licht ist unsichtbar. Hätten

Sie das gedacht? Zur Abgrenzung von Infrarot- und UV-Strahlung spricht man immer wieder vom sichtbaren Licht, das es aber eigentlich gar nicht gibt. Wenn man einen Augenblick darüber nachdenkt, leuchtet es ein. Wir sehen immer nur die Wechselwirkung von Lichtstrahlen mit der Materie, zum Beispiel wenn Lichtstrahlen auf Staubkörner oder auf einen Gegenstand treffen. Könnten wir das Licht selbst sehen, wäre es vermutlich vorbei mit allen visuellen Wahrnehmungen.

Der Polarstern ist der hellste Stern am Nachthimmel.

Nein, der Polarstern ist nur einer von vielen Sternen mittlerer Helligkeit, die meisten Menschen wissen überhaupt nicht, wo am Himmelszelt er steht. Könnten Sie ungefähr sagen, in welche Richtung man schauen muss? Er steht in der Nähe des Himmelsnordpols, durch den eine gedachte Achse verläuft, um die sich im Lauf der Nacht alle Sterne in Kreisbahnen bewegen. Himmelsnordpol? Achse? Nie gesehen? Ziemlich genau im Norden findet man das Sternbild »Kleiner Wagen«. Das Ende seiner Deichsel bildet der Polarstern, immerhin der hellste Stern in seiner näheren Umgebung. Nicht gefunden? Auch nicht weiter schlimm, Sie fahren ja nicht mehr zur See, und für das Auto haben Sie ja Ihr Navigationsgerät.

Die Evolution ist ein reiner Zufallsprozess.

Ein reiner Zufallsprozess sollte völlig ohne Regelmechanismen funktionieren. Ein Beispiel: Wenn man den Kölner Dom in all seine Einzelteile zerlegen würde und danach begänne, diese Einzelteile einem Zufallsprozess zu unterziehen und sie wieder und immer wieder auf einen Haufen zu werfen – wie lange würde es dauern, bis in einem einzigen Fall daraus wieder der Kölner Dom entstünde? Könnte das geschehen, wenn man viele Milliarden Jahre Zeit hätte?

Gegen das menschliche Gehirn ist der Kölner Dom ziemlich einfach strukturiert. Wie, so fragen Kritiker der Evolutionstheorie, kann der Zufall etwas derartig Komplexes ohne jeden Plan hervorbringen?

Der reine Zufall hat unsere Welt und das Leben darauf vermutlich nicht geschaffen. Bei der Entwicklung des Lebens optimierten Selektionsprozesse von Anbeginn an die zufälligen Ergebnisse. Ein einfaches einzelliges Lebewesen entstand irgendwann in unterschiedlichen zufälligen Varianten (zum Beispiel durch Mutation oder Fehler bei der Teilung). Die besser an die Umweltbedingungen angepassten Versionen des Einzellers verbreiteten sich stärker als die schlechter assimilierten, die »Versager« starben auf die Dauer aus. Charles Darwin nannte das »Survival of the fittest«, ein Wirkprinzip, das über Milliarden von Jahren als selektiver Druck auf alle Lebewesen wirkte. Von einer Planung lässt sich zwar noch immer nicht reden, die erzielten Ergebnisse dieser Evolution bleiben letztlich immer noch zufällig, weil die am Wettbewerb teilnehmenden Varianten selbst mehr oder weniger Zufallsprodukte sind. Anders als bei den Ergebnissen des reinen Zufalls entstehen hier aber Varianten, die bestimmten Tauglichkeitskriterien genügen. Wäre die Evolution anders verlaufen, nämlich rein zufällig, hätten wir vermutlich ziemlich unsinnige und wahnwitzige Verwandte unter den Lebewesen auf der Erde.

So weit, so gut, wären da nicht die Theorien der Kreationisten und vom Intelligenten Design, womöglich die ganz großen Irrtümer. Die Überlegungen der Verfechter dieser

Theorien besagen, dass ein Schöpfergott diese Welt erschaffen haben muss bzw. dass die Entwicklung des Lebens einem intelligenten Plan folgt. Unsere Erde soll – so eine bestimmte Strömung unter den Kreationisten – maximal 10 000 Jahre alt sein und innerhalb von sechs Tagen von Gott erschaffen worden sein. Man nimmt in diesen Kreisen die Aussagen der Bibel für bare Münze und interpretiert sie einfach wörtlich.

Die Vorstellungen vom Intelligenten Design widersprechen gültigen wissenschaftlichen Erkenntnissen in ähnlich krasser Weise. Die Anhänger eines »intelligenten Urhebers« sehen die Welt als eine Art geplantes Uhrwerk, das von einer unbestimmten, aber übersinnlichen Intelligenz zu einem bestimmten Zweck geplant wurde, der uns verschlossen bleibt. Sollten ihre Vertreter recht haben, so würde das bedeuten, dass jedes Lebewesen ein Zahnrad in diesem Uhrwerk ist und genau so geplant wurde, wie es existiert. Der Prototyp Mensch war bereits konzipiert und in allen Details festgelegt, als auf der Urerde die ersten Einzeller in der Ursuppe herumschwammen.

Wer trotz Wissenschaftlichkeit nicht auf den Schöpfergott oder das höhere Wirkprinzip verzichten möchte, kann sich ja folgendem Denkmodell anschließen: Zwar übernimmt in der Evolution der reine Zufall eine große Rolle, aber die Spielregeln in ihrem Ablauf hat möglicherweise ein höheres Wesen festgelegt, vor allem durch die physikalischen Gesetze des Universums. Nach diesen Vorgaben lief die Entwicklung des Lebens auf der Erde ab – nicht ungeplant, aber weitgehend ergebnisoffen. Sollte die Evolution eine zweite Chance bekommen und noch einmal von vorn beginnen, würde sie in ähnlicher Weise ablaufen, aber völlig andere Ergebnisse hervorbringen. Die Welt würde kein zweites Mal genau so sein, wie sie jetzt ist, aber vermutlich ziemlich ähnlich. Das zeigen zum Beispiel Parallelentwicklungen bei bestimmten, räumlich voneinander getrennten Tierarten. Wolf und Beutelwolf besetzen dieselbe ökologische Nische in ihrem Lebensraum, haben sich aber völlig unabhängig voneinander entwickelt. Maulwurf und Maulwurfsgrille erhielten von analogen Lebensbedingungen ihren ähnlichen Körperbau.

Glas ist eine Flüssigkeit.

Als Beweis für diese Behauptung – ein Irrtum – werden alte Kirchenfenster herangezogen. Diese sind nämlich unten dicker als oben. Das liegt allerdings nicht am langsamen Fluss der Flüssigkeit Glas, sondern an ihrem Herstellungsprozess. Glas hat zwar eine gewisse Viskosität – es verändert sich in sehr langen Zeiträumen (ein paar Hundert Jahre genügen nicht) durch sogenanntes Kriechen wie auch manche kristalline Festkörper und verformt sich unter Druck –, ist aber ein amorpher Festkörper. Wer es ganz genau nimmt und den Sachverhalt thermodynamisch betrachtet, kann Glas auch als gefrorene, unterkühlte Flüssigkeit bezeichnen. Diese Flüssigkeit wird bei der Herstellung von Objekten aus Glas so schnell abgekühlt, dass ihr keine Zeit bleibt, zu kristallisieren. Das abkühlende, erstarrende Glas wird somit zu schnell fest, um noch die Anordnung seiner molekularen Bausteine in einem Kristall zu erlauben. So gesehen liegt der Irrtum in dem Satz »Glas ist eine Flüssigkeit« nur in der Ausschließlichkeit der Behauptung. Es hängt von der Betrachtungsweise ab.

In diesem Zusammenhang ist es vielleicht sinnvoll, eine andere, sehr langsame Flüssigkeit und ein historisches Experiment zu erwähnen: An der Universität von Queensland in Brisbane, Australien, läuft das *Pitch Drop Experiment* (zu Deutsch Pech-Tropf-Experiment). Sein wichtigster Teil ist ein mit Pech gefüllter Trichter – und es gilt als das langweiligste und langwierigste Experiment aller Zeiten. Der Physikprofessor Thomas Parnell füllte 1927 (!) heißes Pech in einen unten verschlossenen Trichter. Dann wartete er drei Jahre, bis sich das Pech gesetzt hatte. 1930 öffnete er die Spitze des Gefäßes, und es passierte ... erst mal nichts. Absolut nichts. Erst im Dezember 1938 fiel der erste Tropfen Pech in das Reagenzglas darunter. Das – würde Indiana Jones sagen – ist eine langsame Flüssigkeit!

Das Pitch Drop Experiment veranschaulicht eine erstaunliche Eigenschaft von Pech. Zwar scheint die schwarze Substanz bei Raumtemperatur die Konsistenz von Stein zu haben, doch genau genommen ist sie flüssig – nur etwa 100 Milliarden Mal zähflüssiger als Wasser. So passiert bei diesem Experiment an der Universität von Queensland nur alle acht bis zwölf Jahre etwas. Bisher sind insgesamt acht Tropfen gefallen, der letzte am 28. November 2000 – volle 148 Monate nach seinem Vorgänger. Bisher war aber noch nie jemand dabei, wenn es geschah. Ein unvergleichliches Langzeitexperiment, meint der engagierte Laie. Der Unterschied zum Glas? Es mag noch so lange kriechen – Glas tropft nicht.

Schwarze Löcher saugen alles auf.

Schwarze Löcher bieten tolle Möglichkeiten für Albträume und Science-Fiction-Filme mit Horrorpotenzial. Als gefräßige Monster verschlucken sie alles, was ihnen über den Weg läuft, und sie ziehen sogar Planeten und Sonnen aus großer Entfernung an, um sie zu verschlingen. Schließlich kann nicht einmal das Licht den Gravitationskräften eines Schwarzen Lochs entkommen. Zuletzt artikulierte sich diese Angst im Zusammenhang mit dem Teilchenbeschleuniger LHC (Large Hadron Collider): Man befürchtete, die riesige Maschine könnte, einmal in Betrieb gesetzt, winzige, aber ziemlich gierige Schwarze Löcher erzeugen, die zuerst ein paar Luftmoleküle, dann Staub und Pollen, die untersuchenden Wissenschaftler samt Labor, die Stadt Genf, die Schweiz, ganz Europa und die Erde, später den Mond und das Sonnensystem einsaugen und dabei größer und größer und immer hungriger werden … Keine Angst, nur wer oder was sich in die unmittelbare Nähe eines Schwarzen Lochs begibt, läuft Gefahr, auseinandergerissen und verschluckt zu werden. Wer oder was einen gewissen Mindestabstand hält, bleibt an Ort und Stelle. Sogar wenn man den Fixstern im Zentrum eines Sonnensystems durch ein Schwarzes Loch gleicher Masse ersetzen würde, blieben alle Planeten auf ihren Bahnen. Allerdings sähe es auf der Erde finster aus – aber das ist eine andere Geschichte.

Der Satz des Pythagoras stammt von Pythagoras.

Die Summe der Flächeninhalte der Kathetenquadrate ist gleich dem Flächeninhalt des Hypotenusenquadrats. Hätten Sie das noch gewusst? Kommt Ihnen die Formel »$a^2 + b^2 = c^2$« noch bekannt vor? Haben Sie sie im realen Leben je wieder gebraucht? Hier geht es um den Satz des Pythagoras. Der stammt aber wahrscheinlich gar nicht von dem um das Jahr 570 v. Chr. geborenen griechischen Gelehrten, sondern Pythagoras gehörte nur zu seinen fleißigsten Anwendern. Schon über 1000 Jahre vor Pythagoras nutzten babylonische Baumeister diese geometrische Regel. Das zeigen Keilschrifttafeln, die aus dieser Zeit stammen. Auch in indischen Aufzeichnungen namens *Sulbasutras* (etwa *Leitfaden zur Mess-*

kunst) aus der Mitte des ersten Jahrtausends v. Chr. finden sich Belege für die Kenntnis dieses mathematischen Gesetzes. Einzige Möglichkeit zur Ehrenrettung des Pythagoras: Er hat den Satz ein zweites oder drittes Mal entdeckt.

Eine Münze kann jemanden erschlagen, wenn sie von einem Hochhaus fällt.

Allenfalls eine Ameise. Auf fallende Objekte wirkt die Erdbeschleunigung. Die beträgt 9,8 m/s² und macht einen Körper immer schneller – im luftleeren Raum. Der Physiker spricht von einer gleichmäßig beschleunigten Bewegung. Umgeben von Luft haben alle fallenden Körper eine Endgeschwindigkeit. Von einem gewissen Punkt ihres Falls an werden sie also nicht mehr schneller, weil die Luft sie ausbremst. Erdbeschleunigung und die Verzögerung durch den Luftwiderstand gleichen sich aus. Wie schnell Körper fallen und wann sie ihre Endgeschwindigkeit erreichen, hängt von ihren aerodynamischen Eigenschaften ab. Ein Fallschirmspringer in der sogenannten X-Haltung erreicht im freien Fall etwa 200 Kilometer pro Stunde, aber kopfüber stürzende Springer erreichen Geschwindigkeiten von bis zu 500 Kilometern pro Stunde – bevor dann hoffentlich der Fallschirm funktioniert ... Eine kleine Bleikugel mit wenig Luftwiderstand wird sicherlich schneller fallen als eine gleich schwere Feder – beide Körper erreichen übrigens im Vakuum genau gleich schnell den Boden, weil ihnen dort kein Luftwiderstand entgegensteht.

Wie steht es nun mit der gefährlichen Münze? Zwei Faktoren bestimmen über die Gefahr, die von ihr ausgeht. Zum einen die Geschwindigkeit: Ein Geldstück wird im Fall ins Trudeln kommen und immer wieder seine volle Fläche den Luftmolekülen als Angriffspunkt bieten. Es ist daher unwahrscheinlich, dass die Münze mehr als etwa 100 Kilometer pro Stunde erreichen kann, gleichgültig, aus welcher Höhe sie herabfällt. Ob es der 300 Meter hohe Eiffelturm oder der Burj Khalifa, das im Jahr 2014 höchste Gebäude der Welt, ist – irgendwann erreicht die Münze ihre Endgeschwindigkeit und wird nicht schneller.

Der andere Gefahrenfaktor bei einem fallenden Gegenstand ist seine Masse: Ein mit 100 Kilometer pro Stunde herabfallendes Klavier oder ein 1000 Kilo schweres Auto würden wegen ihrer großen Masse sicherlich eine größere Gefahr darstellen als eine nur wenige Gramm schwere Münze.

Die Zerstörungskraft eines fallenden Gegenstands errechnet sich nach der Formel der kinetischen Energie:

T, die kinetische Energie eines Gegenstands, ist abhängig von der Masse m (in kg) und der Geschwindigkeit v (in m/s) nach der Gleichung

$$T = \tfrac{1}{2}mv^2.$$

Für ein Auto mit der Masse m = 1000 kg und einer Geschwindigkeit von v = 100 km/h errechnet sich

$$T = \tfrac{1}{2} \times 1000 \text{ kg} \times (100 \text{ km/h})^2 \approx \tfrac{1}{2} \times 1000 \text{ kg} \times (27,78 \text{ m/s})^2 = 385800 \text{ J},$$

wobei *J* das Zeichen für Joule ist, die physikalische Maßeinheit für Energie. 1 J entspricht etwa der Energie, die man benötigt, um eine Tafel Schokolade um einen Meter anzuheben.

Die Fallenergie einer 8,5 Gramm schweren 2-Euro-Münze (die schwerste, die wir haben) beträgt also

$$T = \tfrac{1}{2} \times 0,0085 \text{ kg} \times (100 \text{ km/h})^2 \approx \tfrac{1}{2} \times 0,0085 \text{ kg} \times (27,78 \text{ m/s})^2 = 3,279 \text{ J}.$$

Wenn ich mich nicht verrechnet habe, also genug, um etwas mehr als drei Tafeln Schokolade einen Meter hoch anzuheben oder zum Beispiel eine leichte Delle in einen Filzhut zu schlagen.

Diese Fallenergie unserer hypothetischen Münze wird im Sommer manchmal von Hagelkörnern deutlich übertroffen. Die befinden sich allerdings in einer Gefahrenklasse, in der es auch für Menschen bedrohlich wird. Vögel und sogar Schafe sterben in Hagelstürmen, und es wird auch über Hagelkatastrophen berichtet, in denen Menschen ums Leben kamen. So sollen 1888 in Nordindien 250 Menschen von 3,5 Kilogramm schweren Hagelkörnern getötet worden sein. Ein Hagelkorn mit einem Gewicht von 3,5 Kilo, in China soll es sogar 4,5 Kilo schwere Hagelkörner geregnet haben – das hört sich ziemlich nach Legenden an. Seriöse Quellen haben in den USA allerdings Hagelkörner mit 20 Zentimetern Durchmesser und 875 Gramm Gewicht dokumentiert, die mit etwa 150 Kilometern pro Stunde gefallen sind.

Ob es nun 4,5 Kilogramm oder 875 Gramm waren – kein Vergleich zu unserer größten Münze, dem 2-Euro-Stück, nur 8,5 Gramm schwer. Das Ergebnis einer Kollision könnte allenfalls ein blauer Fleck sein, ein Treffer am Auge wäre vermutlich schmerzhaft und nicht ganz so harmlos. Der 2-Euro-Mord – der Täter stellt sich auf ein Gebäude und lässt gezielt eine Münze auf sein Opfer fallen – ist ein Ding der Unmöglichkeit.

Fixsterne stehen unbeweglich am Himmel.

Einmal abgesehen von der Rotation um den Himmelsnordpol: Wer nur hin und wieder einen Blick auf den Sternenhimmel wirft, wird dort keine Änderung der Positionen von Sternen zueinander feststellen können – einmal abgesehen vom Mond und den Planeten. Alle übrigen Sterne bewegen sich im Lauf eines Menschenlebens nur um winzige Strecken, weil sie so unendlich weit von uns entfernt sind. Deswegen heißen sie Fixsterne – sie wirken wie Teile einer unveränderlichen Sphäre, die sich um uns dreht. Dass unsere Vorfahren sie für unbeweglich hielten, hängt mit unserer kurzen Lebensspanne zusammen. Aber vor Tausenden von Jahren hat der Sternenhimmel ganz anders ausgesehen, unsere heutigen Sternbilder gab es nicht. Und in weiteren Tausenden von Jahren werden Menschen, so es noch welche gibt, auf ein ganz anderes Himmelsgewölbe mit veränderten Konstellationen schauen. Schon heute dokumentieren aber Astronomen mit sehr genauen Messmethoden, dass sich Sterne und Galaxien in Relation zueinander bewegen. Manche Himmelsobjekte sind sogar so schnell, dass sie sich auf Himmelsfotografien nach Jahren an einer veränderten Position befinden. Allerdings wird auch der geduldigste Mensch ihre Bewegung in einer einzigen Nacht nicht wahrnehmen können.

Es wird Winter, weil die Sonne weiter weg ist.

Das ist nicht die Ursache, ganz im Gegenteil, die Sonne steht im Winter näher an der Erde als im Sommer. Ausgerechnet im kalten Januar müssen die Sonnenstrahlen die kleinste Entfernung überbrücken, um die nördliche Halbkugel zu erleuchten. Paradoxerweise steht unser Fixstern, denn nichts anderes ist die Sonne, in der warmen Jahreszeit in der größten Entfernung zur Erde. Der Entfernungsunterschied ist aber nicht sehr groß: Am erdnächsten, *Perihel* genannten Punkt ihrer Bahn ist sie 147 099 Millionen Kilometer von der Erde entfernt, am erdfernsten Punkt *(Aphel)* liegen 152 096 Millionen Kilometer zwischen der Sonne und unserem Planeten, es handelt sich gerade einmal um eine Differenz von 3,4 Prozent. Auf die Temperatur der Erdoberfläche hat dieser Unterschied aber keine im Alltag zu bemerkenden Auswirkungen. Vielleicht können Astronomen die durch die Entfernung verursachte Differenz messen – wenn es ihnen gelingt, alle anderen Faktoren auszuklammern.

Die Jahreszeiten und damit die deutlichen Temperaturunterschiede auf der Erde entstehen durch zwei Faktoren: zum einen durch die Erdachsenneigung von 23,4 Grad, zum anderen durch die variierende Tageslänge. Die unterschiedliche Neigung der Erdachse auf ihrer Bahn um die Sonne sorgt dafür, dass auftreffendes Sonnenlicht mehr oder weniger Energie übermitteln kann. Die Neigung verursacht auch die Tageslängenunterschiede, die sich wiederum auf die Energiebilanz auswirken; die vielen hellen Stunden verlängern die Sonneneinstrahlung im Sommer, die langen Nächte im Winter verringern die zur Verfügung stehende Sonnenenergie deutlich.

Nur am Äquator treffen die Sonnenstrahlen winters wie sommers im gleichen Winkel auf, die Tage sind immer zwölf Stunden lang, das Angebot an Sonnenenergie ist immer gleich. Jahreszeitliche Wetteränderungen sucht man dort vergeblich.

Die Planeten kann man nur mit einem Fernrohr sehen.

Diese Behauptung kann nur aufstellen, wer so ganz und gar keine Ahnung von unserem Sternenhimmel hat. Von den acht Planeten (der ehemals neunte, Pluto, wurde ja aus dem Kreis der großen Himmelswanderer verstoßen) sind immerhin fünf mit bloßem Auge sichtbar. Merkur, Venus, Mars,

Jupiter und Saturn. Merkur und Venus entdeckt man in der Morgen- oder Abenddämmerung, Mars erkennt man an seiner rötlichen Farbe, Jupiter und Saturn als helle Sterne, die sich von den übrigen Sternen unterscheiden, weil sie sich relativ schnell über den Himmel bewegen.

Quecksilber ist als einziges Metall bei Zimmertemperatur flüssig.

In vergangenen Jahren und Jahrzehnten war Quecksilber (Schmelzpunkt –38,83 °C) als Flüssigkeit noch hin und wieder im Alltagsleben zu finden, meist als Füllung in einem Thermometer oder in einem Quecksilberschalter. Wegen seiner Gesundheitsrisiken vor allem durch seine Dämpfe verabschiedete man sich weitgehend von der metallischen Form dieses Elements, es wird heute noch in Batterien und Akkus, aber auch in Energiesparlampen verwendet. Mit den übrigen bei Zimmertemperatur flüssigen Metallen kommen Durchschnittsbürger nicht direkt in Kontakt. Gallium (Schmelzpunkt 29,76 °C) steckt in den Chips eines Computers, Cäsium (28,44 °C) ist wichtiger Bestandteil von Atomuhren, die nicht gerade zur Standardausstattung eines Haushalts gehören. Francium (Schmelzpunkt 27 °C) ist ein künstliches, extrem instabiles Element mit hoher Radioaktivität und kann – zum Glück – nur in extrem winzigen Mengen hergestellt werden.

Kometen haben einen langen Schweif.

Einen Großteil ihres Wegs durch das Weltall legen Kometen ohne Schweif zurück. Sie kreisen nämlich in mehr oder weniger runden oder länglichen Bahnen um die Sonne. Erst wenn sie sich dem Fixstern Sonne nähern, bildet sich ein Schweif – genauer gesagt: bilden sich zwei Schweife, einer aus Gas und einer aus Staub. Diese bleiben aber nicht durch die Geschwindigkeit des Kometen hinter ihm zurück, sondern ihre Richtung wird von der Sonne bestimmt – sie zeigen immer von der Sonne weg, die die Schweifbildung verursacht. Ihre Strahlen erwärmen den Kometen, gefrorene Gase werden frei und treten aus und reißen große Mengen von Staub mit. Der Sonnenwind bestimmt die Richtung des Gasschweifs, während sich der Staubschweif durch den Strahlungsdruck der Sonne ausrichtet.

Am Nachthimmel sehen wir Millionen Sterne.

Wir müssten erstaunlich gute Augen haben, um das leisten zu können. Auch wenn wir den Eindruck haben, dass unendlich viele Sterne den Nachthimmel erhellen: Nur etwa 6000 Sterne sind so hell, dass man sie mit bloßem Auge sehen kann. 3000 davon liegen auf der anderen Hälfte der Himmelskugel, etwa 1000 werden durch den Dunst in der Nähe des Horizonts unsichtbar. Wir müssen also mit 2000 Sternen auskommen, wenn wir in einen dunklen und klaren Sternenhimmel schauen. Und obwohl es Milliarden von Galaxien im Weltall gibt, können wir nur ganze vier davon mit bloßem Auge erblicken, zwei von der Nordhalbkugel aus – die Milchstraße und den Andromedanebel –, zwei am Himmel der Südhalbkugel – die Große und die Kleine Magellansche Wolke.

Leider erhöht die Milchstraße, die wir am ausreichend dunklen Himmel erkennen können, unsere Möglichkeit, nachts ohne Hilfsmittel erkennbare Himmelsobjekte zu zählen, nicht: Sie besteht zwar aus Millionen von Sternen, die das unbewaffnete Auge aber nicht auflösen kann – wir sehen nur einen hellen Lichtschimmer. Auf dem lichtverschmutzten Großstadthimmel sinkt die Zahl der erkennbaren Sterne noch einmal drastisch. Wer mehr Sterne braucht, sollte zu einem kleinen Fernrohr oder einem Feldstecher greifen. Damit sind schon mehrere Zehntausend einzelne Himmelsobjekte erkennbar.

Wasser kocht bei 100 °C.

Ein kurz und knapp zu beantwortender Irrtum: Ja, Wasser kocht bei 100 °C, aber nur dann, wenn der Luftdruck dem auf Meereshöhe entspricht. Bei geringerem Luftdruck, zum Beispiel auf einem hohen Berg, kocht Wasser bereits bei niedrigeren Temperaturen, auf dem Mount Everest zum Beispiel schon bei etwa 70 °C, und im fast vollkommenen Vakuum – in einem fast luftleeren Raum also – schon bei etwa 40 °C. An das Kochen eines Frühstückseis ist weder auf dem höchsten Berg der Welt noch im luftleeren Weltraum zu denken. Bestimmte Eiweißkomponenten im Ei werden erst bei etwa 84 °C hart.

Wer destilliertes Wasser trinkt, stirbt.

Die Vorstellung, dass destilliertes Wasser den Elektrolythaushalt des menschlichen Körpers ein wenig aus dem Gleichgewicht bringt, ist zwar richtig, aber die durch den Mangel an Salzen in destilliertem Wasser verursachten Prozesse wie der ausgleichende Salzaustausch durch die Zellwände (Osmose) werden nicht zur Gefahr, weil die Konzentration an Salzen auch im normalen Wasser recht gering ist und die Reserven des Körpers für diesen Austausch mehr als ausreichend sind.

Nein, Zellen platzen schon gar nicht durch den minimal unterschiedlichen osmotischen Druck. Auch an Salzen armes, weiches Wasser, bei Kennern beliebt für die Zubereitung von Tee und Kaffee, setzt diesen Prozess in Gang, ohne dass wir Schaden nehmen. Ein Schluck destilliertes Wasser wird schon im Mund mit der richtigen Menge körpereigener Salze angereichert und kommt im Magen oder Darm bereits als ganz normales Wasser an.

Wasseradern können der Gesundheit schaden.

Sie schlafen auf einer Wasserader? Das kann unabsehbare Folgen für Ihre Gesundheit haben, das Erdmagnetfeld ist gestört, Erdstrahlung (was immer das sein mag) wirkt auf Sie ein – sagt Ihr Wünschelrutengänger und Schamane. Glauben Sie ihm nicht. Wasseradern gibt es so gut wie gar nicht. Grundwasser ist zwar überall vorhanden, aber nicht in Form von eng umgrenzten, unterirdischen Bächen und Strömen. Es ist einfach überall im Untergrund. Stellen Sie sich vor, dass Sie auf einem riesigen Schwamm sitzen. Wo wollen Sie da eine Wasserader ausfindig machen? Nur wenn die Gesteinsformationen von ganz besonderer Beschaffenheit sind, können sich tatsächlich Wasseradern bilden, zum Beispiel in den Karstgebirgen Südeuropas.

Ein Lichtjahr ist eine lange Zeit.

Wenn uns jemand um Lichtjahre voraus ist, so wird dies oft zeitlich verstanden. Das Lichtjahr ist aber kein Zeit-, sondern ein Entfernungsmaß. Ein ziemlich unhandliches noch dazu, denn es umfasst die Strecke, die ein Lichtstrahl in einem Jahr zurücklegt, und das sind 9,5 Billionen Kilometer, in Zahlen 9 500 000 000 000. Ein Heimwerker wird ein solches Maß nicht brauchen, wohl aber ein Astronom, der die Entfernungen zwischen Sternen messen will. So liegt Proxima Centauri, der nächste Fixstern zur Sonne, ungefähr vier Lichtjahre von uns entfernt. Mit einem schnellen Sportwagen (Tempo 200/24 Stunden am Tag) brauchen Sie nur etwa 5 422 374 Jahre dorthin. Sie müssten allerdings bei einem Verbrauch von zehn Litern pro 100 Kilometer ungefähr 3 800 000 000 000 Liter Benzin zum Preis von 1,60 Euro pro Liter mitnehmen, denn Sie dürften Schwierigkeiten haben, auf der Strecke Tankstellen zu finden. Wenn Ihnen dies doch gelänge, sollten Sie mit Karte zahlen, denn 6 080 000 000 000 Euro in Münzen oder Scheinen würden Sie vor ein neues Transportproblem stellen.

Fest, flüssig, gasförmig – es gibt drei Aggregatzustände.

Machen Sie sich keine Sorgen, Sie sind mit dieser Annahme zwar im Irrtum, werden dadurch aber im weiteren Verlauf ihres Lebens nicht in Schwierigkeiten geraten. Über die drei alltäglichen Zustände von Materie hinaus haben Wissenschaftler mittlerweile mehr als 15 weitere Aggregatzustände in Experimenten feststellen können, zu denen zum Beispiel das Bose-Einstein-Kondensat, die seltsame und die degenerierte Materie und das Fermionenkondensat zählen. Weder werden Sie diesen Existenzformen von Materie in Ihrem Alltag begegnen noch sie selbst herstellen oder unter Kontrolle bringen müssen. Sie kommen weiter mit drei Aggregatzuständen aus ... nein, halt, Nummer vier könnte das Plasma in Ihrem Plasmafernseher sein, aber das haben Sie mit Ihrer Fernbedienung voll im Griff.

Die Erde hat nur einen Mond.

Nein, sie hat meist mehrere Trabanten, die sie in einer Umlaufbahn umkreisen. Wer jetzt allerdings Bilder von einem doppelten oder dreifachen Mond am Nachthimmel vor Augen hat, wird enttäuscht: Ein Himmelskörper zum Beispiel, der manchmal als der zweite Mond bezeichnet wird, heißt Cruithne und hat nur einen Durchmesser von fünf Kilometern – man sieht ihn nicht. Er umkreist die Sonne gemeinsam mit der Erde auf einer hufeisenförmigen Bahn. Daneben zählen einige Astronomen die sogenannten Kordylewskischen Wolken zu den Erdtrabanten, Staubgebilde zwischen Erde und Mond. Manche Himmelskörper umkreisen unseren Planeten aber auch nur kurzzeitig und verabschieden sich dann wieder ins Weltall. Dementsprechend werden sie Gastmonde oder Quasi-Monde genannt. Oft handelt es sich um eingefangene Asteroiden von nur wenigen Metern Durchmesser. Bei Beobachtungen des Nachthimmels werden immer wieder neue entdeckt, und niemand kann sagen, wo im Verborgenen noch so ein kleiner zweiter oder dritter oder vierter Mond seine Kreisbahn zieht. Aussichten auf eine weitere romantisch leuchtende Scheibe am Nachthimmel haben wir Erdenbewohner aber nicht.

Wahre Erfinder und zu volle Festplatten

Technik und Technikgeschichte

Die Liste dokumentierter Irrtümer über Technik ist lang. »Schwerer als Luft? Flugmaschinen sind unmöglich«, urteilte 1895 der britische Physiker William Thompson, genannt Lord Kelvin, der Präsident der Royal Society, einer Gesellschaft zur Pflege der Wissenschaften. »Wer zur Hölle will Schauspieler reden hören?«, fragte man sich 1927 bei Warner Brothers irritiert, als es um die Einführung des Tonfilms ging. Und noch 1981 soll Microsoft-Gründer Bill Gates einen Satz gesagt haben, den aber viele für eine moderne Legende halten: »640 Kilobyte sind genug für jeden.« Auch unser Jahrhundert hat seine Technikirrtümer: Der Zukunftsforscher Matthias Horx verkündete 2001 in der »WELT« und in einer nicht sehr erleuchteten Minute: »Das Internet wird kein Massenmedium, weil es in seiner Seele keines ist.« Technik und Irrtum sind wohl auf eine rätselhafte Weise nahe miteinander verbunden.

Der Begriff *Benzin* hängt mit Carl Benz zusammen.

Der Dieselkraftstoff hat seinen Namen vom Erfinder des Dieselmotors, Rudolf Diesel. Wen würde es wundern, wenn die Flüssigkeit, die die andere bedeutende Art von Motor befeuert, nach dem Motorenbauer Carl Benz benannt wäre? Dagegen spricht einiges: Zum einen hat Carl Benz den Ottomotor nicht erfunden, sondern das war – wie der Name schon sagt – Nicolaus August Otto. Nach dieser Logik müsste der Treibstoff dann *Ottoin* oder *Ottin* oder ähnlich heißen. Zum anderen ist es die Herkunft des Benzins in der Vergangenheit, die ihm zu seinem Namen verhalf: Der Ottokraftstoff wurde anfangs aus Benzoeharz gewonnen.

Fotovoltaik ist preiswert und umweltfreundlich.

Sonnenenergie für die Erzeugung von Strom ist in nahezu unbegrenzter Menge auf dem Planeten Erde verfügbar. Würde man sie im großen Maßstab nutzen, müsste nirgendwo mehr ein Kernkraftwerk betrieben werden. Sonnenenergie kann auf unterschiedliche Weise gewonnen werden, die Stromgewinnung mit Fotozellen ist ein sehr direkter Weg. Er gilt als umweltfreundlich, und die benötigten Module wurden mit der Zeit preiswerter. Dennoch sind andere Quellen für umweltfreundliche Energie kostengünstiger. So fallen bei stromerzeugenden Fotozellen für jede eingesparte Tonne Kohlendioxid durchschnittliche Kosten von 846 Euro an; bei Windkraftanlagen sind es nur 124 Euro. Gewisse Probleme hat die Fotovoltaik allerdings auch mit der Umweltfreundlichkeit.

Nichts zu beklagen gibt es, wenn die Fotovoltaik-Module im Einsatz sind. Sie erzeugen Strom ohne die geringsten Emissionen. Was ihre Umweltbilanz belastet, sind ihre Herstellung und eine spätere Wiederverwertung oder Entsorgung. Dabei spielte bei der Herstellung anfangs eine klimaschädliche Substanz namens Schwefelhexafluorid eine Rolle, ein Gas, das den Treibhauseffekt und damit die Klimaerwärmung 22 000-mal stärker fördert als CO_2. Mit der Zeit wurde es durch Stickstofftrifluorid ersetzt, das aber auch noch über 17 000-mal die Treibhauswirkung von Kohlendioxid besitzt. Seit Billigangebote aus China der europäischen Solarindustrie die Preise verderben, kann eine möglichst umweltschonende Herstellungsweise möglicherweise nicht mehr sichergestellt werden, sodass sich der Satz von der umweltfreundlichen Fotovoltaik als nur begrenzt wahr oder sogar als Irrtum erweisen könnte. Allerdings sind diese bei der Herstellung auftretenden Emissionen nicht nur typisch für Solarelemente, sondern auch für viele Produkte der IT-Industrie wie etwa Flachbildschirme und Halbleiterbauteile.

Ein weiteres Problem ist die Entsorgung sogenannter Dünnschicht-Module – aufrollbare Solarzellen sozusagen. Das darin enthaltene Cadmiumtellurid stellt bei der Fertigung der Zellen und bei ihrer Entsorgung ein Problem dar. Andere Halbleitermaterialien wie das häufiger verwendete Silizium und die übrigen enthaltenen Stoffe Glas, Aluminium, Kupfer und Kunststofffolien können problemlos rückgewonnen werden. Recyclingprobleme wird es aber erst in etwa 20 bis 30 Jahren geben – Solarmodule haben eine sehr lange Lebensdauer.

Deutschland ist mit einer Leistung von über 30 Gigawatt aus Solarenergie weltweit das Land mit der höchsten Solarstromproduktion. Beispielhaft ist allerdings ein winziges Land, der Inselstaat Tokelau. Das weitab von allen Verkehrswegen gelegene Inselreich im Pazifik mit einer Fläche von nur zwölf Quadratkilometern wird vollständig mit Solarenergie versorgt. Dies ist für die drei Atolle eine hervorragende Lösung, da der Transport von Diesel – die Energiequelle bis zum Jahr 2012 – hohe Kosten verursachte. Tokelau spart seither jeden Tag etwa 200 Liter Treibstoff ein.

Bill Gates hat MS-DOS entwickelt.

Bill Gates hatte zwar damit zu tun, aber entwickelt hat er MS-DOS nicht. Es ist überhaupt ein Glücksfall, dass MS-DOS zum führenden Betriebssystem wurde. Bevor es dazu kam, passierte nämlich Folgendes – wer keine Technikanekdoten mag, kann den folgenden Absatz vielleicht überspringen:

Der Satz »Gone fishing!« als Bildschirmschoner auf manchem Computer in den Vereinigten Staaten hat einen historischen Hintergrund, der nicht in Vergessenheit geraten sollte, kurios, wie er ist. Als IBM im Jahr 1980 mit dem IBM-PC auf den Markt kommen wollte, fehlte ein Betriebssystem, und die Verantwortlichen machten sich auf die Suche. Zuerst sprachen sie den Programmierer Gary Kildall an, der CP/M (Control Program for Microprocessors) entwickelt hatte, doch der war an diesem Tag nicht zu erreichen, weil er (Version 1) beim Angeln oder (Version 2) beim Segelfliegen war. Bill Gates war die zweite Wahl, so die Legende, und so ist sein späterer Reichtum mehr oder weniger einem Zufall zu verdanken.

Die Wirklichkeit war komplizierter: MS-DOS ist eng mit Bill Gates' Firma Microsoft verknüpft. Als IBM nachfragte, konnte Gates kein eigenes System anbieten, wollte sich aber dieses großartige Geschäft nicht entgehen lassen. Ohne über ein Betriebssystem zu verfügen, schloss Gates einen Vertrag über 186 000 US-Dollar mit IBM ab. Erst zwei Tage später konnte er liefern. Er hatte das Betriebssystem QDOS (Quick And Dirty Operating System) von der Firma Seattle Computer Products des Programmierers Tim Paterson für 50 000 Dollar gekauft – eine beachtliche Gewinnspanne. Microsofts Mitarbeiter veränderten das System leicht und gaben ihm den Namen MS-DOS.

Und hier kam der bereits genannte Programmierer Gary Kildall mit der Vorliebe fürs Angeln oder Segelfliegen wieder ins Spiel, denn erst nach Markteinführung entdeckte IBM, dass die Grundlage von MS-DOS eine CP/M-Variante war, an der Gary Kildalls Firma Digital Research Rechte besaß. Um rechtliche Schritte zu verhindern, flossen 800 000 Dollar in seine Richtung. Microsofts MS-DOS wurde ein Welterfolg und Bill Gates zum Milliardär.

Je mehr Megapixel, desto besser.

Viel hilft viel – das war schon immer eine fragwürdige Annahme. Boxen mit viel »Watt«, beliebt bei Zeitgenossen mit wenig Watt im Oberstübchen, zeichneten sich nicht immer durch guten Klang aus. Auch der Pixelwahn bei Digitalkameras beruht auf einer irrtümlichen Annahme: je mehr Bildpunkte, desto besser das Bild. Das mag zwar in der Vergangenheit der Digitalkameras gegolten haben, als es in den Leistungsdaten noch um zwei oder vier Megapixel ging. Bei heutigen Geräten bestimmen andere Faktoren mit über die Bildqualität. 16 oder mehr Megapixel kann man nämlich auf einen kleinen oder größeren lichtempfindlichen Chip – auch als Sensor bezeichnet – platzieren. Auf den kleinen und billigen Chips quetschen sich die Pixel auf engem Raum, was eine ganze Reihe von Bildfehlern verursachen kann. Ist der Chip der Kamera größer (und teurer), geschieht dies nicht, die Abbildung bleibt perfekt. Wer also eine Kamera mit hoher Auflösung möchte, muss zugleich nach der Größe des lichtempfindlichen Sensors schauen. Kameras mit einem großen Chip (mit sogenannten Vollformat-Sensoren) liefern schon bei sechs bis acht Megapixeln Auflösung weitaus bessere Bilder als 16-Megapixel-Billiggeräte mit Minisensor. Allerdings ist ihre Anschaffung eine Frage des Preises ...

Je schneller der Prozessor, desto schneller der Computer.

Diese Behauptung war vielleicht in der Frühzeit des Computers richtig. Es war entscheidend, ob ein Prozessor mit einem oder mit acht Megahertz getaktet war, also achtmal so schnell. Heute geht es um Gigahertz-Leistungen, und die unterschiedlichen Prozessoren liegen in ihren Taktungen nahe beieinander. Entscheidend für die Gesamtleistung eines Notebooks oder Desktopcomputers ist heute das Zusammenwirken seiner Komponenten. Ein Rechner mit einem schnellen Prozessor und einer langsamen Festplatte gleicht einem VW Käfer mit Porsche-Motor. Das Fahrwerk bremst sozusagen die Motorleistung aus. Auf einen Computer bezogen heißt das: Der Prozessor arbeitet sozusagen im Team mit allen anderen Komponenten des Rechners, die Taktung des Motherboards und des Arbeitsspeichers müssen zu seinen Leistungsdaten passen, der Arbeitsspeicher muss ausreichend groß sein, die Grafikkarte über genügend Leistung für einen schnellen Bildaufbau auch bei anspruchsvollen Anwendungen verfügen. Langsame Festplatten können einen an sich schnellen Rechner zur lahmen Schnecke machen, den größten Geschwindigkeitsgewinn in den 2010er-

Jahren bringt der Einbau einer SSD (Solid State Disk), die um ein Mehrfaches schneller sein kann als eine Festplatte.

Energiesparlampen nutzen der Umwelt.

Sie sollen für eine gesündere Umwelt sorgen, indem sie möglichst wenig Energie verbrauchen. Über ihre Energiebilanz entscheidet aber nicht nur ihr Stromverbrauch, sondern auch ihre Haltbarkeit, die bei Billigprodukten häufig weit hinter der anfangs versprochenen Zeitspanne zurückbleibt. Von 10 000 Stunden war mal die Rede. Schlimmer für die Umwelt aber ist, dass Energiesparlampen Quecksilber und Phenol enthalten, hochgiftige und gesundheitsschädliche Substanzen, die sorgfältig recycelt werden müssen. Defekte Energiesparlampen sind also Sondermüll und gehören nicht in den Hausabfall.

Giftige und krebserregende Stoffe wie Phenol fallen nicht nur bei der Entsorgung an, sondern werden auch im Gebrauch ausgegast. Dazu kommen Weichmacher aus den Plastikteilen. Quecksilber, Phenol, Weichmacher, Sondermüll – nützlich für die Umwelt? Am schlimmsten ist es, wenn eine Energiesparlampe herunterfällt und zerbricht. Dann sollte man sofort Fenster und Türen öffnen und den betreffenden Raum gut lüften. Ja, jetzt könnten Sie das Quecksilber bequem einatmen, da es schon bei Raumtemperatur verdunstet. Das wollen Sie nicht? Na gut, dann kommt das verdampfende Schwermetall sofort der ganzen Natur zugute. Mehrere Hundert Kilogramm werden jedes Jahr über Deutschland verteilt.

Und die Scherben? Das Quecksilber ist ja jetzt weg. Irrtum! Die Überreste sollte man zusammenfegen und in einem verschlossenen Behälter, zum Beispiel einem Deckelglas, unterbringen. Richten Sie sich doch einfach eine kleine Sondermülldeponie in Ihrer Wohnung ein. Sie wollen den ganzen Wahnsinn nicht? Dann kaufen Sie LED-Leuchten. Die sind ökologisch weitgehend unbedenklich und enthalten keine Schwermetalle, sind aber leider sehr, sehr teuer.

James Watt hat die Dampfmaschine erfunden.

James Watt war noch nicht einmal auf der Welt, als der englische Erfinder Thomas Newcomen (1663–1729) im Jahr 1712 die erste verwendbare Dampfmaschine entwickelte, die in Bergwerken zum Abpumpen von Wasser Verwendung fand. Zuvor hatten zwar einige Erfinder Versuche mit Dampfmaschinen angestellt, ihre unausgereiften Konstruktionen funktionierten jedoch nicht. James Watt (1736–1819) kann also nicht als der Erfinder der Dampfmaschine gelten. Sein Verdienst ist es, die Konstruktion von Dampfmaschinen verbessert zu haben, unter anderem durch ein Sicherheitsventil und einen externen Kondensator, mit dessen Hilfe der Wirkungsgrad der Maschine gesteigert werden konnte.

Durchlauferhitzer sind Energieverschwendung.

Sie drehen den Wasserhahn auf, in dem weißen Kasten unter dem Waschbecken glüht ein Heizdraht mit voller Leistung, die Kilowattstunden rasen nur so durch den Stromzähler. So die Vorstellung, und sie ist so falsch nicht. Allerdings, so bestätigt auch die Forschungsgesellschaft für Energiewirtschaft (FfE), ist diese Art von dezentraler Warmwasserbereitung unter Umständen deutlich effektiver als eine zentrale Warmwasserbevorratung, besonders im Sommer, wenn die

Zentralheizung eigentlich ausgeschaltet werden kann. Zum einen geht auf dem Weg vom Warmwasserbehälter bis zum Wasserhahn Energie verloren, zum anderen muss bei einer zentralen Warmwasserversorgung eine große Wassermenge über längere Zeit warm gehalten werden. Bei großen Warmwassermengen, zum Beispiel für eine vielköpfige Familie, ist die Erzeugung mit Primärenergie (wie etwa Gas) allerdings deutlich effektiver.

Teure Spezialkabel übermitteln ein besseres Audiosignal.

Auf der Suche nach dem absolut perfekten Sound schrecken High-End-Fanatiker vor keiner Investition zurück: Da gehen schnell einmal ein paar Zehntausend Euro über den Ladentisch des Fachgeschäfts. Doch trotz Vorverstärker, erlesener Röhrenendstufen und Lautsprechern zum Preis eines Kleinwagens ist der kritische Hörer nicht zufrieden. *Ist da nicht eine kleine Schwäche zwischen 8000 und 9500 Hertz? Könnte der Bass nicht noch satter rüberkommen? Wo ist die Schwachstelle?*, fragt man sich. *Die Kabel, das müssen die Kabel sein! Diese billigen Drahtbündel ruinieren den Hörgenuss!* Flugs wird Abhilfe geschaffen. Innen Silber, vergoldete Stecker, der Meter zu 500 Euro. Und jetzt der Schlag in die Magengrube, intensiv wie der Bass aus den Superboxen: Messtechnisch gibt es zwischen einem Kabel für zwei Euro pro Meter und einem solchen für 2000 Euro keinen Unterschied, so haben es professionelle Akustiker ermittelt, nicht einmal in den Stellen nach dem Komma. Der Hi-Fi-Händler an der Ecke, der bei den Kabeln ein paar Tausend Prozent Gewinnmarge macht, wird natürlich genau das Gegenteil behaupten. Glauben Sie ihm ruhig, wenn Sie das brauchen.

Der Computer wird langsamer, wenn die Festplatte voll ist.

Tausende von Sachbearbeitern und Sekretärinnen löschen jeden Tag Daten von ihren Festplatten in dem Glauben, der Computer sei »zu voll«. Wenn sich diese ahnungslosen Digitaldesperados in Bereiche des Datenträgers verirren, in dem Systemeinstellungen ihr Zuhause haben, könnte es sein, dass es für den Rechner gefährlich wird. Und glauben Sie nicht, die Selbstzerstörung durch einen Dilettanten würde heute nicht mehr funktionieren – nicht nur nach Murphys Gesetzen tritt auch jeder Fehler ein, der möglich ist.

Was das Tempo des Rechners betrifft: Irrtum, Leute, eure Daten sind unschuldig. Es ist nicht der Festplattenspeicher, sondern der zu kleine Arbeitsspeicher, der den Rechner oft ausbremst. Ist dieser mit aktiven Programmen ausgelastet, so muss der Prozessor zum Beispiel bei einem Programmwechsel Daten aus dem überlasteten Arbeitsspeicher auf die Festplatte auslagern, hörbar an den Schreibvorgängen auf der Platte. Und die ist in etwa 1000-mal langsamer als die Speicherchips des Arbeitsspeichers. Das kann dauern. Es ist zwar auch eine Festplattenkonstellation denkbar, die den Rechner ausbremst – nämlich eine solche, bei der die Festplatte ihre Speichergrenze fast erreicht hat und der Schreib-/Lesekopf nun für einen Speichervorgang mehrere kleinere freie Stellen auf der Platte aufsuchen muss –, aber dieser Zustand wird in einer Zeit, in der eine 500-Gigabyte-Festplatte als klein anzusehen ist, kaum noch erreicht. Festplatten in Büros sind in der Regel alles andere als voll.

Vergleichen wir den Computer mit einem Menschen: Wenn jemand seine geistige Kapazität (= Arbeitsspeicher) völlig ausgelastet hat, sodass er nur noch auf seinen Aktenschrank (= Festplattenspeicher) zurückgreifen kann, dürfte es völlig gleichgültig sein, wie voll dieser Aktenschrank ist – der betreffende Mensch sollte lieber dafür sorgen, dass er seinen Kopf freibekommt.

Und es existiert noch eine andere häufige Ursache für lahme Rechner: Wer sich jeden Quatsch aus dem Internet herunterlädt, unentbehrliche Hilfsprogramme, lustig-bunte Modifikationen des Betriebssystems, Software, die den Rechner zu beschleunigen verspricht, aber genau das Gegenteil tut und zusätzlich noch für einen Haufen lustiger Pop-ups sorgt, Utility- und Suchmaschinen-Bars für den Browser und dann womöglich auch noch drei verschiedene Virenschutzprogramme parallel installiert, muss sich nicht wundern, wenn der Rechner zur Schnecke wird. Besonders solche Programme, die Startobjekte und Hintergrundprozesse installieren, beschäftigen den Rechner beim Hochfahren minutenlang und verschwenden völlig unsinnigerweise seine Rechenleistung und den Arbeitsspeicher während des Arbeitens. Ein weiterer Meilenstein auf dem Weg zum totalen Stillstand ist es dann, wilde Deinstallationsorgien zu veranstalten – den betreffenden Ordner einfach in den Papierkorb zu werfen, statt ein überflüssiges Programm sauber über das System zu entfernen. Und nein, noch mal gesagt, es liegt nicht am Füllungsgrad der Festplatte. Ein gesunder Minimalismus und etwas Übersicht helfen weiter. Oder ganz einfach und analog gesagt: Weniger ist mehr.

Chuck Yeager erzeugte mit seiner Bell X-1 den ersten Überschallknall.

Ja, der amerikanische Pilot und spätere General schrieb Luftfahrtgeschichte. Am 14. Oktober 1947 durchbrach er mit dem Raketenflugzeug Bell X-1 als erster Mensch die Schallmauer und flog schneller als der Schall. Und nein, den ersten Überschallknall hat irgendjemand in grauer Vergangenheit produziert, vielleicht ein Bauer oder ein Fuhrmann, denn man braucht dazu kein Raketenflugzeug, sondern nichts weiter als eine Peitsche. Deren Lederriemen erreicht an der Spitze eine Geschwindigkeit von über 1100 Stundenkilometern. Die Folge: Es knallt heftig. Da die Peitsche schon vor vielen Tausend Jahren erfunden wurde, dürfte der Erzeuger des ersten Überschallknalls auf immer unbekannt bleiben.

Wäschetrockner verschwenden Energie.

Eigentlich sollte man sie nur verwenden, wenn es nicht anders geht, wenn man also keine andere Möglichkeit hat, seine Wäsche zu trocknen. Aber im Gegensatz zum Ablufttrockner der Vergangenheit benötigen moderne Wärmepumpentrockner nur noch zwischen 1,5 und 1,8 Kilowatt pro Betriebsstunde, etwa halb so viel wie ältere Geräte. Wer einen Trockner mit der Energieverbrauchskennzeichnung A+++ benutzt, hält den Schaden für die Umwelt in engen Grenzen. Noch positiver für das Klima: Leine und Wäscheklammer.

Edison hat die Glühbirne erfunden.

Nein, um eine der großartigsten Erfindungen der Menschheit streiten sich einige Urheber. Sie brachte uns allgegenwärtiges helles Licht und wurde gerade von der EU-Kommission verboten.

Die grundlegende Erfindung machte im Jahr 1802 der englische Chemiker Humphry Davy, der mit zwei Holzkohlestreifen erstmals einen Lichtbogen realisierte. Auf seinen Erkenntnissen aufbauend konstruierte Warner de la Rue 1820 eine frühe Form der Glühlampe mit einem Platinfaden in einem evakuierten Glaskolben, die »De-la-Rue-Lampe«. 1835 präsentierte der schottische Physiker James Bowman Lindsay als Erster eine Glühlampe, mit deren Hilfe man »ein Buch in einem Abstand von eineinhalb Fuß lesen« können sollte. Er verfolgte die Erfindung aber nicht weiter, sondern wandte sich anderen technischen Problemen zu. Auch der walisische Naturwissenschaftler William Robert Grove, einer der Väter der Brennstoffzelle, ließ sich 1840 seine erste Glühlampe mit einem spiralförmigen Platindraht nicht patentieren.

Der erste Patentinhaber war Frederick de Moleyns im Jahr 1841. Seine Glühbirne mit Holzkohlepulver zwischen zwei Platindrähten konnte sich jedoch nicht durchsetzen. Ein weiterer Versuch eines Pioniers scheiterte an Krankheit: Der amerikanische Erfinder John Wellington Starr erhielt im Jahr 1845 weitreichende Patente, hatte auch Geschäftspartner für die kommerzielle Realisierung seiner Idee gefunden, verstarb aber 1846 an Tuberkulose. Sein noch nicht völlig fertiggestelltes Projekt konnte nicht vollendet werden, die Geschäftspartner gaben auf.

Doch die Erfindung einer alltagstauglichen Glühbirne lag in der Luft: Mitte des 19. Jahrhunderts wurden zahlreiche weitere Patente angemeldet, aber ihre Realisierung scheiterte meist an der unzureichenden Vakuumtechnik. Da die verwendeten Glaskolben nicht ausreichend luftleer hergestellt werden konnten, fehlte es den damaligen Leuchtmitteln an Lebensdauer. Nur in einem ausreichenden Vakuum ist der Glühdraht einer Glühbirne vor Oxidation geschützt.

Einen entscheidenden Fortschritt brachte die Erfindung der leistungsfähigen Quecksilber-Vakuumpumpe durch den Glasbläser Dr. Heinrich Geissler. Der Physiker und Chemiker Hermann Sprengel (»Sprengel-Pumpe«) optimierte das

Gerät. Zahlreiche Erfinder in unterschiedlichen Nationen meldeten in den 1870er-Jahren Patente für ihre Version der Glühlampe an. Man experimentierte in aller Welt und versuchte, die damals übliche Lebensdauer von zehn Stunden maßgeblich zu verlängern. So erhielt 1874 der Russe Alexander Nikolajewitsch Lodygin ein Patent auf eine Glühlampe mit einem mit Stickstoff gefüllten Glaskolben. Auch der richtige Glühfaden wurde noch immer gesucht: Der britische Physiker und Chemiker Joseph Wilson Swan wählte 1860 zum Beispiel verkohltes Papier.

1878 gelang Swan die Herstellung einer Glühlampe, die er 1879 in England patentieren ließ – nahezu zeitgleich mit Thomas Alva Edison. Wer der Erste war, bleibt unklar, darüber streiten sich die Quellen. Nach anfänglichen Streitereien verbündeten sich die beiden Erfinder und eröffneten im Jahr 1883 in London eine gemeinsam Firma zur Herstellung von Glühlampen. Nun war es Thomas Alva Edison, der die Glühlampe verbesserte. Für sein Modell mit einem Glühfaden aus verkohlter Bambusfaser erhielt er am 27. Januar 1880 ein Patent in den USA. Diese geniale Birne hatte das Potenzial, die damals üblichen Gaslampen in Lebensdauer, Lichtausbeute und Sparsamkeit zu übertreffen und vom Markt zu verdrängen.

Ach ja, und da wäre noch Heinrich Göbel. Der aus Deutschland stammende, in die USA ausgewanderte Feinmechaniker behauptete 1893 in Zeitungsberichten, er habe bereits in den 1850er-Jahren Kohlefaserlampen gebaut und benutzt, ohne sie aber zum Patent anzumelden. Das hatte eine Reihe von Patentrechtsprozessen zur Folge, in denen Göbel seine Behauptungen aber nicht beweisen konnte. Dennoch bildete sich um den Tüftler aus Deutschland eine Legende, sein von selbst gebauten Glühlampen erleuchteter Laden geisterte durch Erzählungen, das Bild des Menschenfreunds (Göbel) gegen den geldgierigen Industriellen (Edison) zog Sympathien auf die Seite des Deutschen. Auch wenn das so nicht ganz korrekt war: Man kann das Geburtshaus des »wahren Erfinders der Glühlampe« in Springe besichtigen, wo es auch eine Heinrich-Göbel-Realschule und gleich mehrere nach ihm benannte Straßen gibt.

Um zum Ausgangspunkt zurückzukommen: Thomas Alva Edison hat die Glühbirne nicht erfunden, aber entscheidend verbessert. Schade, dass sie nun verboten ist.

Metall darf nicht in die Mikrowelle.

Darf es doch! Es ist nicht wirklich anzuraten, mit Metallgegenständen in der Mikrowelle zu hantieren, aber es ist vielleicht hilfreich, zu wissen, was geschieht, wenn ein Gegenstand aus Eisen oder einem anderen Metall in die Mikrowelle kommt. Teller oder Gläser mit echtem Goldrand verlieren deutlich an Schönheit – nach Knistern und Funkenschlag ist der Goldrand futsch. Schalen aus Metallfolie, so ermittelten Wissenschaftler des Fraunhofer Instituts für Verfahrenstechnik und Verpackung, eignen sich zur Nutzung in der Mikrowelle, sofern sie vollständig gefüllt und nach oben hin offen sind, wie es zum Beispiel eine Fischverpackung ist. Wer es probiert hat, weiß aber, dass es an Ecken und Spitzen der Metallverpackung zu Funkenschlag kommen kann. Sonderlich beruhigend wirkt das nicht.

Komplex geformte Gegenstände aus Metall wie etwa Gabeln eignen sich hervorragend zur Demonstration von elektrischen Blitzen. An ihren Zinken kommt es zu Spannungsübersprüngen, die sich übrigens auch zwischen einem Metallgegenstand und der Seitenwand der Mikrowelle ereignen können, wenn dieser der Wand zu nahe kommt. So bringen

Sie ohne großen Aufwand dramatische Illuminationseffekte in Ihr Haus. Überhaupt fließen in allen Objekten aus Metall in der Mikrowelle hohe Ströme, die sie stark erhitzen. Wenn Sie auf abenteuerliche Küchenexperimente stehen, haben Sie jetzt vielleicht einige Anregungen bekommen. Die vernünftige Hausfrau und ihr vernünftiger Hausmann raten ab. Glas belastet die Nerven deutlich weniger.

Die NASA hat Millionen Dollar für einen Weltraumkugelschreiber ausgegeben.

Das ist nur Teil eins des Irrtums, Teil zwei lautet: Im All kann man nur mit Kugelschreibern schreiben. Das ist nur bedingt richtig. Zwar verwendeten die ersten Astronauten Bleistifte für ihre Notizen, doch diese stellten ein Sicherheitsrisiko dar, das man auf den ersten Blick nicht erkennt. Holz und Grafit, die Bestandteile eines Bleistifts, könnten sich in der Atemluft eines Raumschiffs leicht entzünden, weil diese viel Sauerstoff enthält. Eine recht unwahrscheinliche Risikoeinschätzung? Augenfälliger ist die Gefahr durch abbrechende Bleistiftminen. Ihre Bruchstücke könnten in der Schwerelosigkeit in technische Geräte gelangen und dort Kurzschlüsse verursachen – Grafit leitet den Strom hervorragend. Außerdem könnten Fragmente den Astronauten in die Augen fliegen oder eingeatmet werden.

Deshalb verwendet die amerikanische Raumfahrtorganisation NASA keine Bleistifte mehr, sondern spezielle Kugelschreiber für Forschungsaufträge im All, sogenannte Space Pens, geliefert von der Firma Fisher Space Pen Co. Eine eigene Entwicklung hatte die NASA nach öffentlicher Kritik eingestellt, die dafür notwendige Summe von etwa 4300 Dollar erschien den Kritikern zu hoch. Ein Weltraumstift aus dieser Quelle hätte bei der georderten Stückzahl 128 Dollar gekostet. Gegen den Preis eines Space Pens kann aber niemand wirklich etwas haben – er kostet sechs Dollar, schreibt bei Temperaturen zwischen –45 °C bis +120 °C auf vielen Oberflächen, darunter Papier, Kunststoff, Fett oder Glas, und das sogar unter Wasser. Auch die sowjetische Konkurrenz setzt übrigens auf dieses Produkt. Die UdSSR erwarb 100 Space Pens und 1000 dazugehörige Patronen für ihre Sojus-Kosmonauten. Zuvor hatten sie Bleistifte oder Fettstifte verwendet.

Die Geschichte von der Millioneninvestition der NASA für ein Schreibgerät ist eine moderne Legende, die bei uns durch fehlerhafte Berichterstattung in Fernsehen und Tageszeitung verbreitet wurde. Die Fakten sind: Die NASA zahlte sechs Dollar pro Stück, nicht mehr.

Zerkratzte Teflonpfannen darf man nicht mehr verwenden.

Die Vorstellung, dass sich Kunststoffpartikel ablösen könnten, die dann im Körper Schaden anrichten, empfinden viele Menschen als unangenehm, aber Teflon wurde ja gerade zu dem Zweck entwickelt, nirgendwo haften zu bleiben. Ein einzelner Kratzer, zum Beispiel durch missbräuchliche Nutzung eines Messers entstanden, dürfte wenig ausmachen. Bei einer stark zerkratzten Pfanne könnten sich hingegen mehr Partikel lösen. Ob die Vorstellung, ein gut mit Polytetrafluorethylen-Flocken (aus genau dieser Substanz besteht Teflon) durchmischtes Essen zu sich zu nehmen, reizvoll ist, muss jeder selbst entscheiden.

Teflon in der Küche birgt allerdings eine andere Gefahr: Wenn man eine leere Teflonpfanne sehr stark erhitzt, können sich schon ab etwa 200 °C gefährliche Gase bilden, die zum Beispiel Ihren Wellensittich oder Papagei von der Stange hauen. Vögel haben ein empfindlicheres Atemsystem und reagieren sehr viel stärker auf Teflondämpfe als Menschen. Wenn sie einmal eingeatmet sind, kann auch der Tierarzt nicht mehr helfen.

Neusilber ist eine Silberlegierung.

Falsch. Der Name ist irreführend, in Neusilber ist nicht einmal eine Spur des Edelmetalls Silber enthalten. Diese Legierung besteht aus einem Kupfer-Nickel-Zink-Gemisch, zeichnet sich durch hohe Korrosionsbeständigkeit aus und sieht zudem noch dem Silber ähnlich. Eine seiner negativen Eigenschaften – Silber läuft schwarz an – hat Neusilber nicht. Deshalb wird es unter dem Namen *Hotelsilber* in der Gastronomie eingesetzt. Dort ist es Ihnen vielleicht einmal begegnet. Neben Essbesteck werden auch Möbelbeschläge und Schmuck aus Neusilber hergestellt, es ist sogar widerstandsfähig genug für den Gebrauch als Schlüssel. Noch ein weiterer Vorteil: Diebstahl lohnt sich nicht – schon vom Materialwert her. Während ein Kilogramm Silber vom Wert her bei ungefähr 450 Euro liegt, zahlt der Schrotthändler für Neusilber nur 2,50 Euro pro Kilo.

Graham Bell hat das Telefon erfunden.

Obwohl sein Name in vielen Köpfen mit dem Fernsprecher verbunden ist, ist er nicht der Erfinder des Telefons. Der aus Florenz stammende Antonio Meucci konnte bereits 1860 *teletrofonieren*. Das von ihm konstruierte funktionierende Gerät nannte er nämlich *teletrofono*. Er meldete es 1871 zum provisorischen Patent an, geriet aber durch einen Unfall und Krankheit in missliche Umstände und versäumte es 1874, die Summe von zehn Dollar zur Erneuerung seines Patents einzuzahlen. Als Graham Bell 1876 sein Patent für das Telefon erhielt, versuchte Meucci, auf dem Klageweg zu seinem Recht als Erfinder zukommen, verstarb aber 1889, während die Justiz noch kein Urteil über seine Klage gefunden hatte. Dabei hatte Antonio Meucci vermutlich gute Aussichten auf ein Urteil zu seinen Gunsten, denn er hatte Skizzen und Modelle seines Geräts an die Western Union Telegraph Company gesandt, wo sie auf rätselhafte Weise verschwanden. Ebenfalls Angestellter dieser damals wichtigsten Telefongesellschaft war: Alexander Graham Bell.

Strg auf der deutschen PC-Tastatur steht für *String*.

Das glaubt so mancher, der noch nicht über die Beschriftung dieser Taste nachgedacht hat, es verhält sich aber nicht so. Die Ursache könnte sein, dass die Abkürzung *strg* in der englischen Sprache häufig für *string* gebraucht wird. Das deutsche *Strg* bedeutet aber *Steuerung*, und wer auf eine englische Tastatur schaut, findet an derselben Stelle die Abkürzung *Ctrl* für *control*, also für *Kontrolle, Steuerung*.

Außerdem wäre die Frage zu klären: Welchen Zweck sollte die Taste *String* (= Zeichenkette) auf der deutschen Tastatur erfüllen? Niemand gibt mit ihrer Hilfe am Rechner Zeichenketten ein.

Wenn gerade einmal die Computertastatur das Thema ist: Was bedeutet eigentlich die Taste *Alt Gr*? Altgriechisch, Altenheimgruppe, alternative Größe? Alternativ ist schon nicht schlecht, *Alt Gr* steht für *alternative graphic* – diese Beschriftung und Deutung ist auch nicht gerade einfach mit Sinn zu erfüllen. Und die *Entf*-Taste steht nicht für *Entfetten*, sondern definitiv für *Entfernen*.

Um die Verwirrung komplett zu machen: Wer ist bloß auf die Idee gekommen, die dritte Taste von unten links auf die PC-Tastatur zu bringen? *Shift lock* oder *Caps lock* dürfte mit Abstand die Taste auf dem Keyboard sein, die den Benutzern den größten Ärger bereitet. Haben Sie nicht auch schon mehrere Zeilen in Großbuchstaben geschrieben? Wer sollte diese Taste wozu brauchen? Apropos brauchen: Haben Sie jemals die Tasten *Rollen* oder *Pause* auf Ihrem Keyboard benutzt?

Teflon ist ein Nebenprodukt der Raumfahrt.

Das Material sieht aus wie von einer anderen Welt und besitzt ziemlich ungewöhnliche Eigenschaften. Nicht zuletzt deshalb fand die moderne Legende, Teflon sei ein Nebenprodukt der Raumfahrt und die Teflonpfanne quasi ein Geschenk der NASA an den durchschnittlichen Haushalt, so begeisterten Zuspruch. Die Wirklichkeit sieht aber anders aus. Bereits 1938 wurde Teflon von der amerikanischen Firma DuPont entwickelt, lange bevor Sputnik 1 oder irgendein anderes Raumfahrzeug ins Weltall geflogen waren. Auf der Suche nach neuen Kältemitteln für Kühlschränke entdeckte der Chemiker Roy Plunkett mehr oder weniger zufällig das Polytetrafluorethylen, heute Teflon genannt. Die technische Verwendung in der Bratpfanne ließ noch etliche Jahre auf sich warten. Zuvor wurde Teflon in den 1940er-Jahren beim Bau der Atombombe und der dazu notwendigen Urananreicherung eingesetzt: Es schützte als Beschichtung die Oberfläche der Behälter, in denen das aggressive Uranhexafluorid gelagert wurde, das sonst alle Materialien in kurzer Zeit korrodierte.

1954 nutzte der französische Chemiker Marc Grégoire Teflon zur Beschichtung von Angelschnüren. Seine Ehefrau hatte die Idee mit der Beschichtung von Kochgeschirr – Teflon trat seinen Siegeszug an.

Die NASA verwendete zwar in den Apollo-Kapseln Teflon als Isoliermaterial für Kabel, dazu war aber keine Neuentwicklung notwendig: Die Techniker griffen auf das bereits vorhandene und erprobte Material zurück.

Tatsächliche Spin-offs der Raumfahrttechnik sind zum Beispiel der Strichcode auf Waren, die aluminiumbeschichtete Folie, die heute zur Verpackung von Kartoffelchips und anderen Lebensmitteln verwendet wird, der Klettverschluss, die spiegelnde Beschichtung von Sonnenbrillen, bestimmte Titanlegierungen, akkubetriebene Werkzeuge und Haushaltsgeräte, sehr kleinen Pumpen, die in der Medizin eingesetzt werden, und die Chips, die den Bau von Taschenrechnern und unseren heutigen, relativ kleinen Computern möglich machten. Vielleicht denken Sie einmal daran, wenn Ihnen bei der Benutzung der Bratpfanne wieder der Irrtum vom Raumfahrtprodukt Teflon durch den Kopf geht.

Gutenberg hat den Buchdruck erfunden.

Johannes Gensfleisch, genannt Gutenberg, lebte im 15. Jahrhundert und ist der Erfinder des Buchdrucks. Richtig? Selbstverständlich! Nein, falsch. Schon Jahrhunderte vor seiner Erfindung wurden Bücher mithilfe von spiegelverkehrt hergestellten Holzschnitten gedruckt. Ebenfalls Jahrhunderte vor ihm, nämlich bereits um das Jahr 1040, druckte der chinesische Meister Bi Sheng sogar mit beweglichen Lettern. Er fertigte für jedes Zeichen eigene Stempel aus Ton, aus denen er mithilfe von Wachs und Harz einen Druckstock herstellte.

Wáng Zhēn (1260–1330) fertigte – noch immer lange Zeit vor Gutenberg – bewegliche Lettern aus Holz. Allerdings konnte sich diese Art zu drucken in China nicht durchsetzen, was sich einfach aus der Tatsache erklärt, dass die vielen Hundert und Tausend Schriftzeichen des chinesischen Schriftsystems dies quasi unmöglich machten.

Das Verdienst von Johannes Gutenberg: Er hat mit seiner Erfindung der aus Metall gegossenen Lettern eine einfache Fertigung von Druckvorlagen möglich gemacht. Den Buchdruck als solchen hat Gutenberg nicht erfunden.

Man kann Rasierklingen mithilfe einer Pyramide schärfen.

Eine Pyramide ist schon ein besonderer Körper, so viele Pharaonen können sich nicht irren – denkt sich sicher mancher Zeitgenosse, der für esoterische Deutungsangebote empfindsam ist. Pyramiden in allen Formen und Materialien werden vom einschlägigen Handel vertrieben. Mancher hebt Lebensmittel, vor allem Fleisch, unter einer Glaspyramide auf, was ihren Nährwert ganz ohne Kühlschrank erhalten soll. Aber so eine Pyramide kann noch mehr, glaubt der Esoteriker – sie macht auch den letzten Scherenschleifer arbeitslos. Messer, Scheren und Rasierklingen werden unter die Pyramide gelegt und sollen nach einer gewissen Einwirkungszeit einen Schärfungseffekt erhalten – oder zumindest nicht stumpfer werden.

Diese modernen Legenden haben mehrere Ursprünge. Einer liegt vermutlich bei einem französischen Kesselschmied und Radiästhesisten namens Antoine Bovis. Die Radiästhesie glaubt an eine feinstoffliche Energie, quasi eine Lebensenergie, die alles durchströmt. Besagter Antoine Bovis behauptete nun, er habe in einer Grabkammer der Cheopspyramide Tierkadaver gefunden, die trotz der langen Zeit ihrer Lagerung keine Anzeichen von Verwesung zeigten. Allerdings hat diese Behauptung einen kleinen Schönheitsfehler: An anderer Stelle in seinen Aufzeichnungen gibt Antoine Bovis zu, niemals in der Cheopspyramide gewesen zu sein ...

Den Scherenschleifereffekt ließ sich der tschechische Erfinder Karel Drbal in den frühen Fünfzigerjahren des 20. Jahrhunderts sogar patentieren (tschechisches Patent Nr. 91304). Seine »Erfindung«: eine Papp-Pyramide. Lagert man Rasierklingen darunter, so bleiben sie für 100 und mehr Rasuren scharf – gewöhnlich muss man sie nach etwa fünfmaliger Nutzung austauschen. Wissenschaftlich nachweisen ließ sich der Effekt nicht. Ebenfalls in Verdacht: Colonel Musselwhite. Unter diesem Pseudonym veröffentlichte der schottische Physiker Reginald Jones 1939 einen scherzhaft gemeinten Leserbrief in der Londoner »Times«, in dem er behauptete, stumpfe Rasierklingen würden bei geeigneter Ausrichtung entlang der Feldlinien durch das Magnetfeld der Erde wieder geschärft.

Olle Kamellen unter aller Sau

Sprache

Ihre Begriffe sind das Werkzeug unseres Denkens, das ohne sie keine mitteilbare Form annehmen könnte. Gegen den Virus des Irrtums sind sie selbst und ihre Wörter ebenso wenig gefeit wie die Personen, die sie benutzen. Sprache kann Wahrheiten transportieren, die größten Irrtümer unglaublich glaubwürdig und wahr erscheinen lassen, und sie kann selbst voller Fehler und Ungenauigkeiten stecken. Das folgende Kapitel soll ein paar häufige und einige der neuesten Sprachirrtümer benennen.

Handy ist das englische Wort für Mobiltelefon.

Der Witz hat einen Bart, das Wort *Handy* stammt aus dem Schwäbischen, und die alles erklärende Frage lautet: »Hen die koi Schnur?« Nein, dieses kuriose Wort ist ein sogenannter Scheinanglizismus wie zum Beispiel auch die Wörter *Basecap*, *Oldtimer* und *Beamer* – die kennt niemand in Großbritannien oder den USA. Nicht, dass es das Wort *handy* im Englischen oder Amerikanischen nicht gäbe, es ist ein Adjektiv und bedeutet etwas ganz anderes, nämlich in etwa so viel wie das deutsche Wort *handlich*. Oder *praktisch, nützlich, passend, bequem* – alles das, nur eben nicht *Mobiltelefon*. Als beschreibende Aussage über ein Mädchen kann es auch etwas leicht Anrüchiges bedeuten. Mobiltelefone heißen im englischen Sprachraum *mobile, cellphone, cellular* oder salopp *cellie*, aber keinesfalls *Handy*.

Ein weiterer haarsträubender Scheinanglizismus ist besonders dämlich: *Public Viewing*. Die kollektiven Fußballorgien vor der Megaglotze werden hier mit einem Begriff bezeichnet, der im Englischen so viel wie *Leichenschau* bedeutet. Auch der modische *Body Bag*, den sich Melanie locker übergeworfen hat, enthält sprachlich Nekrophiles: So nennt das Englisch sprechende Militär seine Leichensäcke.

Die *Basecap* heißt *Baseball Cap*, der *Beamer* ist ein Fahrzeug der Marke BMW, das eigentlich gemeinte Gerät heißt *data projector* oder *video projector*, und auch sonst geben wir uns alle Mühe, uns in der Englisch sprechenden Welt sprachlich lächerlich zu machen.

Ein Herzkatheder kann Leben retten.

Irrtum! Ein Katheder war in vergangenen Tagen das Pult eines Lehrers oder Hochschullehrers, und der Versuch, dieses Teil durch die Vene ins Herz einzuführen, wäre nicht nur ziemlich unsinnig – es wäre unmöglich. Dennoch schaffen es sogar deutsche Journalisten nicht, das Wort *Herzkatheter* korrekt zu benutzen. Ein Katheter ist ein Röhrchen oder Schlauch zum Einführen in den Körper, um an Ort und Stelle zu behandeln. Auch bei der Suche im Internet – Google versucht das immerhin zu korrigieren – finden sich mehr Katheder als Katheter ... Die armen Patienten.

Herren sind herrlich, Damen sind dämlich.

Irrtum! Dass eine solche Herleitung manchem Macho gefallen könnte, liegt auf der Hand, aber den Gefallen tut ihnen die Sprache (weiblich!) nicht. Das Adjektiv *dämlich* leitet sich etymologisch vom niederdeutschen *dämelen* her, und das bedeutet in etwa *sich kindisch benehmen, nicht ganz bei sich, nicht recht bei Sinnen sein*. Das Wort *Dame* hingegen geht zurück auf das lateinische *domina* und letztlich auf *domus*, das Haus. Die Dame ist also die Chefin im Haus und keineswegs dämlich.

Herr stammt vom mittelhochdeutschen *hehr* ab und bedeutet *erhaben, vornehm*. So sind Adlige zum Beispiel von *hehrer* Herkunft. Auf dasselbe Wort *hehr* lässt sich auch der *Herr* zurückverfolgen.

Am Ende des Monats bekommt der Arbeitnehmer sein Endgeld.

Auch wenn es um Bargeld auf die Kralle geht und der Monat schon zu Ende ist: Die Arbeit des fleißigen Proletariers wird *entgolten*, er bekommt sein *Entgelt* – ein Wort mit Betonung auf der letzten Silbe. Das zugehörige Verb heißt *entgelten*.

Wenn Gewerkschaften Tarifverhandlungen führen, kämpfen sie um ein höheres *Entgelt* – und nicht um das *Endgeld*, wie immer wieder einmal ein Mitglied der schreibenden Zunft berichtet. Achten Sie einmal darauf, wenn Sie die Nachrichten hören – noch ist die Aufmerksamkeit für diesen Sprachirrtum nicht sehr groß, so dämlich er auch ist. Vorschlag: Mit *Endgeld* könnte man den geringen Geldbetrag benennen, den der Rundfunk- oder Fernsehjournalist zu seiner Amtsenthebung erhalten sollte, wenn er zum wiederholten Male über Tarifverhandlungen berichtet und durch seine Aussprache des Wortes *Entgelt* klargemacht hat, dass er noch nie etwas von dem Verb *entgelten* gehört hat.

Der Wunsch »Guten Rutsch!« hat etwas mit Rutschen zu tun.

Trotz der winterlichen Jahreszeit: Nein! Man wünscht sich einen guten Rutsch und weiß eigentlich nicht, warum. Es mag sein, dass es in den Monaten Dezember und Januar draußen recht rutschig ist, aber warum sollte jemand ausgerechnet vom einen in das andere Jahr *rutschen*? Es handelt sich um einen sehr weit eingebürgerten, kapitalen sprachlichen Irrtum: Im Jiddischen heißt das neue Jahr *schono rosch* – und daraus ist irgendwie der schöne und später der gute Rutsch geworden. So einfach ist das.

Hechtsuppe zieht.

So müsste man formulieren, wenn man den Irrtum in der Redewendung »Hier zieht es wie Hechtsuppe!« benennen wollte. So sagt man, wenn ein kühler Luftzug oder gar ein eisiger

Wind durch das Zimmer weht, und wenn man darüber nachdenkt, fragt man sich: Was haben der Raubfisch und die aus
ihm bereitete Suppe denn mit allzu gut gelüfteten Wohnräu-
men zu tun? Geht es hier um eine kuriose Küchenweisheit?
Zieht Hechtsuppe, und wenn ja, was zieht sie? Alles ist wieder einmal ein Irrtum: Die Redewendung soll aus dem Jiddischen stammen, und in dieser Sprache bedeutet *hech supha*
nichts weiter als *starker Wind*. Aber auch das zweifeln manche Etymologen an, und wenn sie recht hätten, läge die Entstehung dieser Redewendung völlig im Dunkeln.

Die Angst vor engen Räumen heißt Platzangst.

Sie kennen das vielleicht, der Aufzug ist klein, und jetzt sollen vier Personen hinein. Jemand zögert und sagt: »Fahrt
ohne mich, ich nehme die Treppe, sonst kriege ich Platz-
angst!« Genau genommen bekommt betreffender Mensch
ein Gefühl von Klaustrophobie, in der Übersetzung etwa
»die Angst, eingeschlossen zu werden« *(claustrum = Schloss,
Riegel)*, in der Fachsprache auch Raumangst genannt. Platz-
angst ist fachsprachlich der deutsche Begriff für die Agora-
phobie, die Angst vor großen weiten Plätzen und leeren Flä-
chen.

Wer nichts mehr zu essen hat, nagt am Hungertuch.

Oh je, es muss schon schlimm um die Ernährungslage stehen, wenn textile Ersatznahrung gefragt ist. So ein Hungertuch muss doch grauenvoll schmecken! Sicherlich, aber auch

wenn der Kühlschrank leer ist, müssen Sie nicht irgendeinen alten Stofffetzen mit Messer und Gabel traktieren. Die Sache hat folgenden Ursprung: Eigentlich sollten die Christen in der Fastenzeit ein Altartuch für die Kirche fertigen, also *am Hungertuch nähen*, aber irgendwie waren wohl sprachlich *Hunger* und *nagen* näher beieinander. Zunächst bezog sich die Redensart auf die karge Küche während der Fastenzeit, dann weitete sich ihr Sinn auf alle Hungerleidenden aus.

Eine Schrift ist dann unleserlich, wenn sie kein Schwein lesen kann.

Selbst eine EU-Bestimmung würde die Alphabetisierung von Schweinen nicht befördern können. Schweine lesen nicht. Was also haben sie in der Redewendung zu suchen? In Norddeutschland lebte eine angesehene und gebildete Familie mit Namen Swyn, die der Landbevölkerung häufig Hilfestellung geben musste, wenn es um das Lesen ging. Allerdings waren manche der Schriftstücke meist amtlicher Provenienz mit einer so unleserlichen Handschrift geschrieben, dass nicht einmal ein Mitglied der gebildeten Familie Swyn sie entziffern konnte. *Dat kann ja kin Swyn lesen!* wurde bald zum kennzeichnenden Ausdruck für unleserliche Texte und nahm sogar seinen Weg aus dem Plattdeutschen in die Hochsprache.

Deine Leistungen sind unter aller Sau!

Man kann eine Aufgabe gut, noch ganz passabel oder haarsträubend schlecht erledigen. Wenn jemand es gar nicht bringt, sagt man, seine Leistung sei *unter aller Sau*. Gemeint ist aber ursprünglich nicht das etwas schmutzige Muttertier vom Schwein, sondern ein Wort aus dem Jiddischen: *seo* bedeutet zu Deutsch in etwa *Maßstab*. Aus *unter aller seo* konnte im Alltagsgebrauch natürlich schnell die heutige Version entstehen, zumal das darin benannte, als schmutzig geltende Tier der Beschimpfung noch einen üblen moralischen Beiklang verpasste.

Da gehst du vor die Hunde!

Und noch ein unschuldiges Tier, in diesem Fall der Hund, muss für eine Redewendung herhalten, die heutzutage irrtümlich verstanden wird. Waldi oder Harras sind unschuldig. Das Idiom hat nichts mit den beliebtesten Haustieren zu tun, sondern stammt aus dem Bergbau. Dort transportierte der Bergmann in vergangenen Tagen das dem Berg abgerungene Erz oder die Kohle in einem kleinen Wagen, *Hunt* genannt. Zu den unangenehmsten Tätigkeiten gehörte es, einen oder mehrere dieser Wagen durch die Stollen zu ziehen, und genau das musste tun, wer *vor die Hunte ging*.

Die ollen Kamellen sind die vertrockneten Bonbons vom letzten Rosenmontagszug.

Es geht nicht um die kaum noch genießbaren Süßigkeiten vom vorjährigen Rosenmontagszug. Gemeint sind in dieser Redensart Kamillenpflanzen, die so lange gelagert wurden, dass sie ihre Wirkung und Heilkraft verloren haben – also eher eine Redensart aus der Apotheke der Natur. Man benutzt sie, um bereits lang bekannte Sachverhalte oder Erkenntnisse als solche zu bezeichnen.

Mit Händen und Füßen kann man sich überall verständigen.

Hier geht es jetzt nicht um die gesprochene Sprache, sondern um die wortlose Verständigung, ein wichtiges Hilfsmittel im Ausland, wenn die Worte fehlen. Mit Gestikulieren kommt man überall durch, oder?

Und warum habe ich jetzt ein blaues Auge? Die Annahme, alle Menschen auf der Erde würden alle Gesten gleich verstehen, kann in der Tat fatale Folgen bis hin zu Körperschäden haben. Wer ein Land bereist, ohne sich in der Landessprache verständigen zu können, kommt nicht immer mit Händen und Füßen durch. Manchmal erreicht so ein sprachunkundiger Tourist durch die falschen Gebärden ziemlich unerwünschte Effekte, übermittelt er doch – verstanden in der »Landessprache« – fragwürdige oder beleidigende Inhalte.

Zwar gibt es Gebärden, die international gleich verstanden werden, aber man würde erwarten, dass es mehr Übereinstimmungen gibt, als dies der Fall ist. Es sind unerwartet wenige Kongruenzen, manches ist ausgesprochen missverständlich, und im Nu tappt man von Fettnäpfchen zu Fettnäpfchen.

– Kreuzt der US-Amerikaner Mittel- und Zeigefinger, will er nicht etwa satanische Kräfte bannen und auch keinen Schwur ungültig machen, sondern er wünscht Ihnen einfach »good luck«. Er will damit dasselbe sagen wie ein Deutscher, der die Daumen-drücken-Geste zeigt.

– Krasse Differenzen ergeben sich auch im Verständnis einer weiteren Geste: Wenn Sie in Deutschland mit Daumen und Zeigefinger einen Kreis formen, lässt sich daraus ein gewisses Schimpfwort ablesen. Dasselbe gilt in Brasilien. Bürger der Vereinigten Staaten hingegen formen denselben Kreis und halten ihn winkend empor. Das bedeutet nicht etwa, dass sie jeden Deutschen für ein A... halten, sondern so viel wie »in Ordnung«, »saubere Sache«, »okay«.

- Der nach oben gerichtete einzelne oder doppelte Daumen – »thumbs up« – drückt dasselbe aus. Mit dieser Geste kämen Sie im Iran allerdings in Teufels Küche – sie bedeutet dort in etwa dasselbe wie bei uns oder in Amerika ein ausgestreckter Mittelfinger. Vielleicht pflegen die beiden Nationen auch deshalb nicht gerade freundschaftliche Beziehungen. In der Türkei wird der hochgereckte Daumen als ziemlich vulgäre Aufforderung zum Geschlechtsverkehr gedeutet.

- Wenn Sie mithilfe der Hände im Biergarten Getränke bestellen wollen, funktioniert das in Deutschland recht gut: den Daumen und den Zeigefinger in die Luft gehalten – die Bedienung bringt zwei Bier. In China hingegen würden Sie sechs Bier bekommen, weil dort der Daumen für die Zahl 5 steht, in Indonesien sogar sieben Getränke, weil der Daumen hier die Zahl 6 symbolisiert.

- Während Sie sich in Deutschland mit hochgestrecktem kleinen und Zeigefinger als Satanist oder Heavy-Metal-Fan outen, teilen Sie einem Italiener in seinem Heimatland mit, dass seine Frau ihm Hörner aufsetzt, ihn also betrügt. Sollte besagter Herr Sie für den Liebhaber halten, der sich auch noch über ihn lustig macht, kann es gefährlich werden.

- In Thailand oder anderen Ländern Asiens greifen Sie daneben, wenn Sie einem Kind den Kopf tätscheln. Dieser Körperteil ist nämlich im Buddhismus Sitz der Seele und für Berührungen durch Fremde tabu. Ebenfalls nicht ohne Probleme: der Gesichtsausdruck. Ein gelassenes Lächeln kommt immer gut an, während Herumalbern, Kichern und lautes Lachen als Zeichen für Unsicherheit und Nervosität gedeutet werden. Auch ist es nicht gut, seinem Gegenüber bei der Begrüßung allzu bestimmt und zu lange in die Augen zu schauen.

- Mit dem nackten Zeigefinger auf einen Menschen zu zeigen gilt auch in Deutschland nicht als fein. Als einen Affront begreifen Thailänder diese Geste, in Südafrika gilt sie sogar als Angriff auf eine Person.
- Der Zeigefinger an der Stirn sagt einem Bundesbürger möglicherweise: »Du tickst doch nicht richtig, mit deinem Oberstübchen stimmt was nicht.« In den USA tippt sich an die Stirn, wer seinem Gegenüber Anerkennung aussprechen will.

Das hier ist nicht etwa eine vollständige Liste aller möglichen Missverständnisse; es gibt darüber hinaus eine große Anzahl sehr unterschiedlich aufgenommener Aussagen der Körpersprache. Wenn Sie unsicher sind, behalten Sie am besten Ihre Hände bei sich. Möglicherweise hilft der digitale Übersetzer weiter.

Jedes Wohnviertel ist ein Kiez.

Manche Worte haben plötzlich Konjunktur: Der Begriff *Kiez* bezeichnete früher ein kleines, überschaubares Gebiet in einer Stadt, zum Beispiel rund um einen Platz oder in der Umgebung einer Straße, in dem sich ein eigenes soziales Leben herausgebildet hatte. Er war in der Hauptsache in Norddeutschland und in Berlin im Gebrauch. In Hamburg wurde das Amüsierviertel rund um die Reeperbahn als Kiez bezeichnet. Mit einem Mal jedoch brach der Kiez aus seinem Kiez aus, und mittlerweile kiezt es in jeder Tageszeitung und in jedem Rundfunkfeature, dass es ein wahrer Schrecken ist.

Der Kiez wurde nach Bayern und Baden-Württemberg exportiert, es kiezt im Ruhrgebiet, in italienischen Städten, in Eifeldörfern und afrikanischen Slums. Vermutlich wird der Papst bald im Kiez um den Vatikan wohnen. Nein, liebe Journalisten, nicht jeder Stadtteil ist ein Kiez – mit Ausnahme von Berlin, doch da gelten ja ohnehin andere Regeln. Bitte, bitte, lasst den Kiez in der Kiste! Für das, was ihr bezeichnen möchtet, gibt es doch das schöne Wort Stadtviertel. Aber das genügt euch ja auch nicht mehr.

Ein Quartier ist ein Stadtviertel.

Im Deutschen bezeichnet dieses Wort eine Unterkunft, eine Wohngelegenheit oder auch die Unterbringung eines Soldaten oder Wanderers. Im Französischen bedeutet das Wort *quartier* so viel wie *Stadtviertel*, denn das Viertel steckt darin: *quatre* bezeichnet die Zahl Vier. Leider gehört dieses Wort zu den Tatwaffen in einem Krieg, den manche Journalisten gegen die deutsche Sprache führen. Nicht genug damit, dass *Stadtviertel* in Ermangelung von Synonymen (der deutsche Journalist benutzt nie ein und dasselbe Wort zweimal) ständig zu *Kiezen* ernannt werden, es scheint, als gelte es für einen professionellen Schreiber unbedingt, das böse Wort *Stadtviertel* oder auch nur *Viertel* überhaupt zu vermeiden. Vielleicht fällt dem Autor der Himmel auf den Kopf, wenn er eines dieser beiden Wörter ausspricht, und so verfällt er lieber ins *Frankleutsch* oder *Deuzösische*. Ohne weiter nachzudenken, quartiert er sich in einer fragwürdigen Nische der Sprachvermischung ein und reißt dabei ganze Stadtviertel ein. Vielleicht liegt es aber auch daran, dass Microsoft im Thesaurus von Word das französische *Quartier* als Synonym für das Stadtviertel nennt. Aber, liebe Journalisten, dort finden sich auch die *Gegend* und der *Stadtbezirk*. Oder sind die Experten schuld?

»Es gibt **Quartiere**, die in der Gründerzeit entstanden sind; also **Quartiere** aus der Zeit der Industrialisierung mit Altbausubstanz, häufig innerstädtisch gelegen, dann gibt es **Quartiere**, die eher dem Reformwohnungsbau zuzurechnen sind, gartenstadtähnliche **Quartiere**. **Quartiere**, die nach dem Zweiten Weltkrieg im Wiederaufbau entstanden sind, mit schlechter Bausubstanz, in Zeilenbauweise … die Großsiedlungen im Westen und im Osten, Plattenbaugebiete. … Am Stadtrand, das sind die Einfamilienhaus**quartiere**. Und dann so Besonderheiten, überprägte Dorfkerne an den Stadträndern oder Investment**quartiere** seit den 90er-Jahren.« (Dr. Olaf Schnur, Stadtgeograf an der Universität Tübingen)

Die Schuld beim Auffahren ohne Personalausweis

Recht und Gesetz

Welches Themengebiet bietet sich eher für Irrtümer an als die Jurisprudenz? Wie es in allen Bereichen des menschlichen Lebens zu juristischen Auseinander-setzungen kommen kann, so sind auch juristische Irr-tümer weitverbreitet – ob auf der Straße, am Arbeits-platz oder im Verhältnis von Nachbarn. Hier ein paar gängige Fehleinschätzungen aus vielen Erfahrungs-bereichen.

Der Kommissar sagt zum Verbrecher: »Sie sind verhaftet!«

Nein, Haft darf in Deutschland nur ein Haftrichter anordnen. Die richtige Formulierung müsste lauten: »Sie sind vorläufig festgenommen.« Einen auf frischer Tat erwischten Ganoven darf übrigens jedermann vorläufig festnehmen. Man sollte allerdings nicht allzu leichtsinnig Polizei spielen, denn die kriminelle Energie des Täters kann sich auch gegen jemanden richten, der ihn am Tatort festhalten will.

Wer auffährt, hat Schuld.

Dies ist wohl eine der Horrorvorstellungen eines jeden Autofahrers: Auf der Straße vor dem Wagen steht plötzlich ein Hindernis, ein Pannenfahrzeug oder ein langsamer Planwagen voller betrunkener Betriebsausflügler. Oder gar ein Tanklastzug mit 30 000 Litern Benzin. Hoch erschrocken tritt der Fahrer auf die Bremse – wird der Bremsweg reichen? Oder noch schlimmer: Der Bremsfußtritt ins Leere, da ist keine Bremswirkung. Und das Allerschlimmste an der Sache: Wer auffährt, hat Schuld. Dieser unsinnige Lehrsatz schießt einem Wagenlenker kurz vor dem Crash durch den Kopf, der möglicherweise sogar sein Ende bringen kann. Gilt diese eherne Regel wirklich?

Juristisch trägt die Schuld an einem Unfall, wer gegen die gültigen Verkehrsregeln verstößt, sei es fahrlässig oder mit Vorsatz. Eine zu hohe Geschwindigkeit oder ein zu geringer Sicherheitsabstand sind solche Verstöße gegen die Verkehrsregeln. Aber ein Auffahrunfall kann auch andere Ursachen haben. Eine grundsätzliche Schuldzuweisung an den Auffahrenden gibt es nicht.

In der Praxis ist es so, dass bei einem Auffahrunfall zunächst immer der »Beweis des ersten Anscheins« gilt. Kein Verkehrspolizist sucht nach verborgenen Ursachen, wenn es naheliegt, dass das auffahrende Auto zu schnell oder dass der Fahrer zu dicht aufgefahren war. Zu beweisen, dass dies nicht die Ursache für das Auffahren war, fällt manchmal schwer.

Wann ist der Auffahrende also nicht der Schuldige? Eine grundlose Vollbremsung des Vordermanns könnte ihn entlasten, verursacht durch einen Verkehrsrowdy oder einen ungeübten Fahrer. Konkrete Fälle:

Ein bisher einen Schaltwagen gewohnter Fahrer in einem Leihwagen mit Automatik tritt auf der unsinnigen Suche nach der Kupplung mit dem linken Fuß auf die Bremse – Vollbremsung mit anschließendem Auffahrunfall. Das kann nicht die Schuld eines auffahrenden Hintermanns sein. Oder jemand fährt an einer Ampel zunächst los, tritt aber kurz darauf voll auf die Bremse. Ebenfalls entlastend für den zweiten Fahrer in der Reihe wäre folgende Situation: Jemand bremst für ein kleines Tier auf der Straße, zum Beispiel eine Katze, einen Igel, einen Hasen oder eine Kröte. Fährt sein Hintermann auf, trifft ihn zumindest eine Teilschuld. Voll in die Eisen darf ein vorausfahrender Automobilist gehen, wenn ein Hirsch oder gar eine Kuh auf der Straße steht. Hier geht es um Gefahrenabwehr, denn der Zusammenstoß könnte ihn das Leben kosten.

Fazit: Der nötige Abstand bewahrt auch vor juristischen Verwicklungen.

Die Lichthupe beim Überholen ist verboten.

In dieser Frage differieren die allgemeinen Vorstellungen und die Rechtsprechung deutlich: Es gibt eine Art Autobahn-

Knigge, der die heftige Benutzung von Hupe und Lichthupe zum schlechten Benehmen zählt. Der Gesetzgeber ist aber anderer Meinung. Zwar ist Drängeln und zu dichtes Auffahren auf der Autobahn ein Fall von Nötigung, die Nutzung von Hupe und Lichthupe fällt aber nicht in diese Kategorie. Nach Paragraf 5, Absatz 5 der Straßenverkehrsordnung ist es gestattet, auf sich und sein Vorhaben aufmerksam zu machen. Wortwörtlich heißt es:

»(5) Außerhalb geschlossener Ortschaften darf das Überholen durch kurze Schall- oder Leuchtzeichen angekündigt werden. Wird mit Fernlicht geblinkt, dürfen entgegenkommende Fahrzeugführende nicht geblendet werden.«

Wie bei allen zwischenmenschlichen Kommunikationsformen kommt es aber auch darauf an, wie ein Überholender diese Möglichkeit ausnutzt. Wer durch exzessive Nutzung seiner Xenon-Scheinwerfer oder seiner sonoren Hupe auf der Autobahn die große Schau reißt, begeht möglicherweise doch eine Nötigung. Und er verhält sich wie ein Rüpel.

Man muss immer seinen Personalausweis dabeihaben.

Sie unternehmen einen Spaziergang im Stadtpark. Plötzlich kommen Ihnen zwei Polizisten entgegen, die per Fußstreife für Sicherheit sorgen. Sofort schießt Ihnen durch den Kopf: *Habe ich meinen Ausweis dabei?* Innerlich kommt Verärgerung auf, ständig diese Bürokratie immer und überall! Ja, es gibt eine Ausweispflicht, die zugehörige gesetzliche Bestimmung lautet:

»Deutsche im Sinne des Artikels 116 Abs. 1 des Grundgesetzes, die das 16. Lebensjahr vollendet haben, sind verpflichtet, einen Personalausweis zu besitzen und diesen auf

Verlangen einer zur Überprüfung berechtigten Person vorzulegen.«

Alles hängt an einem einzigen Wort, und nein, Irrtum, Sie müssen keinen Ausweis bei sich tragen, wenn Sie im Stadtpark unterwegs sind. Das Wörtchen *besitzen* in der gesetzlichen Bestimmung entlastet Sie. Sie müssen einen Ausweis *besitzen*, ihn aber keineswegs immer und überall mit sich führen.

Das *Auf-Verlangen-Vorlegen* kann aber Probleme machen. Nach den Polizei- und Ordnungsgesetzen der Länder können Ordnungsbehörden und die Polizei unter bestimmten Voraussetzungen eine Person festhalten und zur Dienststelle bringen, wenn die Identität auf andere Weise nicht oder nur unter erheblichen Schwierigkeiten festgestellt werden kann. Das kann eine polizeiliche Rückfrage an die Zentrale über die angegebene Identität, aber auch einen Aufenthalt auf einer Polizeiwache bedeuten. Möglicherweise fahren die Beamten Sie auch nach Hause, damit Sie Ihren Ausweis holen können. Das ist eigentlich ganz bequem, aber es gibt auch Menschen, die nicht wollen, dass ihre Nachbarn sie im Polizeiwagen anreisen sehen.

Wenn Ihnen die Aussicht auf derartige Verwicklungen kein Kopfzerbrechen bereitet, können Sie also bei allen Ihren Ausflügen und Unternehmungen ohne Brieftasche oder Portemonnaie auskommen. Anders sieht die Sache allerdings aus, wenn Sie mit dem Auto unterwegs sind. Dann sind Sie verpflichtet, Führerschein und Fahrzeugpapiere mit sich zu führen, und dann ist es sicher auch keine Zumutung, den Personalausweis einzustecken. Wenn Führerschein und/oder Kraftfahrzeugschein fehlen, können die Beamten in einer Kontrolle ein Ordnungsgeld verhängen. Zudem wird meist verlangt, dass Sie den Führerschein innerhalb einer angegebenen Frist bei einer Polizeidienststelle vorlegen. So weit die Regelung im Inland; wenn Sie ins entfernte Ausland reisen, gilt folgende Bestimmung:

»Deutsche, die das 16. Lebensjahr vollendet haben und eine Auslandreise außerhalb des Geltungsbereichs des Personalausweises antreten wollen, sind verpflichtet, einen gültigen Reisepass mitzuführen.«

Wer also die Staatsgrenze aus oder nach Deutschland überqueren will, muss eigentlich einen Pass mitführen (§ 1, Abs. 1 Passgesetz, PassG). Allerdings wurde die Passpflicht für viele Länder abgeschafft oder der Personalausweis gilt als Passersatz.

Warnblinken entschuldigt Falschparken.

Was für eine Schnapsidee! Erstaunlicherweise glauben viele Leute, dass sie im Halteverbot stehen bleiben und mal eben schnell zum Kiosk rüberspringen dürfen, um die Tageszeitung zu kaufen, wenn sie nur die Warnblinkanlage einschalten. Sie verstoßen gleich zweimal gegen geltendes Recht: unerlaubtes Halten im Halteverbot und widerrechtliche Nutzung der Warnblinkanlage. Ein Verkehrspolizist, der es genau nimmt, darf gleich zwei Bußgelder verhängen.

Gesetzlich ist genau festgelegt, wann die Warnblinkanlage zum Einsatz kommen kann. Wer liegen bleibt und nicht unmittelbar als stehendes Hindernis zu erkennen ist, muss das Warnblinklicht einschalten. Auch beim Abschleppen müssen beide Fahrzeuge blinken. Die Warnblinkanlage darf auch eingesetzt werden, um die nachfolgenden Fahrer auf ein Stauende aufmerksam zu machen. Auch vor sonstigen Gefahrenstellen – zum Beispiel Behinderungen durch ein Unfallgeschehen – darf gewarnt werden. Wer auf einer schnell befahrenen Straße viel zu langsam unterwegs ist, weil ein Defekt am Fahrzeug schnelleres Fahren nicht möglich macht, sollte ebenfalls die Warnblinkanlage einschalten. Aber: Brötchenholen oder Parken in der Ladezone mit Warnblinkanlage wird im Gesetzestext nicht erwähnt. Hier besteht vor allem eine Gefahr, nämlich die für den blinkenden Fahrer, mit einem Bußgeld bedacht zu werden.

Botschaften sind exterritoriales Gebiet.

Faktisch gehört das Grundstück, auf dem sich ein Botschaftsgebäude befindet, immer noch zum Hoheitsgebiet des Gastgeberstaats, ist also keineswegs exterritorial. Doch haben die Unterzeichner des Wiener Abkommens über diplomatische Beziehungen, eines völkerrechtlichen Vertrags vom 18. April 1961, miteinander vereinbart, dass der Gastgeberstaat für dieses Gebiet und die darin befindlichen Personen auf die Ausübung seiner Hoheitsrechte verzichtet. Auf dem Gelände der Botschaft dürfen weder Polizei noch Militär tätig werden, auch Verhaftungen werden nicht vorgenommen.

Fußgänger dürfen Parklücken freihalten.

Freihalten ist ein Volkssport. Besonders beliebt ist die Variante, einen Liegestuhl mithilfe eines Handtuchs freizuhalten. Ein ähnliches Revierverhalten zeigt, wer als Fußgänger eine Parklücke »besetzt«, um sie für einen Bekannten freizuhalten, der in den nächsten Minuten ankommen wird. Müssten Sie als Autofahrer ein solches Reservierungsgeschehen akzeptieren? Keineswegs, der menschliche Platzhalter begeht eine Ordnungswidrigkeit. Sie als Autofahrer dürfen zur Tat schreiten. Sie können den Fußgänger in der Parklücke auffordern, diese freizugeben, oder ihn ignorieren und langsam fahrend aus der Parklücke verdrängen. Das Oberlandesgericht Sachsen-Anhalt (OLG Sachsen-Anhalt, DAR 1998, 28–29) hat so entschieden: Der Autofahrer handelt in Notwehr, er muss aber immer wieder anhalten und dem Fußgänger Gelegenheit geben, sich aus der Parklücke zu entfernen. Gefährdet der Autofahrer durch rücksichtslose Fahrweise den Fußgänger oder verletzt er ihn sogar, kann er wegen Nötigung und Körperverletzung belangt werden. Attacken auf das einparkende Fahrzeug sollte der Fußgänger tunlichst unterlassen – das könnte teuer werden, denn er handelt im Unrecht.

Beim Parken gilt also: Wer zuerst kommt, mahlt zuerst – aber ganz vorsichtig.

Anzumerken wäre hierzu: Eine solche Situation riecht förmlich nach einer längeren gerichtlichen Auseinandersetzung. Wie wäre es, wenn sich beide Parteien einvernehmlich einigen? Dies könnte möglich sein, wenn man sich über die Gründe des jeweiligen Verhaltens austauscht.

Das Freihalten von Parkplätzen für einen Wohnungsumzug ist gestattet; jedoch genügen ein handgemaltes Halteverbotsschild, zwei Stühle und ein Absperrband nicht. Man muss eine amtliche Genehmigung zum Einrichten einer Halteverbotszone beantragen und offizielle Halteverbotsschilder verwenden. Ihr zuständiges Ordnungsamt hilft weiter.

Bei den Mormonen herrscht Vielweiberei.

Da könnte bei einigen Herren wohl der Wunsch der Vater des Gedankens sein. Ja, es gab die Vielehe bei den Mormonen, aber sie wurde schon im Jahr 1890 abgeschafft, auch deshalb, weil in den Vereinigten Staaten von Amerika die Vielehe verboten ist. Dennoch wird die Polygamie im Zusammenhang mit den Mormonen immer wieder erwähnt, so bei der Berichterstattung über die Olympischen Spiele 2002 in Salt Lake City in Utah/USA, dem Zentrum des mormonischen Glaubens. Und es gibt noch immer eine Reihe von Sektierern, die weiterhin mit mehreren Ehefrauen zusammenleben, verfolgt vom amerikanischen Staat und seiner Rechtsprechung. Falls Sie allerdings nach einer Möglichkeit suchen, lieber Polygamist, Ihrer Auffassung von ehelichen Beziehungen offen und legal nachzugehen, so bieten sich in Asien und Afrika noch zahlreiche Möglichkeiten, auch von Staaten toleriert zu werden.

Im Restaurant hat man das Recht auf ein kostenloses Glas Wasser.

Wasser ist gesund, auch wenn Uroma und Oma vor ein paar Jahrzehnten noch meinten, man bekäme davon »Läuse in den Bauch«. Etliche wissenschaftliche Untersuchungen belegen, dass sich in den meisten Regionen Deutschlands das normale Trinkwasser nicht hinter den Qualitäten von kommerziell angebotenen Mineralwässern verstecken muss. Und Leitungswasser gibt es umsonst, sogar unterwegs in Gaststätten und Restaurants. Oder? Leider nicht. Nach den gesetzlichen Regelungen kann ein Restaurantbesitzer sogar Geld für ein Glas Leitungswasser nehmen. Gastwirte sehen das so: Schließlich betreiben sie ihr Etablissement ja nicht gemeinnützig, sondern mit Gewinnerwartung. Die Frage ist allerdings, ob ein Gastwirt auf die Dauer zufriedene Gäste immer wieder begrüßen kann, wenn er sich bei einer solchen Kleinigkeit derartig unsympathisch verhält. Es wird kaum Gäste geben, die sein Lokal regelmäßig besuchen, um mehrere Liter kostenloses Wasser zu trinken. Wer über die deutschen Grenzen hinaus unterwegs ist, hat bessere Aussichten auf ein kostenloses Getränk – allerdings nur, wenn er etwas zu essen bestellt. In Frankreich zum Beispiel gehört eine kostenlose Karaffe mit Wasser sozusagen zum Lieferumfang jeder Mahlzeit. Umsonst ist das Wasser dort also auch nicht. Die Legende vom kostenlosen Glas Wasser hat ihren Ursprung vielleicht in der Sitte südlicher Länder, auf jedem Tisch eine Karaffe für die Gäste bereitzustellen. Ein solches Verhalten des Gastwirts ist zwar zuvorkommend und sympathisch, aber nicht seine Pflicht. Ein rechtlicher Anspruch auf kostenloses Wasser besteht auch dort nicht.

Tempo 50 in der Stadt gilt auch für Radfahrer.

Geschwindigkeitsbegrenzungen gelten erst einmal nur für Kraftfahrzeuge. Radfahrer müssen ihre Geschwindigkeit nur der örtlichen Situation anpassen. Das heißt, dass sie zum Beispiel in Fußgängerzonen oder auf Spielstraßen rücksichtsvoll und keineswegs so schnell fahren dürfen, wie sie könnten. Beruhigend für besonders schnelle Radler: Werden sie von einem Starenkasten oder einer mobilen Geschwindigkeitskontrolle geblitzt, müssen sie nicht zahlen, zumal es auch eine aufwändige Sache wäre, den betreffenden Radler nur mithilfe seines Fotos zu ermitteln.

In Arbeitszeugnissen dürfen nur positive Beurteilungen stehen.

Ein Irrtum? Es kommt darauf an, wie man es sehen will. Es hat sich ja mittlerweile herumgesprochen, dass Zeugnisse immer wohlwollend klingen müssen, dass sich aber auch in einer positiven Formulierung negative Informationen transportieren lassen. Über die Leistungsbereitschaft eines Mitarbeiters kann der Text zum Beispiel so lauten:

»Herr X hat sich innerhalb kürzester Zeit in den ihm gestellten Aufgabenbereich eingearbeitet. Er verfolgte die vereinbarten Ziele nachhaltig und mit höchstem Erfolg.«

Klartext: Das war einer unserer Besten! Oder aber:

»Herr X hat sich unseren Erwartungen entsprechend in den ihm gestellten Aufgabenbereich eingearbeitet.«

Klartext: Na ja, er hat sich so gerade mal eben eingearbeitet, große Leistungen können Sie nicht von ihm erwarten.

Das Gesamturteil über einen Mitarbeiter würde so verklausuliert:

»Herr X hat unsere Erwartungen stets in jeder Hinsicht erfüllt. Wir waren mit seinen Leistungen jederzeit äußerst zufrieden.«

Der neue Arbeitgeber weiß: Spitzenkraft, den muss ich haben! Oder aber:

»Herr X war stets bemüht, unseren Anforderungen gerecht zu werden.«

Im Klartext: Mühe hat er sich ja gegeben, aber wo nichts ist ...

Man liest scheinbar kein böses Wort, aber dennoch eine vernichtende Kritik. Den Anspruch auf schöne Lügen verliert, wer seinem Arbeitgeber durch illegale Machenschaften Schaden zufügt. Ein Mitarbeiter, der seine Firma bestohlen hat, hat keinen Anspruch auf die Formulierung in seinem Zeugnis, seine Leistung sei »einwandfrei« gewesen. Schlimmer noch für den Straftäter: Der Arbeitgeber ist sogar verpflichtet, die Verfehlungen des Arbeitnehmers gegenüber der Firma im Zeugnis zu erwähnen, weil er sonst von einem neuen Arbeitgeber auf Schadensersatz verklagt werden könnte. Da Personalmitarbeiter nur ungern die Formulierung »Er hat die Firma bestohlen« ins Zeugnis schreiben werden, gibt es auch hier die entsprechenden Klauseln:

»Wir waren bis zur Beendigung des Arbeitsverhältnisses von seiner/ihrer Vertrauenswürdigkeit überzeugt.«

Der potenzielle neue Arbeitgeber liest gedanklich weiter: *... aber dann eben nicht mehr.*

»Er/Sie war gegenüber Kollegen ehrlich.«

Auch hier denkt man sich den Rest: Gegenüber den Kollegen ja, aber gegenüber der Firma?

Beim Kauf der Ware gilt, was auf dem Preisschild steht.

So würde es sich sicher jeder Kunde wünschen. Die Sachlage ist aber eine andere, der Verkäufer darf einen anderen als den ausgezeichneten Preis verlangen, wenn zum Beispiel ein Irrtum vorliegt. Damit wird er zwar möglicherweise einen langjährigen Kunden verärgern, vielleicht aber auch nur einen Schnäppchenjäger abschrecken. Preisschilder sind für den Verkäufer zwar Pflicht, aber im Grunde genommen nur ein erstes Verhandlungsangebot. Wenn der Kunde die Ware zu diesem Preis zu kaufen verlangt, gibt er quasi an der Kasse ein Kaufangebot ab. Dieses muss der Verkäufer aber nicht annehmen, auch wenn es letztlich durch seinen Irrtum zustande gekommen ist. Indem der Verkäufer den in seinen Augen »richtigen« Preis nennt, gibt er wiederum ein Angebot ab, das der Kunde annehmen kann oder nicht. Wenn man es genau betrachtet, steckt in unserer Preisbeschilderung noch eine gute Portion Basar. Ein erfahrener Händler wird aber möglicherweise einem Kunden gegenüber Kulanz walten lassen und den falschen, zu niedrigen Preis akzeptieren. Er verliert vielleicht ein paar

Euro, behält aber einen Käufer für spätere Geschäfte. Einen rechtlichen Anspruch auf Schnäppchen via Händlerirrtum gibt es nicht.

Ich darf mit beliebig vielen Münzen zahlen.

Wer hat nicht schon einmal davon geträumt, eine Steuernachzahlung, eine überhöhte Strom- oder Handwerkerrechnung in Pfennig- oder Cent-Münzen zu bezahlen, um das Missfallen über diesen finanziellen Verlust zum Ausdruck zu bringen? Die Gestaltungsmöglichkeiten finanzieller Art sind in dieser Hinsicht aber leider beschränkt. So besagt das Münzgesetz unter anderem:

»Erfolgt eine einzelne Zahlung sowohl in Euro-Münzen als auch in deutschen Euro-Gedenkmünzen, ist niemand verpflichtet, mehr als 50 Münzen anzunehmen; dies gilt auch dann, wenn der Gesamtbetrag 200 Euro unterschreitet.«

Eine Geschichte wie die, dass die Firma Samsung eine Strafzahlung in Höhe von einer Milliarde Dollar an die Firma Apple mit 5-Cent-Münzen in 30 Lkw bezahlt hat, wäre in Deutschland also nicht möglich. Nebenbei wiegt eine Milliarde US-Dollar in 5-Cent-Münzen etwa 100 000 Tonnen, und man bräuchte nicht 30, sondern gut und gerne 2500 Lkw, um sie zu transportieren. Dieses Wissen macht aus der wunderschönen Vorstellung eine moderne Legende.

Apropos Kleingeld: Wenn Sie andersherum bestimmte Zahlungsmittel zum Ausdruck Ihrer finanziellen Potenz nutzen wollen: Händler sind verpflichtet, auch große Scheine entgegenzunehmen. Sie können aber nicht einen 1-Euro-Burger in der Fast-Food-Filiale Ihres Vertrauens mit einer 500-Euro-Note bezahlen, um Ihre Freunde zu beeindrucken, denn der große Geldschein steht in krassem Missverhältnis zum Kaufpreis der Ware. In diesem Fall darf der Händler oder Verkäufer Ihren zum Geldschein kondensierten Reichtum als Zahlungsmittel ablehnen.

Telefonieren ist auf dem Fahrrad erlaubt.

Nicht während der Fahrt. Eigentlich gelten dieselben Regelungen wie für Autofahrer: Entweder muss der Radfahrer anhalten und absteigen, wenn er einen Anruf beantworten will, oder er muss eine Freisprecheinrichtung (im Stadtverkehr dann eher eine Freischreieinrichtung) benutzen. Wer während der Fahrt mit dem Handy am Ohr telefoniert und erwischt wird, muss 25 Euro zahlen. SMS-Schreiben ist schon deshalb verboten, weil Paragraf 23, Nr. 3 der Straßenverkehrsordnung (StVO) das freihändige Fahren verbietet.

Wer die Verpackung aufreißt, ist auch zum Kauf verpflichtet.

So würden es sich sicher die Händler wünschen, aber die Kundenrechte sind stark: Ein Kunde darf zur Prüfung der Ware die Verpackung öffnen, ohne dass ein Kaufvertrag zustande kommt. Was er allerdings nicht darf, ist, dabei die Ware beschädigen. Regelungen in den Allgemeinen Geschäftsbedingungen, die den Kunden beim Öffnen der Verpackung zum Kauf verpflichten, sind gesetzeswidrig und ungültig.

Bei Lebensmitteln allerdings ist die Angelegenheit anders geregelt. Da sie im geöffneten Zustand unverkäuflich sind, muss der Kunde den Wert der Ware erstatten, auch wenn er sie nicht kaufen wollte. Ob er sie dann im Geschäft zurücklässt oder mitnimmt, das regelt der gesunde Menschenverstand.

Apropos Kundenrechte: Manchmal hat man das Gefühl, dass an sich sinnvolle Bestimmungen kuriose Blüten treiben. Auch die Regelung mit den aufgerissenen Verpackungen ist grenzwertig, denn, so frage ich Sie: Würden Sie ein Elektrogerät mit aufgerissener oder auch nur leicht beschädigter Verpackung kaufen? Was bleibt dem Händler übrig, als den Verlust durch eine solche Aktion auf die Preise der übrigen Geräte aufzuschlagen?

Noch kuriosere Resultate zeitigen die Regelungen im Onlinehandel. So nutzen gewissenlose Verbraucher das großzügige 14-Tage-Widerrufsrecht über Gebühr aus: Ob Kamera oder Winterreifen für die Urlaubsreise, Smoking für die Dinnerparty oder Erotikspielzeug – alles wird weidlich »ausprobiert« und dann zurückgeschickt. Nachher sind die Waren unverkäuflich, der wirtschaftliche Schaden ist immens, und letztlich tragen ihn alle ehrlichen Kunden.

Die Gewährleistung ist dasselbe wie eine Garantie.

Schwerer Irrtum – und leider ein trockenes Thema. Die Gewährleistung ist eine vom Gesetzgeber vorgeschriebene Leistung, ihre Dauer ist auf 24 Monate festgesetzt, und sie betrifft nur ursprüngliche Mängel der Ware, also solche, die bereits vor dem Kauf bestanden haben, aber unentdeckt blieben. Dafür kommt der Händler auf. In den ersten sechs Monaten muss der Händler dem Kunden beweisen, dass der Mangel zum Zeitpunkt des Kaufs noch nicht bestand, was ihm schwerfallen dürfte. Er müsste zum Beispiel verpackte Ware auspacken und jedes einzelne Gerät sorgfältig prüfen. Na, viel Spaß!

Ist das erste Halbjahr verstrichen, kehrt sich die Beweislast um; von nun an muss der Kunde dem Händler beweisen, dass der betreffende Mangel schon beim Kauf vorlag. Auch das dürfte nicht ganz einfach sein, denn welcher Kunde besitzt schon die Qualifikation, das Innenleben zum Beispiel einer Digitalkamera oder eines Gefrierschranks zu prüfen?

Das alles legt den Gedanken nahe, dass die ganze Regelung a) vor allem den Justizapparat beschäftigt, b) Prozesshansel motiviert und c) für den normalen Kunden für die Katz ist.

Einigen sich Verkäufer und Kunde im Gewährleistungsfall, so gibt es entweder das Geld zurück, der Kaufpreis wird gemindert oder die Ware ausgetauscht. Der Händler kann auch auf Reparatur der defekten Ware bestehen. Eine Rückzahlung oder Minderung des Preises kann der Kunde aber nur verlangen, wenn er dem Händler Gelegenheit zum Austausch oder Nachbessern gegeben hat und dies nicht möglich ist.

In der Regel überschneiden sich die Leistungen von Gewährleistung und Garantie zeitlich. Zumindest im ersten Jahr steht die gesetzlich vorgeschriebene Gewährleistung neben der Garantie, einer freiwilligen Leistung des Herstellers. Deren Dauer kann der Hersteller frei wählen, oft ist sie aber ein Marketinginstrument. Bei Automobilen reicht sie zum Beispiel von einem bis zu sieben Jahren. Allerdings schränken die ebenfalls frei formulierbaren Garantiebedingungen des Herstellers die Garantie in gewisser Weise ein. So werden zum Beispiel Verschleißteile oft von der Garantie ausgenommen.

Anders als die Gewährleistung gilt die Garantie für einen weitaus größeren Rahmen von denkbaren Schäden. Je nach den Garantiebedingungen können Mängel durch Verschleiß und solche, die durch sachgemäße Nutzung entstanden sind, zum Eintreten eines Garantiefalls führen. Wenn der Kunde einen solchen Fall meldet, kann der Hersteller das Gerät reparieren oder ersetzen, die Garantieanfrage aber auch ablehnen, wenn das betreffende Gerät vom Kunden anders genutzt wurde, als in den Garantiebestimmungen festgelegt.

Reduzierte Ware ist vom Umtausch ausgeschlossen.

Die Kundenrechte unterscheiden sich nicht, gleichgültig, ob die Ware reduziert ist oder nicht. Ein allgemeines Umtauschrecht gibt es aber nicht. Viele Kunden verwechseln da etwas: Selbstverständlich kann man beschädigte oder unvollständig gelieferte Ware zurückgeben und gegen einwandfreie austauschen. Auch ein Schild »Preisreduzierte Ware ist vom Umtausch ausgeschlossen!« schränkt die Kundenrechte in dieser Hinsicht nicht ein. Allerdings ist es nicht möglich, einen gekauften Gegenstand nur deshalb auszutauschen, weil er dem Kunden im Nachhinein nicht mehr gefällt oder bei der Konkurrenz billiger angeboten wird. Nicht einmal eine falsche Größe bei Bekleidung rechtfertigt einen Umtausch.

Anders verhält es sich im Onlinehandel: Hier besteht ein 14-tägiges Rückgaberecht. Oft ist dies ein Argument, online statt im stationären Handel zu kaufen. Deshalb räumen immer mehr Händler mit einem Ladenlokal ihren Kunden dieses Recht ebenfalls ein – allerdings nicht aus einer gesetzlichen Verpflichtung heraus, sondern aus reiner Kulanz. Oder genauer betrachtet: weil ihnen durch die Konkurrenz aus dem Netz das Wasser bis zum Halse steht.

Radfahrer müssen den Radweg benutzen, wenn es einen gibt.

Keine reine Freude ist es, auf einer viel befahrenen, schmalen Landstraße auf einen Pulk Radfahrer zu treffen. Das Überholen ist nicht einfach, aber was sollen die Radfahrer tun? Es gibt ja keinen Radweg. Ist ein solcher vorhanden, sollen die Radfahrer ihn auch nutzen, vor allem dann, wenn er mit einem blauen Schild zur Nutzung für Radfahrer gekennzeichnet ist (§ 41, Zeichen 237, 240, 241 StVO). Immer wieder geraten aber Autofahrer und Radler in Streit, wenn der Mensch auf dem Fahrrad trotz eines ausgewiesenen Radwegs die Fahrbahn benutzt. So manches Mal fliegen Schimpfworte durch das heruntergelassene Beifahrerfenster zum Radfahrer hinüber.

Doch die Pflicht zur Nutzung des Radwegs ist eingeschränkt: Radfahrer dürfen die Fahrbahn benutzen, wenn der Radweg a) durch Hindernisse blockiert ist oder b) wetterbedingt nicht problemlos befahrbar ist. Im Winter könnte dies aufgrund von Schnee oder Glatteis der Fall sein. Zunehmend gerät auch der bauliche Zustand der Radwege ins Visier. Radfahrer dürfen c) die Straße benutzen, wenn Schlaglöcher, ein aufgebrochener Belag oder durch den Boden gewachsene Wurzeln den Radweg quasi unpassierbar machen. Autofahrer könnten ja vor der Schimpfattacke mal nachschauen, ob dies der Fall ist.

Der Letzte zahlt die Zeche.

Vielleicht kennen Sie die Situation: Sie haben zu mehreren in einer Gaststätte gesessen, es war eine lustige Runde, es wurde viel gegessen und getrunken, und nach und nach haben sich Ihre Freunde und Bekannten verabschiedet. Nun sind Sie plötzlich der letzte Gast, und der Kellner präsentiert Ihnen eine Rechnung in astronomischer Höhe. Müssen Sie zahlen?

Es mag zwar sein, dass ein Gastwirt den letzten Gast einer solchen Runde, die kräftig konsumiert hat, nicht ohne das Begleichen der Rechnung gehen lassen will. Eine Verpflichtung, die Zeche anderer zu übernehmen, besteht aber nicht. Grundsätzlich bezahlt jeder nur für Speisen und Getränke, die er auch verzehrt hat. Im geschilderten Fall bedeutet das, dass Sie nur dafür aufkommen müssen, was auf Ihre Rechnung geht.

Sie müssen dem Gastwirt auch nicht beweisen, dass die sechs unbezahlten Schnäpse und die drei Frikadellen nicht von Ihnen verzehrt wurden. Es ist seine Pflicht, zu dokumentieren, was jeder einzelne Gast bestellt hat. Hat der Kellner eine Gesamtrechnung gemacht, bleibt der Gastwirt auf dem Fehlbetrag sitzen. Anders verhält es sich, wenn jemand von vornherein eine Gesamtrechnung vereinbart hat. Dann muss sich dieser Gast auch an die Absprache halten und zahlen.

Die EU wollte den Krümmungsgrad von Gurken vorschreiben.

Was ist die Presse nicht darauf herumgeritten, haha, um jeden Mist kümmern sie sich, die Bürohengste, nur zehn Millimeter Krümmung auf zehn Zentimetern Länge, so ein Quatsch, immer diese verrückten EU-Beamten! Irrtum, besser recherchieren! Nicht die EU wollte keine krummen Gurken, sondern der Handel, unter anderem wegen der problemloseren Verpackung von halbwegs geraden Gurken und wegen einer europaweit vergleichbaren Qualitätsnorm. Verfasst haben die überirdisch schönen Zeilen der besagten Verordnung auch nicht EU-Bürokraten, nein, ihr Text ist quasi eine Übernahme der Empfehlungen der UNO-Wirtschaftskommission für Europa (ECE), der 56 Nationen angehören. Abgeschafft wurde die Gurkenverordnung im Jahr 2009 – obwohl sich eine Mehrheit der EU-Mitgliedstaaten und auch die Händlervereinigungen und Bauernverbände dafür aussprachen, sie beizubehalten. Noch heute wird sie in weiten Teilen des Handels als Qualitätsnorm genutzt. In diesem

Sinne ist sie sozusagen Opfer von Verordnungsmobbing: Sie wurde von Presse und Öffentlichkeit so lange schlechtgeredet, bis sie zurückgenommen wurde. Sinnvoll?

Drei Nachmieter beenden die Kündigungsfrist.

Wer seinem Vermieter drei potenzielle Nachmieter präsentieren kann, ist aus dem Schneider. Er muss die Kündigungsfrist nicht einhalten und auch nicht weiter zahlen. Irrtum! Leider entbehrt diese weitverbreitete Behauptung jeder juristischen Grundlage. Eine vertraglich vereinbarte Kündigungsfrist für eine gemietete Wohnung hat auch in diesem Fall Bestand, und zwar ohne jede Einschränkung. Weder muss der Vermieter die vorgeschlagenen Interessenten in Erwägung ziehen noch mit einem von ihnen einen Vertrag abschließen noch den bisherigen Mieter von seinen Vertragspflichten befreien. Viele Vermieter freuen sich jedoch darüber, dass ihnen die Suche nach einem Nachmieter abgenommen wurde, und zeigen sich entsprechend entgegenkommend.

Kopfhörer sind im Auto tabu.

Nein, sie dürfen benutzt werden, allerdings mit einer gewissen Einschränkung. Verboten sind sie nur dann, wenn das Gehör des Fahrers wesentlich beeinträchtigt wird, das heißt, wenn der Autofahrer wichtige akustische Informationen nicht aufnehmen kann, zum Beispiel das Martinshorn eines Krankenwagens, oder wenn er die akustischen Signale – Klingeln oder Hupen – anderer Verkehrsteilnehmer nicht wahrnimmt. Dies kann bei sogenannten In-Ear-Kopfhörern und hoher Lautstärke durchaus passieren. Kritisch wird die Lage, wenn der Autofahrer in eine Polizeikontrolle gerät. Er sollte auf Diskussionen mit den kontrollierenden Beamten vorbereitet sein. Wird ein Verkehrsteilnehmer mit Kopfhörern in einen Unfall verwickelt, können langwierige juristische Auseinandersetzungen über die Unfallschuld drohen. Die Frage ist, ob der akustische Genuss so groß ist, dass sich derartige Komplikationen lohnen.

Der Walzer, der keiner war

Musik

Jahrhunderte kreativen Schaffens von Komponisten und Musikern haben der Menschheit eine Klangbibliothek beschert, die in ihrer Fülle und Einzigartigkeit die Möglichkeiten eines einzelnen Menschen übersteigt und auch Experten an ihre Grenzen bringen kann. Ob es nun das Leben eines Komponisten, die Urheberschaft eines Werkes oder seine Entstehungsgeschichte ist – niemand weiß mehr alles. Wo Wissen fehlt, blühen die Vermutungen. Und der Irrtum. Musikwissenschaftler streiten über die Interpretation alter Musik, über ihre Aufführungspraxis in Tempi und Instrumentierung, und über die Entstehung mancher musikalischen Meisterleistung existieren fragwürdige Legenden. Manchmal findet sich der Irrtum sogar schon im Titel eines Musikstücks …

Das Woodstock-Festival fand in Woodstock statt.

Das legendäre Festival trägt zwar den Namen des Ortes Woodstock, als Veranstaltungsort war aber zunächst das südlicher gelegene Wallkill (New York) geplant. Proteste der örtlichen Dorfbevölkerung verhinderten die geplante Veranstaltung an diesem Ort, und die Veranstalter entschieden sich für ein 243 Hektar großes Gelände des Farmers Max Yasgur in White Lake bei Bethel, sonst größtenteils für den Anbau von Mais genutzt. Das übrigens nicht im Sinne von »love and peace«, sondern als kommerzielle Veranstaltung geplante Festival war ein wirtschaftlicher Flop. Der über drei Stunden lange Dokumentarfilm über die Veranstaltung, von mehr als 20 Kameraleuten gedreht und aus 100 Stunden Filmmaterial zusammengeschnitten, spielte hingegen in nur 18 Wochen fünf Millionen Dollar ein.

Mozart hieß mit Vornamen Wolfgang Amadeus.

Irrtum, sein Taufname lautet Johannes Chrysostomus Wolfgangus Theophilus Mozart. Den Schlüssel für diesen Irrtum liefert der Vorname Theophilus, eine Zusammensetzung aus *Gott* und *Liebe*. Damit bedeutet dieser Name übersetzt genau dasselbe wie der deutsche Vorname Gottlieb. Und genau diesen Namen nannte sein Vater Leopold Mozart schon, als er Wolfgangs Geburt bekannt gab. Im Kreis der Familie hieß der musikalisch begabte Wunderknabe nur *Wolferl*.

Der Vorname Johannes und der sperrige Chrysostomus gerieten mit der Zeit in Vergessenheit, und aus Gottlieb wurde nicht etwa wieder Theophilus. Wolferl selbst verwandelte ihn schon als Jugendlicher in Amadeo, was auch nichts weiter als Gottlieb heißt, und ab 1777 unterschrieb er seine Dokumente mit Wolfgang Amadé Mozart, unter anderem auch 1782 seine Heiratsurkunde mit Constanze Weber. Ins Register der Stadt Wien wurden die Vornamen Wolfgang und Adam eingetragen, ein Irrtum, der glücklicherweise in Vergessenheit geriet.

Der Name Gottlieb blieb allerdings auch noch in Verwendung, zum Beispiel bei den Ankündigungen von Konzerten. Die Schreibweise Amadeus taucht in Dokumenten der Vergangenheit nur selten auf, obwohl dies heute die geläufigste Namensform ist.

Der Flohwalzer ist ein Walzer.

Irrtum. Das besondere Kennzeichen des Walzers ist der Dreivierteltakt. Das Musikstück aber, das einem nicht mehr aus dem Kopf geht, wenn man es einmal gehört hat, wurde im Viervierteltakt komponiert. Dennoch machen weder Klavierlehrer noch ambitionierte Eltern, die ihren Kindern das einfache Lied beibringen wollen, auf diesen Fehler aufmerksam. Vermutlich wissen sie es selber nicht.

Wer hat es komponiert, wer ihm den Titel verpasst? Hin und wieder fällt der Verdacht auf Mozart oder Brahms, denn der Flohwalzer ist in Aufbau und Motiv ein gelungenes Musikstück und könnte aus der Feder eines großen Komponisten des 18. oder 19. Jahrhunderts stammen. Der tatsächliche Komponist ist unbekannt.

Die Legende schreibt dieses Stück dem jungen F. Loh zu, mit vollem Namen Ferdinand Alfred Gustav Loh (1869–1927), über den Eric Baumann 1996 in seinem leider vergriffenen Werk »Der Komponist Ferdinand Loh und sein

opus magnum« berichtete. Der Sohn eines Dorfschulleh-
rers aus Ostfriesland war vielseitig begabt, konnte früh lesen und erlernte das Klavierspiel schnell und perfekt. Eines
Tages, so die Legende, hörte seine Mutter durch das Fenster
der Dorfschule ein unbekanntes Musikstück. Auf ihre Frage
nach dem Komponisten erklärte Sohn Ferdinand mit stolz-
geschwellter Brust: »Das ist von mir!«

F. Loh – Sie haben es?

Die Beatles und die Rolling Stones waren Erzfeinde.

Feindschaft ist gut fürs Geschäft, polarisierte Fangemeinden
engagieren sich besser für ihre Idole und kaufen deren Produkte mit größerer Begeisterung. So oder ähnlich dachte es
sich das Management der Rolling Stones, als es das Feind-
bild The Beatles aufbaute und die Rolling Stones zu beinhar-
ten, aber singenden Kriminellen hochstilisierte. In der Realität waren die Musiker der Beatles und der Rolling Stones
miteinander befreundet, spielten gemeinsam auf Jamses-
sions und feierten Partys. So gibt es auch zahlreiche Fotos,
die John Lennon und Mick Jagger zusammen zeigen – von
Feindschaft keine Spur.

Sirtaki ist ein griechischer Volkstanz.

Und Domestos ist der Gott der häuslichen Sauberkeit. Irrtum!
Wer tief in der griechischen Geschichte nach dem Ursprung
des Sirtaki forscht, wird enttäuscht. Der »historische« griechische Tanz hat eine sehr kurze Geschichte, denn sein Geburtsjahr ist 1964. Er entstand bei den Dreharbeiten des Films »Ale-

xis Sorbas«. Hauptdarsteller Anthony Quinn war nicht eben ein begnadeter Tänzer, die tatsächlich traditionellen griechischen Tänze forderten mit ihren komplizierten Schrittfolgen zu viel von ihm. So entwickelte man aus dem Volkstanz Sirtos (*sirtos choros = der schleppende Tanz*) eine auch für Anthony Quinn tanzbare Variante, der griechische Komponist Mikis Theodorakis schrieb die Musik dazu und choreografierte die Schritte. Der Name *Sirtaki* ist eine Verkleinerungsform von *Sirtos* und bezeichnet also eigentlich ein Tänzchen.

Die Saiten von Geigen bestehen aus Katzendarm.

Hier handelt es sich um eine frühe Form von Patentschutz. Italienische Handwerker, die aus dem Darm wilder Bergschafe gefertigtes Garn nutzten, um Leder damit zu vernähen, entdeckten irgendwann, dass sich dieses Material hervorragend für die Saiten von Musikinstrumenten eignet. Da sie ihre Sachkenntnis nicht einfach verschenken wollten, verbreiteten sie die Fehlinformation, die Saiten seien aus Katzendarm hergestellt. Diese Auskunft schreckte Nachahmer auch dadurch ab, dass es lange Zeit als gefährlich und Unglück anziehend galt, eine Katze zu töten. Noch heute wird das Material aus Naturdärmen im Englischen *catgut* genannt, obwohl es von Schafen oder Rindern stammt.

Elvis Presley hatte schwarze Haare.

Wer stellt sich den King schon anders vor als mit einer schwarzen Haartolle, leicht glänzend von ein wenig Frisiercreme? Rock-'n'-Roll-Urgestein Elvis Presley (1935–77) hatte von Natur aus dunkelblonde Haare, wie Farbfotos aus den 1950er-Jahren belegen. Später in seiner Karriere färbte er sie sich tiefschwarz. Vorbild war vermutlich sein Freund Tony Curtis, dessen gutes Aussehen er bewunderte. Elvis' Style prägte die Vorstellungen einer ganzen Generation von jungen Männern und Frauen.

Holzblasinstrumente sind aus Holz.

Für die ersten Holzblasinstrumente – wahrscheinlich die ersten Blasinstrumente überhaupt – mag das gegolten haben, denn in der Frühzeit konnten Menschen allenfalls Holz, Knochen oder Elfenbein mithilfe von Steinwerkzeugen gut bearbeiten. Die ältesten bei Ausgrabungen gefundenen Instrumente wurden aus Vogelknochen und dem Elfenbein von Mammuts gefertigt und sind mehr als 40 000 Jahre alt. Die ältesten Blechblasinstrumente stammen aus Ägypten und werden etwas älter als 3000 Jahre datiert. Warum aber fand man keine Instrumente aus Holz? Holzinstrumente – von der einfachen Rohrflöte bis zur Panflöte – sind anfälliger für Umwelteinflüsse, Pilze und Bakterien greifen das Material an, es fault und verrottet und hat deshalb einfach die Jahrtausende nicht überstanden.

Bei der gegenwärtigen Einordnung eines Instruments ist allerdings das Material, aus dem es gefertigt ist, zweitrangig. Zu den Holzblasinstrumenten zählen heute Klarinette, Oboe, Fagott, Englischhorn, die Blockflöte in allen Tonlagen und Bauformen sowie die Böhmflöte. Diese Instrumente sind tatsächlich weitgehend aus Holz. Warum aber zählen Instrumente wie alle Querflöten und Saxophone zu den Holzblasinstrumenten? Es ist die Art der Tonerzeugung, die bei den Saxophonen zum Kriterium für die Einordnung wird.

Hier schwingt ein Blatt aus Rohr oder Holz im Mundstück und erzeugt den »hölzernen« Ton. Warum aber ist die Querflöte ein Blechblasinstrument? Sie besteht heute bis auf Teile der Klappen vollständig aus Metall. Die Antwort ist einfach: Früher wurden alle Flöten – auch die Querflöte – aus Holz hergestellt.

Auch die Art der Tonerzeugung wird zur Unterscheidung herangezogen: Bei den Blechblasinstrumenten erzeugen die Lippen des Spielers den Ton, bei den Holzbläsern schwingt ein Teil des Instruments.

Richard Strauss war der Walzerkönig.

Irrtum, es kann schon einmal durcheinandergehen mit den Vornamen. Richard Strauss (1864–1949) war ein für seine Opern und Lieder bekannter Komponist. Johann Strauss gibt es gleich in mehrfacher Ausfertigung: Johann Strauss Vater (1804–49) war Komponist und Kapellmeister und der Erzeuger von Johann Strauss Sohn (1825–99), ebenfalls als Komponist und Kapellmeister tätig. Und dann wäre da noch Johann Strauss Enkel (1866–1939), und der war – na, was schon? – Komponist und Kapellmeister. Alle drei lebten und arbeiteten (der Enkel zumindest zeitweise) in Wien.

Welcher von den dreien war denn nun der Walzerkönig? Johann Strauss I, II oder III? Es war der Mittlere, Johann Strauss Sohn. Er hat zwar auch eine Oper, mehrere Operetten, eine Ballettmusik und zahlreiche Polkas geschrieben, berühmt wurde er aber für seine Walzer. Die tragen so wunderbare Namen wie »Sängerfahrten«, »Mephistos Höllenrufe«, »Phönix-Schwingen«, »Schneeglöckchen«, »Man lebt nur einmal!«, »Studentenlust«, »Wiener Bonbons«, »Feenmärchen«, »Tausend und eine Nacht«, »Wo die Zitronen blühen«, »Rosen aus dem Süden« oder »Seid umschlungen Millionen«. Als heute noch allgemein bekannte Werke aus seiner Feder sind drei Walzer zu nennen: »An der schönen blauen Donau«, »Geschichten aus dem Wienerwald« und »Wiener Blut«. Die bekannteste Hinterlassenschaft von Johann Strauss Vater ist übrigens der »Radetzkymarsch« aus dem Jahr 1848, das Musikstück, das der Opa in Loriots Fernsehsketchen so liebt. Ufftata!

»Die Unvollendete« ist das letzte Werk von Franz Schubert.

Mancher Komponist wurde von Gevatter Tod an der Fertigstellung seiner Meisterwerke gehindert. So denkt man vielleicht auch, wenn man den Namen »Die Unvollendete« hört. Gustavs Mahlers »10. Sinfonie in Fis-Dur« ist tatsächlich ein solches Werk, Arnold Schönbergs Oper »Moses und Aron« blieb über 30 Jahre bis zu seinem Tod unvollendet. Auch bei Ludwig van Beethovens zehnter Sinfonie könnte dies der Fall gewesen sein. Er soll, obwohl schon lange von Taubheit geschlagen, an einem letzten großen Werk gearbeitet haben. Diesen Schluss lassen seine Aufzeichnungen zu, es gibt Skizzen zu einem ersten und einem dritten Satz. Andere Komponisten standen aber in der Blüte ihres Schaffens, als sie unvollendete Werke in die Welt setzten. Die »Matthäus-Passion« von Johann Sebastian Bach zum Beispiel, oder Wolfgang Amadeus Mozart (1751–91), der seine »Große Messe in c-Moll«, ein herausragendes Meisterwerk der Musikgeschichte aus dem Jahr 1783, unvollendet ließ. Über die Gründe dafür rätselt man, jedenfalls war es nicht sein Alter. Vielleicht war es der Verlust seines zwei Monate alten Sohnes Raimund Leopold im selben Jahr oder Mozarts Abwendung von der katholischen Kirche. Unvollendet hinterließ Mozart desgleichen sein »Requiem«, über dessen Fertigstellung er verstarb.

Auch Franz Schubert (1797–1828) – er wurde nur 31 Jahre alt – hatte keineswegs seinen Lebensabend erreicht, als er 1822 die Arbeit an seiner »Sinfonie Nr. 8 in h-Moll«, heute »Die Unvollendete« genannt, einstellte und es statt der damals üblichen vier Sätze nur bei zweien beließ. Das Werk geriet in Vergessenheit und wurde erst im Jahr 1865 nach Schuberts Tod in unveränderter Form uraufgeführt. Die letzte vollendete Sinfonie von Franz Schubert ist die »Große Sinfonie in C-Dur«.

Der Dudelsack stammt aus Schottland.

Obwohl der Dudelsack in unseren Vorstellungen untrennbar mit Schottland verknüpft ist, hat das merkwürdige Musikinstrument aus Ziegenleder eine andere Herkunft: Aller Wahrscheinlichkeit nach stammt es aus Indien. Auch aus Griechenland und Ägypten sind Abbildungen von Personen mit Sackpfeifen bekannt. Vorläufer des schottischen Dudelsacks und aller anderen Sackpfeifen könnte ein *Nagabaddha* genanntes Instrument aus Indien gewesen sein. Auch Kleinasien wird als Ursprungsgebiet vermutet. Heute werden zahlreiche Varianten des Instruments in England, Frankreich, Westafrika, aber auch in den Balkanländern und in Galicien (Spanien) gespielt. Musikforscher zählen 180 Arten von Sackpfeifen.

Die Putzfrau und
die Avantgarde

Kunst

Sogar in den Regionen des freien Geistes und der Kreativität kann es Irrtümer geben. Zwar nicht bei den Schöpfern von Kunstwerken, denn ihre Produkte unterliegen keinen Wahrheitskriterien außer den eigenen, aber Interpreten und andere Rezipienten sowie Händler und Sammler neigen dazu, in ihrer Einordnung eines Kunstwerks und seiner Interpretation Irrtümliches zu verbreiten. Ein wichtiges Thema dabei: Original oder Fälschung – in der bildenden Kunst liefert auch die Frage der Authentizität Stoff für zahlreiche trügerische Vermutungen. Doch nicht nur über ihre Werke, auch über die Künstler selbst kursieren Gerüchte und Legenden, die nicht immer der Wahrheit entsprechen, so überzeugend sie sich auch anhören mögen. Besonders beliebt sind Geschichten, die die Verbindung zwischen Genie und Wahnsinn zu belegen versuchen.

Vincent van Gogh schnitt sich ein Ohr ab, weil er geisteskrank war.

Irrtum? Zumindest kann diese Behauptung nicht unhinterfragt bleiben. Ob es die Tat eines Wahnsinnigen war, hängt ganz von der Definition von Geisteskrankheit ab, die man zugrunde legt. Nach heutigen Erkenntnissen war van Gogh vermutlich nicht schizophren, litt aber unter Angstzuständen und geistiger Erschöpfung und wurde von Selbstzweifeln und Depressionen gequält. Die Ursache für die selbstzerstörerische Tat – das zum Teil abgeschnittene Ohr –, die er in einem seiner Gemälde dokumentierte, ist noch immer unklar. Die Vermutungen der Experten reichen von einer Verzweiflungstat im Alkoholrausch – van Gogh litt unter starken Ohrgeräuschen, einem sogenannten Tinnitus – bis zu einer Verletzung durch den Degen seines Freundes Paul Gauguin, mit dem er gestritten hatte. Aber auch die Stimmen im Kopf, die er durch das Abschneiden des Ohrs zum Schweigen bringen wollte, werden noch immer diskutiert.

Kunst kommt von Können.

Diese immer wieder im Zusammenhang mit »unverständlichen« Kunstwerken geäußerte Behauptung – meist in Verbindung mit dem Argument: »Das könnte ja auch ein Affe malen!« – wird von der Sprachwissenschaft nicht einwandfrei belegt. Etymologisch stammt das Wort *Kunst* vom mittelhochdeutschen *kunnan* ab, das aber im Kern vor allem dem neuzeitlichen Wort *Kennen* im Sinne von *Wissen* entspricht. In diesem Sinne müsste der Merksatz »Kunst kommt von Kennen« alle Kunstignoranten in ihre Schranken weisen. Was man nicht kennt, versteht man nicht. In dieser Version spricht der Satz die Tiefendimension von Kunst und ihren Beitrag zur Erkenntnis menschlicher Entwicklung an. Es geht nicht um Handwerk und reine Fingerfertigkeit – jedenfalls nicht nur. Richtig? Der Philosoph Johann Gottfried Herder verunsichert uns, denn er sieht auch den Aspekt des Könnens in der Kunst:

»Kunst kommt von Können oder Kennen her (nosse aut posse), vielleicht von beiden, wenigstens muß sie beides in gehörigem Grad verbinden. Wer kennt, ohne zu können, ist ein Theorist, dem man in Sachen des Könnens kaum traut; wer kann, ohne zu kennen, ist ein bloßer Praktiker oder Handwerker; der echte Künstler verbindet beides.« (»Kalligone«, Kapitel 1, Teil 2, »Natur und Kunst«, aus dem Jahr 1800)

Eine Variante der Weisheit verdanken wir dem Bühnenautor Ludwig Fulda, der in einem seiner Gedichte aus dem Jahr 1894 den Merksatz erweiterte:

»Weiß nicht, was echte Künstler sollen
Mit eurem theoretschen Schwulst;
Kunst kommt von Können, nicht von Wollen:
Sonst hieß es ›Wulst‹.«

Auch die Spielart *Wunst* ist in Gebrauch. Ganz auf die Seite des Handwerks setzt der Maler Max Liebermann (1847–1935) in seinem Zitat »Die gut gemalte Rübe ist besser als die schlecht gemalte Madonna«.

Offenbar haben wir es hier mit einem sehr komplexen Irrtum zu tun, dem Irrtum nämlich, dass Kunst etwas Eindimensionales, auf einen Aspekt Eingeschränktes sein soll. Also korrigieren wir: Kunst lässt sich nicht auf die Handwerklichkeit reduzieren, die aber auch unabdingbar Teil des Kunstwerks ist.

»Der Mann mit dem Goldhelm« stammt von Rembrandt.

Lange Jahre glaubte die Kunstwissenschaft, dieses Porträt eindeutig zuordnen zu können. Bildaufbau, Malweise und Motiv (man nahm an, das Bild stelle Rembrandts Bruder Adriaen dar) entsprachen in perfekter Weise den Qualitäten eines Rembrandts. Überzeugt, ein Original des Meisters zu kaufen, erwarb die Gemäldegalerie Berlin im Jahr 1897 das Meisterwerk. Die Gewissheit schwand in den 1970er-Jahren, als das »Rembrandt Research Project«, eine Gruppe Amsterdamer Wissenschaftler, die Werke Rembrandt van Rijns auch unter Nutzung naturwissenschaftlicher Methoden auf ihre Echtheit untersuchte. Zahlreiche Gemälde stellten sich als Arbeiten von Rembrandt-Schülern oder Angestellten seiner Malwerkstatt heraus. Auch die Urheberschaft des Mannes mit dem Goldhelm wurde angezweifelt. Seit 1986 wird das Bild nicht mehr Rembrandt zugeordnet, sondern als Werkstattarbeit gesehen. Möglicherweise stammt der Maler des Bildes, über den es Vermutungen, aber noch immer keine schlüssigen Erkenntnisse gibt, nicht einmal aus dem engeren Umkreis von Rembrandts Werkstatt. Weitere Feststellung: Rembrandts Bruder war nicht das Modell.

Das »Rembrandt Research Project« ist nicht die erste Wissenschaftlergruppe, die Rembrandt-Gemälde »entweiht«. Der »SPIEGEL« stellte in einem Artikel vom 8. September 1969 (»Gefühltes Unbehagen«) die Anzahl der anerkannten Rembrandt-Gemälde im Lauf der Jahre zusammen: 711 Rembrandt-Gemälde zählte 1923 der deutsche Gelehrte Wilhelm R. Valentiner; noch 630 akzeptierte 1935 der Niederländer Abraham Bredius; auf 562 ließ 1966 der Freiburger Kunsthistoriker Kurt Bauch das Gesamtwerk schrumpfen; nur noch 420 Bilder erkennt Horst Gerson, Professor im niederländischen Groningen, in dem von ihm zusammengestellten Katalog an. Zu diesem Zeitpunkt waren allerdings Bilder wie »Die Nachtwache« und »Der Mann mit dem Goldhelm« noch nicht vom Virus des Zweifels befallen.

Es ist aber auch nicht einfach, einen Rembrandt zu erkennen. Zahlreiche Werke aus den Malerwerkstätten seiner Zeit tragen die Signatur des jeweiligen Meisters, ohne dass dieser einen einzigen Pinselstrich daran ausgeführt hätte. Bilder mit der Signatur »Rembrandt« tragen sozusagen eine Markenkennzeichnung, sind aber nicht unbedingt dem Großmeister selbst zuzuschreiben.

Es gab einen berühmten spanischen Maler namens El Greco.

Irrtum, wie der Künstlername schon sagt: *El Greco* bedeutet *der Grieche*, und genau um einen solchen handelte es sich bei dem Maler Domínikos Theotokópoulos (1541–1614). Geboren wurde er in dem Ort Candia auf Kreta, der heute Iraklio heißt. In seiner Heimat erhielt er eine Ausbildung als Ikonenmaler, wanderte dann nach Venedig aus, lebte und arbeitete später in Rom und siedelte sich schließlich in Spanien an, wo er einer der berühmtesten Maler seiner Zeit wurde. Er lebte in Toledo, erhielt zahlreiche große Aufträge und genoss ein ausgesprochen verschwenderisches Dasein.

Picasso war ein Meister der abstrakten Kunst.

Irrtum! Mit der abstrakten Kunst, die man klarer auch als gegenstandslose Kunst bezeichnet, ist eine nach 1900 beginnende Kunstrichtung des 20. Jahrhunderts gemeint, die sich in ihren Motiven und in der bildnerischen Gestaltung völlig von realen Gegenständen und natürlichen Zusammenhängen zu lösen versuchte. So zeigt ein abstraktes Gemälde eigentlich nur sich selbst – kein Motiv, keinen abgebildeten Gegenstand. Der große Meister Pablo Picasso hatte eine blaue und eine rosa Periode, durchlief in seinem Lebensweg als Künstler unterschiedliche Phasen, malte klassizistisch, kubistisch und surrealistisch, aber seine Bilder nahmen stets ein natürliches Motiv, eine Person oder einen Gegenstand, zu ihrem Ausgangspunkt. Picasso war überzeugt: »Es gibt keine abstrakte Kunst. Man muss immer mit etwas beginnen. Nachher kann man alle Spuren des Wirklichen entfernen. Dann besteht ohnehin keine Gefahr mehr, weil die Idee des Dinges inzwischen ein unauslöschliches Zeichen hinterlassen hat.«

Eine Putzfrau zerstörte ein Kunstwerk von Joseph Beuys.

Nein, die Kunstwerke des Düsseldorfer Professors hatten zwar einiges zu erdulden, denn sie waren als solche nicht unbedingt auf den ersten Blick zu erkennen, aber eine destruktive Putzfrau war nicht am Werk. Die erste Untat gegen die Kunst geschah am 3. November 1973, als zwei Damen des SPD-Ortsvereins Leverkusen-Alkenrath eine im Museum Morsbroich gelagerte, mit Heftpflaster und Mullbinden modifizierte Kinderbadewanne sorgfältig und gründlich reinigten, um sie zum Spülen von Biergläsern zu verwenden. Die Damen sind namentlich bekannt und stehen zu ihrer Tat, die sie sicher dennoch bedauern. Sie wussten ja nicht, dass es Kunst war. Die Rezeption besagter Badewanne hatte auch Museumsbesuchern Schwierigkeiten gemacht. Die Schrifttafel mit der Information, in diesem Behältnis sei einst Joseph Beuys als Kleinkind gebadet worden, ergänzten Unbekannte mit dem Vermerk »Offenbar zu heiß!«. Der Besitzer des geschändeten Kunstwerks erhielt 40 000 DM Schadensersatz, und der Meister selbst rekonstruierte das provokante Stück nach Fotos. Womit wir zum Ausgangspunkt zurückkommen können: Weit und breit ist keine zerstörerische Vertreterin aus der Zunft der Raumpflegerinnen zu finden.

Eine zweite Tat gegen Beuys: die Zerstörung der Fettecke. Neun Monate nach dem Tod des Künstlers tat 1986 ein Hausmeister der Kunstakademie Düsseldorf den Missgriff, etwa fünf Kilogramm Butter aus einer Ecke des Ateliers Raum 3 zu entfernen, die Joseph am 28. April 1982 dort angebracht hatte. Sie reicherten die Luft im Raum mit deutlich ranzigen Komponenten an, oder einfacher gesagt: Die vergammelnde Butter stank dem Mann.

Der Sammler Johannes Stüttgen, dem Beuys das Werk und die Kunstaktion übereignet hatte, erhielt 40 000 DM Schadensersatz vom Land Nordrhein-Westfalen, offenbar eine Art Standardsumme bei zerstörten Beuys-Kunstwerken. Als Erstattung für die Tat des unsensiblen Hausmeisters hätte man ihm auch fünf Kilogramm Butter anbieten können, die der Kunstkenner aber sicher abgelehnt hätte. Und wieder: Die Putzfrauen sind unschuldig.

Doch halt, es gab da eine Putzfrau, die sich an einem Kunstwerk vergriffen hat, allerdings erst fast 30 Jahre später. Im Jahr 2011 fiel eine Putzfrau im Dortmunder Museum Ostwall über eine mit einem hellen Belag versehene Gummiwanne her und brachte sie, so weit dies ging, auf Hochglanz. Künstler Martin Kippenberger, zu dessen Installation »Wenn's anfängt durch die Decke zu tropfen« aus dem Jahr 1987 sie gehörte, war nicht erfreut. Die Restauratorin des Museums erklärte, der ursprüngliche Zustand des

Kunstwerks sei nicht mehr herzustellen, der Versicherungs-wert betrug 800 000 Euro. Ja, Kunst wird eben mit der Zeit teurer.

Die Sixtinische Madonna hängt in der Sixtinischen Kapelle.

Nein, seinen Namen verdankt das großartige Gemälde dem heiligen Sixtus, denn in der diesem Heiligen geweihten Klosterkirche San Sisto in Piacenza gehörte das Meisterwerk von Raffael zum Hochaltar. Das Gemälde hatte eine lebhafte Geschichte, wurde 1753/54 vom sächsischen Kurfürsten August III. für seine Sammlung käuflich erworben, geriet nach dem Zweiten Weltkrieg als Beutekunst nach Moskau und wurde 1955 an die DDR zurückgegeben. Heute kann es wieder in der Gemäldegalerie Alte Meister in Dresden besichtigt werden. In der Sixtinischen Kapelle hat Raffaels Kunstwerk allerdings nie gehangen. Die erhielt ihren Namen nach Papst Sixtus IV., zu dessen Amtszeit sie erbaut wurde. Die Malereien in der Sixtinischen Kapelle stammen von Michelangelo, Botticelli und zahlreichen anderen Malern.

Der Kölner Dom wurde im Stil der Goten erbaut.

Die Bauwerke der Romanik beziehen sich klar auf die Bauten des römischen Reichs. Der sogenannte Rundbogenstil, in Europa um das Jahr 1000 verbreitet, hat klare Bezüge zur Architektur der Römer und nimmt sie als Vorbild. Verhält es sich ähnlich mit den gotischen Bauten? Keine Frage, der Kölner Dom ist ein gotisches Bauwerk, zu erkennen unter anderem an den Spitzbogenfenstern. Was aber hat das Volk der Goten damit zu tun? Wo sind die Vorbilder? An der Erbauung der Kirche mit den zwei beeindruckenden Türmen waren die Goten völlig unbeteiligt, und sie haben auch keinerlei nennenswerte Architektur aus ihrer Zeit hinterlassen. Vielmehr dienten sie als abschreckendes Beispiel: Seinen Namen verdankt der gotische Stil dem italienischen Architekten und ersten Kunsthistoriker Giorgio Vasari (1511–74). Er bezeichnete den Baustil, in Europa zwischen 1100 und 1500 in der Baukunst weitverbreitet, abfällig als *maniera de' Goti*. Dieser Ausdruck bezog sich zwar auf das Volk der Goten, aber Vasari verwendete ihren Namen als abwertendes Synonym für *die Barbaren*, denn er empfand den Baustil der Gotik als roh und fremdartig.

Zudem dämmerte die Renaissance (zu Deutsch: Wiedergeburt) herauf, eine Kulturepoche, die sich auf die Klarheit und Strenge der griechischen und römischen Antike zurückbesann. Auch die Renaissance verdankt ihren Namen übrigens Giorgio Vasari, der diesen Begriff prägte und als Erster verwendete. Was die Gotik betrifft: Aus Vasaris Beschimpfung eines seiner Meinung nach barbarischen Stils wurde im Lauf der Zeit ein wertneutraler Begriff der Kunsthistoriker.

Die »Mona Lisa« war da Vincis Geliebte.

Schon weil Leonardo sich eher zum gleichen Geschlecht hingezogen fühlte, gehört diese Vermutung ins Reich der Legenden. Der große Künstler der Renaissance malte die schöne Lisa del Giocondo, Ehefrau eines Seidenhändlers – sagen die einen, zum Beispiel der Kunsthistoriker Frank Zöllner, zurzeit an der Universität Leipzig tätig. Reine Vermutung, behaupten die anderen, es war Isabella von Aragon, die der Maler porträtierte, mutmaßt eine Expertin aus Australien. Auch eine gewisse Pacifica Brandani aus Urbino wird als Modell in Betracht gezogen. Nicht nur das Lächeln der Mona Lisa ist und bleibt rätselhaft …

Old Shatterhand und Frankensteins Monster

Literatur

»Denn indem wir die Irrtümer unserer Vorfahren einsehen lernen, so hat die Zeit schon wieder neue Irrtümer erzeugt, die uns unbemerkt umstricken.« So weiß es Johann Wolfgang von Goethe. Ja, der Irrtum ist in der Literatur allgegenwärtig: Mancher Autor führt seine Leser aufs Glatteis, legt falsche Fährten, einzelne Worte verursachen gewollte Missverständnisse. Nichts ist so, wie es auf den ersten Blick erscheint. Auch kann der Ruhm des berühmten Schriftstellers den Geist seiner Lesergemeinde umnebeln und Irrtümer über seine Person hervorrufen. Geheimnis und Irrtum wohnen nah beieinander, nicht nur in der gedruckten Geschichte, sondern überall in der Welt der Dichtkunst und der Bücher.

Frankenstein war ein Monster.

Oder war hier nicht eher das Wesen gemeint, das Frankenstein erschaffen hat? Besonders Schulkinder vergangener Tage riefen mit Begeisterung: »Guck mal da, Frankenstein!«, wenn sie irgendwo real oder in den Medien ein monströses menschliches Wesen erblickten. Eigentlich hätten sie »Guck mal da, Frankensteins Monster!« rufen müssen, denn Mary Shelleys Roman »Frankenstein« (im Original: »Frankenstein or The Modern Prometheus«) aus dem Jahr 1818 erzählt von dem jungen Wissenschaftler Viktor Frankenstein, der einen künstlichen Menschen herstellt.

Goethes Erlkönig ist der König der Erlen.

Da hat sich der Dichterfürst Johann Wolfgang von Goethe (1749–1832) vertan, und nicht nur er: Goethes Schriftstellerkollege Johann Gottfried Herder (1744–1803) hatte das Gedicht »Herr Oluf« aus dem Dänischen übersetzt und dabei das dänische Wort *Ellerkonge* zu *Erlkönig* umgewandelt. Hier die ersten Zeilen:

> »Herr Oluf reitet spät und weit,
> Zu bieten auf seine Hochzeitsleut;
> Da tanzen die Elfen auf grünem Land,
> Erlkönigs Tochter reicht ihm die Hand.
> ›Willkommen, Herr Oluf! Was eilst von hier?
> Tritt her in den Reihen und tanz mit mir.‹«

Und obwohl die Elfen tanzen, macht Herder den *Ellerkonge* zum *Erl*könig. Natürlich steht hinter dem Elfenkönig eine ganze Welt voller Märchen und Legenden und ein jahrhundertealter Deutungszusammenhang, auf die Herder und auch Dichterfürst Goethe verzichteten ...

Homer verfasste die »Ilias« und die »Odyssee«.

Nein, nicht Homer Simpson. Über einen griechischen Dichter Homer ist wenig bekannt, weder der Ort noch das Datum seiner Geburt und seines Todes oder Näheres über seine Lebensumstände. Er könnte um 850 v. Chr. gelebt haben, wie schon der Geschichtsschreiber Herodot vermutete, aber auch zu Zeiten des trojanischen Krieges um das Jahr 1200 v. Chr. Die heutige Forschung datiert sein Leben zwischen 770 und 700 v. Chr. Die beiden ihm zugeschriebenen Werke, die »Ilias« und die »Odyssee«, gehören zu den ältesten schriftlich festgehaltenen Texten der abendländischen Literatur. Beide unterscheiden sich aber in Stil und Texttyp so deutlich, dass sie kaum aus einer Feder stammen dürften – sagen die einen. Andere Forscher sehen Ähnlichkeiten und vermuten, dass die »Ilias« vom jungen Homer stammt, die »Odyssee« aber ein Alterswerk des Dichters sein könnte. Beide Texte könnten aber auch von unterschiedlichen Autoren verfasst worden sein, wobei in dem späteren Werk, der »Odyssee«, ein wenig bei der »Ilias« abgeschrieben wurde, denn beide enthalten ähnliche Formulierungen.

Karl May war nie in Amerika.

Hieße der Satz »Karl May war nie im Wilden Westen«, so läge kein Irrtum vor. Hier irren die Verfasser von Irrtümer-Büchern, die behaupten, Karl May habe letztlich doch den Wilden Westen bereist.

Es ist schon erstaunlich, wie Karl May in seinen Romanen Land und Leute schildert, zum Greifen nah und lebensecht. Und dieser Schriftsteller soll nie im Wilden Westen gewesen sein? Karl May sah viele Schauplätze seiner Romane um Winnetou und Old Shatterhand, die er zwischen 1892 und 1897 verfasst hatte, tatsächlich nie, sein zum Teil falsches Wissen stammte aus Büchern. Zwar reiste er in den Jahren 1899 und 1900 in den Orient und sogar bis nach Sumatra, er soll aber angesichts der Diskrepanz zwischen der Realität und seiner in den Büchern geschilderten Traumwelt des Morgenlandes fast irre geworden sein. Vermutlich deshalb erlitt er während dieser Reise zwei Nervenzusammenbrüche. Eine weitere Reise in Begleitung seiner Frau führte ihn dann 1908 im Alter von 66 Jahren nach Amerika, dort aber nur in die Bundesstaaten New York und Massachusetts an der Ostküste. Nach dieser Reise verfasste er seinen Roman »Winnetou IV«. Nie setzte Karl May einen Fuß auf den Boden der Prärie, Indianer und den Wilden Westen hat er nie gesehen.

Die »Dreigroschenoper« ist eine Oper von Bertolt Brecht.

Irrtum. Die »Dreigroschenoper« ist trotz ihres Titels keine echte Oper, sondern ein Theaterstück. Dieses enthält allerdings 22 Gesangsdarbietungen, die einem Sänger oder einer Sängerin durchaus nicht die Qualität eines Operntenors oder einer Sopranistin abverlangen. Schauspieler mit einer gewissen Gesangsbegabung genügen. Bertolt Brecht verfasste dieses Stück als eine Bearbeitung des englischen Singspiels »The Beggar's Opera«, das John Gay (1685–1732) geschrieben hatte und das 1728 erstmals aufgeführt wurde. Brecht verlagerte die Handlung in die moderne Geschäftswelt und ergänzte Texte und Szenen mit Zeitbezug. Kurt Weill komponierte die Musik. Die »Dreigroschenoper« hatte 1928 in Berlin im Theater am Schiffbauerdamm Premiere, also ziemlich genau 200 Jahre nach dem historischen Singspiel.

Walt Disney hat Micky und Donald gezeichnet.

Nein, Walt Disney ist an beiden Zeichentrickfiguren nicht als Urheber beteiligt. Der Vorläufer von Micky Maus aus dem Jahr 1927 hieß Oswald, der lustige Hase, und der stammt aus der Feder von Ub Iwerks, einem angestellten Trickfilmzeichner. Disney selbst zeichnete seit 1926 nicht mehr für seine Produktionen, sogar seine Signatur als eindrucksvolles Firmenlogo wurde von jemand anderem gestaltet. Auch Donald Ducks Vater ist Walt Disney nicht; die sympathisch-trottelige Ente ist ebenfalls eine Schöpfung aus den Disney-Studios und tauchte erstmals am 9. Juni 1934 in dem Film »Die kluge kleine Henne« (»The Wise Little Hen«) auf, wenn auch nur als Nebenfigur. Dagobert Duck wurde von dem genialen Zeichner Carl Barks in einer Weihnachtsgeschichte des Jahres 1947 zur Entenfamilie hinzugefügt. Walt Disney lieferte nur die Marke, die Kunst stammte aus anderer Hand.

Miss Sophie und der blaue Engel

Film und Fernsehen

In der Welt der bewegten Bilder ist die Illusion Programm, die Täuschung als Methode verbreitet, damit die Zuschauer sehen, was sie sehen sollen. Und letztlich macht sich jeder sein ganz eigenes Bild. Die Einbildungskraft verdrängt den kritischen Verstand, Trugbilder auf der Leinwand mischen sich mit persönlichen Wunschträumen und formen innere Bilder, die auch noch die Erinnerung an eigene Erlebnisse vergoldet. In einem solchen fruchtbaren Milieu der Fantasie stehen dem Irrtum Tür und Tor offen ...

Sean Connery war der erste James Bond.

Auch wenn Sean Connery in Millionen von Köpfen als das Urbild des britischen Geheimagenten abgespeichert ist: Nein, der erste James Bond hieß Barry Nelson, und seine Darstellung der Rolle hatte wenig mit dem coolen Geheimagenten gemein, den Connery acht Jahre später erstmals gab. Zudem hieß James damals noch Jimmy Bond, arbeitete für die Combined Intelligence Organisation (CIO) und trat in einer CBS-Fernsehproduktion auf, einem Fernsehfilm namens »Casino Royale« nach dem Roman von Ian Fleming, der aber wiederum Teil drei einer Serie namens »Climax!« war, die bis 1958 produziert und ausgestrahlt wurde. Besonders auffällig: das zwei Nummern zu große Dinnerjacket und das sympathische Schwarz-Weiß-Flair des Films.

Sean Connery begann seine Karriere als James Bond 1962 in »James Bond – 007 jagt Dr. No« und überzeugte ein internationales Publikum mit britisch unterkühltem Charme und einer legendären Szene, in der die schöne Muschelsammlerin Honey Ryder im weißen Bikini den Fluten des Meeres entsteigt, der filmische Durchbruch für Ursula Andress.

»Dinner for one« war ursprünglich ein englischer Fernsehsketch.

Englischer geht es nicht, sollte man meinen, wenn man zu Silvester zum x-ten Mal »Dinner for one« in der ursprünglichen Schwarz-Weiß-Fassung über den Bildschirm flimmern sieht. Und in der Tat, der Autor des Sketches ist ein Brite namens Lauri Wylie, der die Silvesterszene 1920 verfasst haben soll. Mitte der 1940er-Jahre führte der Komiker Freddie Frinton den Sketch bereits auf britischen Theaterbühnen auf, doch das britische Fernsehen entdeckte ihn und Miss Sophie nicht. Dies leistete erst der Norddeutsche Rundfunk, der das 18 Minuten lange Kleinod der Fernsehgeschichte produzierte. Im selben Jahr entstand allerdings auch eine Fassung des Schweizer Fernsehens in derselben Besetzung, die »Dinner for one«-Fans allerdings äußerst kritisch sehen. Sie ist nur elf Minuten lang, wichtige Ausstattungsdetails wie der Gong und die Kerzenleuchter, aber auch entscheidende Gags (»Must I, Miss Sophie?«) fehlen. Eine televisionäre Neuauflage in Farbe scheiterte 1968, weil Freddie Frinton plötzlich verstarb. Eine per Computer kolorierte Fassung zum Jahreswechsel 1999/2000 lehnte das Publikum entschieden ab.

Humphrey Bogart sagte: »Schau mir in die Augen, Kleines!«

Nein, der Originaltext lautet anders. Das immer weiter verbreitete Zitat hat seinen Ursprung in einer ziemlich freien Übersetzung in der ersten Synchronfassung von »Casablanca«. Auch in einer zweiten, neuen Synchronisierung nahmen sich die Übersetzer einige Freiheiten. Sie legten Rick die einprägsamen Worte »Ich seh dir in die Augen, Kleines!« in den Mund. Im englischen Original lautet Ricks cool gemurmelter Spruch aber: »Here's looking at you, kid!«, vielleicht besser übersetzt mit: »Ich hab dich im Blick, Kleines!« Und dieser Satz kommt nicht nur in der Abschiedsszene vor, sondern an drei weiteren Stellen im Film. Eine davon liefert zusätzlich auch noch das von Machos sicher sehr geschätzte Zitat: »You have to think for both of us!«, hingehaucht aus dem Munde einer sehr verwirrten Ilsa alias Ingrid Bergman: »Du musst für uns beide denken!«

Derrick befahl: »Harry, hol schon mal den Wagen!«

Das sagte Derrick genau so nie. Das bekannte Zitat »Harry, hol schon mal den Wagen!« soll aus der Vorgängerserie »Der Kommissar« (Folge »Ende eines Tanzvergnügens«) stammen, in der Harry Klein (Fritz Wepper) als Assistent von Kommissar Keller (Erik Ode) agiert. Allerdings kommt auch Derrick nicht ohne fahrbaren Untersatz und auch nicht ohne Assistenten aus, den er sich für die künftigen »Derrick«-Folgen von Kommissar Keller »ausleiht«. Schon in der zweiten Folge (»Johanna«) missbraucht Derrick seinen Assistenten Klein als Parkhelfer und Chauffeur: »Harry, wir brauchen den Wagen, sofort!«, was sich auch in Folge 73 (»Auf einem Gutshof«) wiederholt. An dieser Stelle formuliert Derrick: »Harry, ich brauch den Wagen!« Es ist anzunehmen, dass weitere Recherche in der Geschichte des Fernsehkrimis ähnliche Sätze zuhauf zutage fördern würde, eine schöne kriminalistische Aufgabe …

Marlene Dietrich spielte den »blauen Engel«.

Marlene Dietrich ist in dem Film »Der blaue Engel« ebenso wenig der blaue Engel wie Frankenstein das Monster in »Frankensteins Monster«. Der Film aus dem Jahr 1930 nach dem Roman »Professor Unrat« von Heinrich Mann hat keine Titelrolle, »Der Blaue Engel« ist ein verruchtes Nachtlokal, in dem das Freudenmädchen Lola Fröhlich als Lola Lola das älteste Gewerbe der Welt ausübt. Als Lola dem honorigen Gymnasialprofessor Immanuel Rath mithilfe von Dessous und lasziven Gesängen beweist, dass sie »… von Kopf bis Fuß auf Liebe eingestellt« ist, verfällt ihr dieser völlig, und seine bürgerliche Existenz gerät mehr als ins Wanken: Die teuflische Droge Sex treibt ihn zu einem Mordversuch und schließlich in den Tod im Klassenzimmer. Vermutlich waren es die Szenenfotos aus dem Film, die Marlene Dietrich, Lola Lola und den blauen Engel zu einer einzigen Person verschmelzen ließen.

Das Lieblingsgetränk von James Bond ist Wodka-Martini.

Er mag ihn geschüttelt, nicht gerührt, wie man ja weiß. Doch bevorzugt James Bond weder in den Romanen von Ian Fleming noch in den Bond-Spielfilmen dieses Getränk. In den Büchern dominiert mit Abstand der Whisky (101 Drinks), während in den Spielfilmen der Champagner (35 Drinks) vorn liegt. Dennoch wurden die Martinis zu Bonds Markenzeichen. Und das Schütteln? Es soll mehr Sauerstoff in das alkoholische Gemisch bringen. Vielleicht ist der Superagent deshalb immer so unglaublich smart …

Hollywood ist führend in der Filmproduktion.

Nein, nicht, wenn es um die Anzahl der Spielfilme geht. Indiens »Bollywood« hat in dieser Hinsicht den amerikanischen Filmproduzenten längst den Rang abgelaufen. Bereits seit mehreren Jahrzehnten werden die meisten Filme pro Jahr dort gedreht, nämlich etwa 900, also fast drei Filme pro Tag. Die Traumfabrik in Kalifornien schafft gerade einmal 400 Filme pro Jahr. Allerdings dominieren diese den internationalen Markt, während Bollywoods Produktionen nur für die ausgeprägten heimischen Bedürfnisse im indischen Inland hergestellt werden. Deshalb kennt fast jedes Kind die neuesten Spielfilme aus den USA und deren Darsteller, doch kaum jemand hat in Europa je etwas von Indiens Superstar Shah Rukh Khan oder der schönen Diva Aishwarya Rai gehört.

Wenn man sich ganz mit Goldfolie bedeckt, erstickt man.

Der große Irrtum stammt aus »Goldfinger«, dem James-Bond-Film aus dem Jahr 1964, in dem ein wunderbar fieser Gert Fröbe als Auric Goldfinger seine Sekretärin Jill Masterson (Shirley Eaton) am ganzen Körper vergoldet und damit kamerawirksam ins Jenseits befördert, weil sie sich ihm gegenüber illoyal verhält, indem sie mit dem Superagenten anbandelt. James Bond findet die schöne Tote und erklärt deren Dahinscheiden mit den Worten: »Die Haut konnte nicht mehr atmen. Man hat von solchen Unfällen schon bei Tänzerinnen gehört. Der Goldüberzug ist nicht gefährlich, wenn man eine bestimmte Stelle am Rücken freilässt, dann kann die Haut noch atmen.« Irrtum, auf die Stelle am Rücken kommt es nicht an. Die Hautatmung ist zwar von existenzieller Bedeutung für Regenwürmer, spielt jedoch bei Menschen nur eine untergeordnete Rolle. Nicht einmal ein Prozent des aufgenommenen Sauerstoffs kommt über die Haut in den Körper. Die Macher des Bond-Films waren sich aber nicht ganz sicher, ob die Mordmethode Vergolden nicht womöglich doch noch funktionieren könnte, und ließen sicherheitshalber besagte Stelle am Rücken frei. Ein Ärzteteam stand während der Dreharbeiten zu dieser Szene zur Verfügung. Nichts geschah mit der Darstellerin Shirley Eaton, sie glänzte auf doppelte Weise in dieser Rolle, geriet keineswegs in Atemnot und kam auch nicht ums Leben.

Dennoch entwickelte sich bald die moderne Legende, Shirley Eaton sei bei den Dreharbeiten tatsächlich dahingeschieden, was allerdings ihre späteren filmischen Meisterwerke wie »Sumuru – Die Tochter des Satans« von 1967 mit Shirley in der Titelrolle und »Der Todeskuss des Dr. Fu Manchu« von 1968 auf anschauliche Weise widerlegten.

Ganz ungefährlich war die Vergoldungsszene aber nicht, die sich Shirley Eaton hoffentlich ausreichend hat vergolden lassen. Langfristig hätte es zu einem Hitzestau im Körper kommen können, und ob die Zusatzstoffe der Goldfarbe, die sicher über die Haut in den Körper gelangen konnten, ganz ungefährlich waren, ist im Nachhinein vermutlich nicht mehr zu klären.

HAL = IBM − 1.

Die moderne Legende erscheint in ihrer Art recht schlüssig und überlebte deshalb lange Zeit: Sie besagt, dass der Name des Bordcomputers HAL 9000 aus dem Roman und Spielfilm »2001 – Odyssee im Weltraum« vom Kürzel der Firma IBM (International Business Machines) abgeleitet wurde, indem man die Buchstaben jeweils um einen einzelnen nach vorn im Alphabet verschob. Damit sollte klar werden, dass HAL den Computern von IBM um einiges voraus sei. Irrtum, in verschiedenen Interviews und im Nachfolgeroman »2010 – das Jahr, in dem wir Kontakt aufnehmen« stellte der Autor Arthur C. Clarke schwarz auf weiß klar: HAL ist eine Abkürzung für **H**euristic **AL**gorithmic. Dennoch hat sich dieser Irrtum bis heute gehalten.

Aus diversen Schubladen

Alltagsirrtümer

Der Alltag besteht aus einer Vielzahl von Gewissheiten, die uns schützen und als Basis für unser Handeln dienen. Gerade das macht ihn erträglich. Nichts ist problematisch, nichts steht auf des Messers Schneide. Für alles existiert eine Schublade. Erfolgsrezepte, Handlungsanweisungen und Verhaltensmuster sind darin abgelegt. Sie helfen uns, im vielfältigen sozialen Umfeld zu funktionieren, besonders dann, wenn wir neue, bisher unbekannte Pfade beschreiten. Einige dieser Hilfsmittel im Küchenschrank der alltäglichen Sicherheiten stellen allerdings überkommenes Wissen, Kuckuckseier mit überraschendem Inhalt, aufgeblasene Windbeutel und falsche Fünfziger dar, die irgendwann dort abgelegt und vergessen wurden oder sich eingeschlichen haben, ohne dass wir es bemerkt haben – kleine oder große Irrtümer.

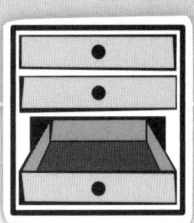

Der Mann geht als Erster die Treppe hinauf.

Das war gestern. Eine ziemlich schmutzige Fantasie könnte in vergangenen Zeiten die Ursache für die Forderung gewesen sein, dass der Mann eine Treppe als Erster in Angriff nehmen musste, obwohl er sonst immer hinter der Frau zu gehen hatte. So sollte er zum Beispiel beim Einsteigen ins Auto nach dem Öffnen des Schlages hinten herum zügig auf seine Seite verschwinden und ihr auch sonst nie ohne Grund vor der Nase herumtanzen. Im Krisenfall Treppe musste er aber umgekehrt handeln, denn sonst hätte er ihr womöglich unter den Rock schauen können. Gönnte man ihm anno dazumal nicht einmal den Anblick ihrer Fesseln unter den auf der Treppe gerafften Röcken, so bekommt er von Frauenkörpern heute definitiv mehr zu sehen. Und er darf mittlerweile von Stockwerk zu Stockwerk hinterhergehen, vor allem auch unter dem Aspekt, dass er der Frau im Fall eines Sturzes helfen könnte: Frau stürzt, Mann fängt sie auf. Der umgekehrte Fall hingegen ist keine schöne Vorstellung: Der Mann geht zuerst, kommt ins Straucheln, fällt auf die Frau und walzt sie nieder, wenn man bedenkt, dass ein großer Prozentsatz der Männer übergewichtig ist ... Also, damit das klar ist: Der Mann geht auf der Treppe hinter der Frau, schon aus Sicherheitsgründen. Die Treppe hinunter ist es wieder andersherum. Sie wissen jetzt, warum.

Ein Blumenstrauß ist immer ein nettes Geschenk.

Nur wenn es die richtigen sind ... Erstaunlich, wie sehr man mit Grünzeug danebenliegen kann! Zuallererst sollten Sie auf jeden Fall beachten: Ein Blumenstrauß wird nie verpackt überreicht. Um weitere Irrtümer zu vermeiden, sollten Sie außerdem etwas über die Sprache der Blumen lernen.

Durch die Wahl der Blumenfarbe oder -sorte sagen Sie oft nämlich mehr, als Sie vielleicht denken, und vielleicht mehr, als Sie eigentlich sagen wollen. Schenken Sie beispielsweise der Frau Ihres Chefs keine einzelne rote Rose, es sei denn, Sie sind ihr Liebhaber oder haben Ambitionen, es zu werden. Gelbe Rosen stehen übrigens für Eifersucht.

Weiße Lilien sowie weiße Blumen überhaupt gelten als Friedhofsblumen und sind daher kein geeignetes Mitbringsel für ältere Krankenhauspatienten. Jüngere Menschen kennen diese Bedeutung nicht mehr.

Kakteen, auch wenn sie blühen, können als Symbol der Ablehnung oder Manifestation einer Beleidigung gelten – außer für ausgewiesene Kakteenliebhaber. Und falls Sie sich selbst als infantil einschätzen und auch so eingestuft werden wollen, schenken Sie Gänseblümchen!

Eine weitere Regel, die mittlerweile – zumindest in Deutschland – als überholt betrachtet werden darf, ist die Vorschrift, dass Blumen in einem Strauß immer nur in ungerader Zahl verschenkt werden dürfen. Da Floristen heute wesentlich mehr Möglichkeiten zur kreativen Gestaltung eines Blumenstraußes zur Verfügung stehen als nur die Variation der Blumenanzahl, kann auf lästiges Nachzählen verzichtet werden.

Die Gefahr für weitere Missverständnisse erhöht sich enorm, wenn Sie international blumige Grüße übermitteln wollen. In Italien, Frankreich, Spanien, Belgien und in der Türkei gelten nicht weiße Lilien, sondern Chrysanthemen als Friedhofsblumen. In Mexiko und Chile symbolisieren gelbe Blumen Trauer. In Polen schenkt man immer eine gerade Anzahl von Blüten in einem Strauß – das bringt Glück. Entsprechend wird eine ungerade Anzahl als Beleidigung aufgefasst. Mit den Zahlen haben es auch die Chinesen. Das Wort für die Zahl Vier – *sì* –, aber auch das für die Zehn – *shí* – hört sich in der chinesischen Hochsprache Putonghua ähnlich an wie das Wort für *Tod*. Die Sieben – *qī* – klingt ähnlich wie der chinesische Ausdruck für *fortgegangen*. Also in China bloß keine vier, sieben oder zehn Blumen in einem Strauß schenken! Vier Chrysanthemen wären vermutlich der nackte Horror für einen Chinesen, der in Frankreich lebt.

Wenn Sie nicht kategorisch erklären möchten, dass Sie als absoluter Analphabet in der Blumensprache angesehen werden wollen, vertrauen Sie am besten einem erfahrenen Floristen, um keine florale Falschaussage zu machen. Er weiß, welche Blumen zu welchem Anlass überreicht werden können.

U. A. w. g. – um Abendkleidung wird gebeten.

Die Einladung kommt nicht über Facebook, sondern der Empfang hat wohl offiziellen Charakter. Doch so formell die Einladungskarte im Postkasten auch aussieht, so missverständlich ist die Aussage der verwendeten Abkürzung: U. A. w. g. bedeutet nicht *Um Abendkleidung wird gebeten*, wie vielfach fälschlicherweise angenommen wird. Wenn Sie so formell eingeladen werden, liegen Sie zwar mit eleganter Abendkleidung meist nicht falsch, gemeint ist in diesem Fall jedoch etwas anderes: *Um Antwort wird gebeten*. Auch wenn dieser Wunsch natürlich berechtigt ist, kann die Formulierung durchaus unhöflich wirken, indem sie unterstellt, dass der Adressat nicht korrekt oder rechtzeitig auf die Einladung antworten wird.

Freundlicher klingt vielleicht die im englischen und französischen Sprachraum gebräuchliche Abkürzung *R. s. v. p.*

(Répondez s'il vous plaît), die dann aber möglicherweise als *Reservieren Sie voraussichtliche Personenzahl* oder Ähnliches missdeutet werden kann. Einfach und mitmenschlich klar wäre die Zeile *Bitte teilen Sie uns mit, ob Sie teilnehmen können*, die dann aber vermutlich wieder ein Abkürzungsfanatiker in *BtSumoStk* umwandeln würde – eine falsche Deutung denken Sie sich bitte selbst aus.

Ein Kapitän darf auf hoher See eine Trauung vornehmen.

Man sieht es immer wieder in Fernsehserien: Das liebende Paar eilt, verfolgt von der böswilligen Verwandtschaft, zum Hafen, wo der Bräutigam in spe den Kapitän eines Fischkutters kennt. Sie springen an Bord, das betagte Schiff tuckert hinaus aufs offene Meer, in der letzten Phase der Flucht verfolgt von den Schnellbooten der Hafenpolizei. Doch der Coup gelingt. Bevor die Häscher zugreifen können, spricht der Kapitän die entscheidenden Worte: »Hiermit erkläre ich euch zu Mann und Frau!« Auf einem deutschen Schiff funktioniert das nicht. Sein Kapitän ist, wie jeder Kapitän auf der Welt, den geltenden Gesetzen unterworfen. Paragraf 11 des Bundesgesetzes über die Ehe ist eindeutig: »Eine Ehe kommt nur zustande, wenn die Eheschließung vor einem Standesbeamten stattgefunden hat.« Eine Eheschließung auf See wird zwar nicht ausdrücklich verboten, wie dies in anderen Ländern der Fall ist, aber dennoch eindeutig ausgeschlossen: Der Kapitän ist eben kein Standesbeamter – das deutsche Gesetzbuch würde eine solche Vermählung nicht anerkennen. Selbst wenn das Paar sich auf dem Traumschiff auf hoher See befände, der Kapitän das Große Patent besäße und das ZDF live dabei wäre – Ehen, von Kapitänen geschlossen, sind Seemannsgarn. Alternativen wären allenfalls Las Vegas und – für noch nicht Volljährige – die Schmiede von Gretna Green in Schottland.

Das Dosenpfand bekämpft die Einwegverpackung.

Seit über zehn Jahren gibt es nun das Pfand auf Dosen und Einwegflaschen. Doch die Wirkung blieb aus, der Pfandflasche geht es schlecht. Immer mehr Einwegflaschen verdrängen sie. 2004 lag der Mehrweganteil laut einer Studie im Auftrag des Umweltbundesamtes noch bei 71,1 Prozent. 2013 erreichte er gerade einmal 46,7 Prozent – Tendenz sinkend. Ursachen dafür gibt es viele. Dem Verbraucher wird suggeriert, dass auch Einwegverpackungen umweltfreundlich sind, und Mehrwegflaschen sind als solche nur schwer zu erkennen. Zurück bleibt eine Menge Verwirrung. Umweltverbände fordern eine bessere Kennzeichnung und eine differenzierte Besteuerung von Einwegverpackungen nach den jeweilig verursachten Belastungen für die Umwelt. Auch eine Erhöhung der Pfandbeträge wird angeregt. Auch hat in der Politik niemand mit einer Entwicklung gerechnet, die in vielen Großstädten zu beobachten ist. Arbeitslose und Menschen mit geringem Einkommen sind im Zweitberuf Flaschensammler, richten sich teilweise professionell ein, arbeiten Routen von Mülleimer zu Mülleimer aus und kassieren mitunter Pfandbeträge von mehreren Hundert Euro pro Monat. Möglich wird diese Einkommensquelle durch wohlhabende Bundesbürger, die zu bequem sind, die Pfandflaschen zurückzugeben, oder das Pfand einfach ignorieren und das jeweilige Behältnis wie eine Einwegflaschen behandeln: Ex und hopp! Dabei stellen sie die Flaschen oft bewusst neben den dafür vorgesehenen Papierkorb oder Container, damit die Sammler es leichter haben. In einigen Städten wurden spezielle Halterungen außen an Papierkörben angebracht, in die man Pfandflaschen stellen kann, damit der Wind die leichten Behälter nicht über die Straßen der Stadt weht. Man könnte diese Abläufe als eine organisierte Verteilung von Wohlstand von oben nach unten bezeichnen. Unter den Flaschensammlern herrscht so etwas wie Goldgräberstimmung: Es soll sogar einige wenige geben, die ihr Einkommen versteuern müssen.

Ein guter Schluck Alkohol wärmt auf.

Eine Szene wie aus einem Heimatfilm: Kalter Winterwald, der Förster stapft durch den Schnee, trifft seinen alten Kumpel, den Waldbauern. Sie begrüßen sich, der Förster zieht einen Flachmann hervor, die Augen der Männer leuchten auf. Jeder nimmt einen kräftigen Schluck, gefolgt von einem »Aaaaaah! Das wärmt so richtig durch und durch!«. Wenn sich der Förster da mal nicht täuscht ... Alkohol beschleunigt den Puls, erzeugt ein Gefühl von Wärme im Magen, weitet aber die Blutgefäße und fördert dadurch die Wärmeabgabe des Körpers. Als Ersatz für die warme Lodenjacke würde auch ein großer Schluck aus der Pulle nichts taugen – im Gegenteil. Auch die Bernhardinerhunde hatten übrigens nie Alkohol im Fässchen um den Hals, wenn sie unterwegs waren, um Lawinenopfer zu retten.

Noch fataler wird die Sache, wenn Alkohol gegen eine bereits ausgebrochene Erkältung eingesetzt wird. Ein heißer Grog erzeugt zwar subjektiv das Gefühl von Wärme, aber auch hier tritt der Effekt der Gefäßerweiterung ein, der Körper kann verstärkt auskühlen. Zudem schwächt das Gift

Alkohol das Immunsystem. Vielleicht der einzige Vorteil: Wenn man richtig betrunken ist, spürt man die lästigen Erkältungssymptome nicht mehr.

Geldscheine sind aus gewöhnlichem Papier.

Auf jeden Fall nicht aus ganz gewöhnlichem Papier. Sie werden aus Baumwollfasern hergestellt, die speziell zu diesem Zweck Verwendung finden. Altkleider werden nicht verarbeitet, und auch synthetische Fasern kommen zumindest im Euro nicht vor. In manchen Ländern sind die Geldscheine einem Baumwollstoff so ähnlich, dass man sie sogar bei 90 °C in der Maschine waschen kann. Der Euro hält übrigens nach Aussagen von Spezialisten, die über den genauen Herstellungsprozess nichts verraten dürfen, nur etwa 40 °C aus, danach wird es teuer. In Australien verwendet man bereits Geldscheine aus Kunststoff. Auch Großbritannien testet bereits Polymer-Banknoten, weil sie sauberer und sicherer sein sollen und außerdem länger halten als herkömmliche Scheine.

Fenster putzt man am besten mit Zeitungspapier.

Diese Weisheit aus Großmutters Zeiten hat bis heute überlebt. Allerdings nur zum Teil, denn ihre Nutzer machen oft etwas falsch: Man putzt nicht mit feuchtem Zeitungspapier, sondern verwendet es trocken nur zum Nachpolieren, um eventuelle Schlieren zu beseitigen. Wer Zeitungspapier anfeuchtet und damit zu putzen versucht, verursacht eine furchtbare Schmiererei auf dem Fensterglas. Auch trocken oder nur leicht feucht angewendet, kann es mit seiner

Druckerschwärze helle Kunststoffrahmen und Fensterbän-
ke verschmutzen. Fensterleder und Abziehgummi reinigen
deutlich besser.

Das Leben auf dem Land ist umweltfreundlicher.

Ein Bürger der Stadt New York belastet das Klima jährlich
mit zehn Tonnen Kohlendioxid – ein Durchschnittsamerika-
ner auf dem Land dagegen mit 25 Tonnen. Ein Teil der abge-
gebenen Kohlendioxidmenge wird den größeren amerikanischen Automobilen geschuldet sein, aber dennoch dürfte es
bei uns ähnlich aussehen. Menschen, die auf engem Raum
miteinander leben, führen in der Tat ein umweltfreundliche-
res Leben. So besagt es die Ökonophysik, eine junge Wissenschaft, die erst in den 1980er-Jahren begründet wurde und
als interdisziplinäre Disziplin die Erkenntnisse von Physik,
Biologie, Technik und Sozialwissenschaften berücksichtigt.
Eine bedeutende Rolle übernahm dabei das Santa Fe Institu-
te (SFI) in New Mexiko.

Eine ihrer Erkenntnisse: Je größer ein soziales System,
desto kleiner sein Energieverbrauch pro Kopf. Die Bürger
von Städten verbrauchen weniger Primärenergie, zum Beispiel nur etwa halb so viel Strom wie ein Landbewohner.
Ein simples Beispiel verdeutlicht dies: Wenn in einem Raum
künstliches Licht benötigt wird, steigt der Verbrauch nicht
an, wenn vier statt einem Menschen die Beleuchtung nutzen. Ähnliches gilt für die Heizenergie in den Städten. Ein
weiterer Vorteil des urbanen Zusammenlebens sind die kür-
zeren Wege, die unter Umständen auch noch mit günstigeren
Verkehrsmitteln zurückgelegt werden können. Während der
Landbewohner wegen der schlechten Infrastruktur und der

immer weiter auseinanderliegenden Ziele – Schulen, Arzt-
praxen und Einkaufsmöglichkeiten – häufig auf das Auto angewiesen ist, genügen dem Städter das Fahrrad oder die öffentlichen Verkehrsmittel.

Abwaschen per Hand spart Wasser und Energie.

Ganz im Gegenteil. Beim Spülen mit der Maschine werden
im Durchschnitt 50 Prozent weniger Wasser und 28 Prozent
weniger Energie verbraucht als beim Spülen mit der Hand.
Das fand eine Vergleichsstudie der Universität Bonn in 200
Haushalten in Deutschland, Italien, Schweden und Großbritannien heraus. Dieses Ergebnis wird den Auftraggebern der
Studie gefallen – sie war von vier Herstellern von Haushalts-
geräten und Spülmitteln finanziert. Spülmaschinen arbeiten
aber nur dann besonders effektiv, wenn sie voll sind. Die ein-
gesetzte Energie- und Wassermenge lohnt sich nur, wenn sie
für viele Besteck- und Geschirrteile genutzt werden kann. Einige Vergleichszahlen: Eine Spülmaschine braucht für einen
Reinigungsgang durchschnittlich 15 Liter Wasser, der spü-
lende Mensch verbraucht durchschnittlich über 45 Liter, um
die gleiche Menge Geschirr zu säubern.

Der Fünfmeterraum im Fußball ist fünf Meter breit.

Schiedsrichterassistenten entscheiden fragwürdig beim Ab-
seits, offensichtliche Tore werden nicht gegeben, weil der
Schiri, der »gekaufte Mistkerl«, einfach nicht zugeben will,
dass der Ball die Torlinie im vollen Umfang überquert hat.

Neigen Fußballer zu Ungenauigkeit? Offenbar, wenn man sich die Markierungen auf dem Spielfeld anschaut: Wer nachmisst, findet heraus, dass der Fünfmeterraum 5,50 Meter weit in das Spielfeld hineinragt und dass seine Linien nicht fünf Meter, sondern 5,50 Meter links und rechts vom Pfosten entfernt auf die Torauslinie treffen. Ein Skandal! Oder ein Fehler nur bei diesem einen Fußballplatz? Nein, die Regeln der FIFA legen genau das fest: Der Abstand zwischen der Torlinie und der Begrenzungslinie des Torraums muss 5,50 Meter betragen. Und natürlich sind wieder einmal die Engländer schuld: Im Mutterland des Fußballs ist der Elfmeterpunkt ein 12-Yards-Punkt, und der Torraum heißt 6-Yards-Box. Und um die Verwirrung zu vervollständigen: Die 6-Yards-Box ist genau 20 Yards breit. Das verstehen Sie jetzt sicher genauso gut wie die Abseitsregeln, oder?

Plastikbecher werden recycelt, deshalb muss man sie sauber abgeben.

Ein doppelter Irrtum: Zum einen ist es nicht nötig, Joghurtbecher oder andere Behälter aus Plastik sauber auszuspülen, damit verschwendet man nur Wasser und Heizenergie. Zum anderen sorgen sich die Hersteller bereits um die Umwelt, geben sich Mühe und stellen für das Recycling geeignete Plastikbecher oft aus sortenreinem Plastik her. Wenn wir aber hinter die leicht romantische Annahme vom immer wieder neu genutzten Plastikmaterial schauen, sieht die Wirklichkeit nicht sehr rosig aus. Nur etwa 30 bis 50 Prozent der anfallenden Plastikabfälle werden recycelt, der Rest wird verbrannt. Im Jahr 2011 packten die Deutschen insgesamt 5,3 Millionen Tonnen Müll in die Gelbe Tonne und den Gelben Sack, und immerhin 81 Prozent davon sollen recycelt worden sein. Allerdings wird in vielen Statistiken auch das Verbrennen in einer Müllverbrennungsanlage als Recycling bezeichnet – energetische Verwertung nennt sich das.

Besser als bei Plastik sind die Recyclingquoten bei Papier und Glas. Altpapier wird zu etwa 83 Prozent als Rohstoff weitergenutzt, und das bis zu fünfmal. Ohne das Altpapier aus Containern hätte die Papierindustrie ein massives Rohstoffproblem. Dabei werden die hergestellten Produkte immer grober. Am Ende landet jede noch so feine Papierfaser in einem derben Karton oder in Füllmaterial.

Glas ist ebenfalls ein Rohstoff, der sich für das Recycling gut eignet. So wandern 82 Prozent aller Flaschen und Gläser in die Wiederverwertung, die Industrie freut sich über drei Millionen Tonnen günstiger Rohstoffe. Daher ist auch die sorgfältige Trennung nach Farben sinnvoll. Weiß-, Braun- und Grünglas wandern getrennt in die Wiederverwertung. Zum Vergleich: Nur etwa 15 Prozent aller PET-Flaschen erleben eine neue Existenz als Flasche.

Realistisch betrachtet ist Müll aus der Gelben Tonne kein so hochwertiger Rohstoff wie Papier oder Glas. Zwar lassen sich Dosen aus Weißblech und Aluminium leicht vom übrigen (Plastik-)Müll trennen, aber was übrig bleibt – eine wilde Mischung aus Joghurtbechern, Tetra-Pak-Behältern, Milchtüten, transparenten Lebensmittelverpackungen, Plastikbeuteln, Folien und einer Menge Restmüll, der eigentlich nicht in die Gelbe Tonne gehört und mancherorts bis zu 50 Prozent des Inhalts ausmacht –, ist nur mit erheblichem Aufwand und hohen Kosten sauber zu trennen. Nur etwas mehr als 50 Prozent dieses Materials werden deshalb wiederverwertet – von der bereits angesprochenen »thermischen Verwertung« einmal abgesehen. Keine berauschende Bilanz.

Wer etwas tun möchte, um die Recyclingmöglichkeiten zu verbessern, muss keinen frisch gespülten Joghurtbecher in die Tonne werfen. Ein Vorteil für die Wiederverwertung ist es, wenn die Aluminiumdeckel vom Plastikbecher getrennt werden. Das erleichtert die spätere maschinelle Trennung der Materialien um einiges. Außerdem sollte man es vermeiden, Becher ineinanderzustapeln. Einzeln lassen sie sich leichter zerkleinern.

Die Lieferung von Onlinebestellungen verursacht Klimaschäden.

Dies ist eine Behauptung, die Gegner von Großkonzernen wie Amazon sicherlich gern unterschreiben werden und die nicht ganz sauber recherchierende Journalisten gern weiterverbreiten, die aber leider auch ein Irrtum ist. Natürlich ist jede überflüssige Onlinelieferung eine zu viel, die Modenschau auf Kosten von Zalando mit anschließender Rücksendung fügt nicht nur dem Unternehmen unnötig Schaden zu, sondern belastet auch die Ökobilanz. Wenn es aber um sinnvolle Bestellungen geht, sieht der gesunde Menschenverstand schnell ein, dass ein Lastwagen, der auf einer perfekt vorgeplanten Route Hunderte von Päckchen und Paketen ausliefert, die Zustellung weitaus effektiver abwickelt, als es sonst jemand könnte. Experten errechneten eine Kohlendioxidbelastung von 0,5 Kilogramm pro Lieferung. Wenn Sie auf dem Land wohnen und selbst mit dem Automobil in die Stadt fahren und dabei 40 oder 50 Kilometer zurücklegen, belastet dies das Klima sicherlich mit einigen Kilogramm Kohlendioxid mehr. Auch wenn die Kunden für den Kauf derselben Waren öffentliche Verkehrsmittel zur Anreise zum Einkaufszentrum oder in die Innenstadt nutzten – ihre Energiebilanz sähe in der Summe immer deutlich schlechter aus. Der Omnibus für die anreisenden Waren – der Transporter des

Kurierdienstes – ist eben weitaus effektiver als individualisierter Ameisenverkehr. Nur wer alles zu Fuß oder mit dem Fahrrad erledigt, dürfte umweltfreundlicher einkaufen. Die über Überlastung klagenden Postboten und Paketauslieferer stehen auf einem anderen Blatt.

Kaufen im regionalen Biohof ist umweltfreundlich.

Wer beim Biobauernhof auf dem Land einkauft, handelt umweltfreundlich – schon deshalb, weil regionale Produkte immer eine bessere Umweltbilanz haben als solche, die von weit her zu uns transportiert werden. So einfach ist das leider nicht, und das ökologisch günstigere regionale Produkt kann manchmal eine Illusion sein. Bei der Ökobilanz kommt es nämlich nicht nur auf die Entfernung zwischen Erzeuger und Verbraucher an. Faktoren wie die Jahreszeit, die Lagerung oder Weiterverarbeitung und schließlich auch der Transport spielen eine Rolle. Äpfel zum Beispiel wachsen nicht das ganze Jahr und müssen über Monate klimatisiert und/oder in einer Schutzgasatmosphäre gelagert werden, auch wenn sie aus der Region stammen sollten. Möglich, dass Äpfel aus Übersee dann die bessere Ökobilanz haben, wenn sie mit dem Schiff anreisen. Wenn man allerdings regional und zugleich saisonal kauft, das heißt, Gemüse und Obst nur dann konsumiert, wenn es gerade geerntet werden kann und verfügbar ist, können eingeführte Waren keinesfalls mithalten.

Beachten sollte man immer auch einen weiteren Transportfaktor: die Autofahrt des Kunden zum Anbieter. Die ökologische Unbedenklichkeit hängt auch davon ab, wo sich der Laden oder der Biohof befindet. Ist er zu Fuß oder mit dem Fahrrad erreichbar, stimmt alles. Die Frage, ob die regionalen Produkte tatsächlich aus der Region stammen, muss der jeweilige Ladeninhaber beantworten. Immer wieder auftretende Ökoskandale (»80 Millionen Öko-Eier stammen aus Legebatterien«) haben in letzter Zeit das Verhältnis zwischen Verkäufern und Kunden sehr belastet.

Ökologische Schädlingsbekämpfung ist immer besser.

Substanzen aus Pflanzen eignen sich hervorragend für den Pflanzenschutz, wie zum Beispiel die Ameisensäure aus der Brennnessel, und auch natürliche Fressfeinde können gut gegen Schädlinge eingesetzt werden. Biologische Schädlingsbekämpfung ist immer die beste Lösung. Wirklich? Auch beim Einsatz ökologisch scheinbar unbedenklicher Mittel sollte man Vorsicht walten lassen.

Das Insektengift Pyrethrum zum Beispiel, das als Insektizid eingesetzt wird, wird aus den Blüten von verschiedenen Pflanzen gewonnen. Es ist für Menschen nicht sonderlich giftig (obgleich auch das von einigen Experten angezweifelt wird) und wirkt sehr gut gegen viele unerwünschte Insektenarten, ist aber auch schädlich für Ameisen, Bienen und Wespen. Außerdem – und da erlebte schon mancher Besitzer eines Teichs eine Überraschung – wirkt es sehr giftig auf Fische.

Auch beim Einsatz von Fressfeinden kam es schon zu sehr unangenehmen Zwischenfällen: Die giftige Aga-Kröte, in den 1930er-Jahren in Australien eingeführt, um Zuckerrohrplantagen vor einer gefräßigen Käferart zu schützen, vermehrt sich jetzt unkontrolliert und schädigt mit ihrem Gift die heimische Tierwelt.

In neuerer Zeit geschah Ähnliches mit dem Asiatischen Marienkäfer. Der sollte ursprünglich Blattläuse im europäischen Gewächshaus bekämpfen und verdrängt jetzt seine heimischen Verwandten aus ihrem Lebensraum. In den Vereinigten Staaten ist er bereits zu einer Plage geworden. Er gerät dort bei der Verarbeitung von Weintrauben mit in den Wein und verdirbt ihn – eine Erfahrung, an die man bei seiner Einführung kaum gedacht haben dürfte.

Plastikflaschen sind super.

Mit je einem Kasten Mineralwasser in jeder Hand schleppt sich ächzend vor Anstrengung die Hausfrau A die Treppe hoch. Da wird sie wie der Trabbi vom Porsche von Hausfrau B überholt, die ebenfalls beidseitig mit Mineralwasser bepackt ist und dennoch mit enormer Geschwindigkeit in höhere Stockwerke strebt. Des Rätsels Lösung: Die eine trägt Glasflaschen, die andere solche aus Plastik. Übrigens stehen beide Ehemänner oben an den Haustüren und schauen sich das Rennen an. Gleichberechtigung.

Emanzipation und Plastikflaschen mögen einige Vorteile haben. Bei den Plastikflaschen sind dies das geringere Gewicht und die Eigenschaft, dass sie nicht zerbrechen können, wenn sie hinfallen. Allerdings haben sie auch einige entscheidende Nachteile. Zum einen bleibt Mineralwasser in einer Plastikflasche nicht so lange frisch wie in einer Glasflasche, weil das Behältnis aus Plastik den Überdruck durch das im Wasser gespeicherte Kohlendioxid nicht so lange halten kann wie ein Gefäß aus Glas. Zum anderen gibt es berechtigte Zweifel an der gesundheitlichen Unbedenklichkeit von Plastikflaschen, denn es können, wenn auch in geringen Mengen, Weichmacher und andere Substanzen aus dem

Plastikmaterial in das Wasser übergehen, deren Einzelwirkung und Zusammenspiel noch nicht untersucht ist. Wissenschaftler der Universität Frankfurt fanden in Mineralwasser aus Kunststoffflaschen dem Östrogen ähnliche Substanzen, die im Verdacht stehen, krebserregend zu wirken und die Entwicklung von Embryonen zu stören.

Doch auch für die Menschen, die auf Plastikflaschen verzichten, gibt es keine Entwarnung: Sogar im normalen Trinkwasser sind gewisse Spuren von Östrogen enthalten – die Folgen von 50 Jahren Antibabypille. In der Natur geht nichts verloren, und alle unsere Umweltstraftaten und -versäumnisse haben irgendwann Folgen für uns.

Vielleicht sollte die männliche Fraktion ihre körperliche Überlegenheit für eine gemeinsame Zukunft in Gesundheit in die Waagschale werfen und entlastend in den Transport von Glasflaschen eingreifen.

Übrigens: Vielerorts besitzt das Leitungswasser eine ausgezeichnete Qualität, die an stilles Mineralwasser heranreicht.

Die Spartaste an der Toilette spart Wasser.

In der Summe stimmt das leider nicht. Wasser hat nämlich nicht nur eine reinigende Wirkung im Toilettenbecken, sondern auch im Abwassersystem. Zwar spart der Verbraucher Wasser ein, das seine Rechnung nicht belastet, doch müssen die Versorger mancherorts zusätzlich Wasser in die Abwasserleitungen einspeisen, weil die Kanalisation sonst nicht ausreichend gespült wird. Da fließen dann viele Kubikmeter gutes Leitungswasser in die Kanäle unter der Stadt, um die dickflüssigen und übel riechenden Hinterlassenschaften von »Wassersparern« zu beseitigen. Andernfalls würden nämlich hygienische Probleme auftreten, und besonders bei warmem Wetter könnten unerwünschte Ausdünstungen aus den Abwasserkanälen die begeisterten Wassersparer über das Sinn- oder Unsinnhafte ihres Tuns nachdenken lassen. Nicht nur die Spartaste an der Toilettenspülung ist schuld an zu dickflüssigem Abwasserbrei aus den Haushalten – immer mehr Bundesbürger haben auch Sparduschen und drehen beim Zähneputzen den Wasserhahn ab.

Was außen draufsteht, ist auch drin.

Dass das nicht stimmt, haben Sie spätestens beim Lesen dieses Buchs gemerkt, das anders als behauptet nicht ganz 555 Irrtümer enthält, sondern vielleicht ...

... ein paar neue Irrtümer?

Damit keine Irrtümer aufkommen: Sicher enthält auch ein Buch über Irrtümer eine ganze Reihe von Fehlern und in die Irre gelaufenen Gedankengängen – neue Irrtümer eben. Das lässt sich schon deshalb nicht verhindern, weil, wie das Sprichwort weiß, Irren menschlich ist. Autor und Lektorat haben mit aller ihnen zur Verfügung stehenden Energie versucht, während der Arbeit entstandene Irrtümer auszumerzen, und sich dabei durch nichts beirren lassen. Oft beschritten wir auch Irrwege, und unser Einsatz reichte manches Mal bis zum Irrsinn. Ich müsste mich schwer irren, wenn dabei nicht ein unterhaltsames und informatives Buch entstanden ist. Danke, dass Sie sich durch diesen Irrgarten hindurchgearbeitet haben. Und wenn mich nicht alles täuscht, ist dieses Buch hier zu Ende.

Über den Autor

Norbert Golluch, geboren 1949 in Hiltrup bei Münster, studierte Kunstpädagogik und arbeitete bis 1979 als Grundschullehrer, bevor er sich nach einigen Jahren als Redakteur der Satire-Zeitschrift »Pardon« sowie als Verlagslektor und Autor selbstständig machte. Zu seinen größten Erfolgen zählt der Bestseller »Stirbt ein Bediensteter während der Dienstreise, so ist damit die Dienstreise beendet – Meisterleistungen der Beamtensprache«. Norbert Golluch wohnt und arbeitet im Bergischen Land in der Nähe von Köln.